新时代优秀班组长
管理案例 100

乔　东　李海燕 ⊙编著

中国言实出版社

图书在版编目（CIP）数据

新时代优秀班组长管理案例100 / 乔东，李海燕编著.
-- 北京：中国言实出版社，2025.4

ISBN 978-7-5171-4818-0

Ⅰ.①新… Ⅱ.①乔… ②李… Ⅲ.①班组管理—案例 Ⅳ.①F406.6

中国国家版本馆CIP数据核字（2024）第098516号

新时代优秀班组长管理案例100

责任编辑：郭江妮
责任校对：王战星

出版发行：中国言实出版社
　　地　　址：北京市朝阳区北苑路180号加利大厦5号楼105室
　　邮　　编：100101
　　编辑部：北京市海淀区花园北路35号院9号楼302室
　　邮　　编：100083
　　电　　话：010-64924853（总编室）　010-64924716（发行部）
　　网　　址：www.zgyscbs.cn　　电子邮箱：zgyscbs@263.net

经　　销：新华书店
印　　刷：三河市祥达印刷包装有限公司
版　　次：2025年4月第1版　　2025年4月第1次印刷
规　　格：710毫米×1000毫米　　1/16　　27.5印张
字　　数：346千字

定　　价：78.00元
书　　号：ISBN 978-7-5171-4818-0

序 言

班组管理的前世今生

夏晓凌

在风和日丽、纷红骇绿的春夏之交，我受中国劳动关系学院乔东教授之托，为这本由优秀班组长的管理经验集成的《新时代优秀班组长管理案例100》作序。

作为工人日报曾经的记者、"班组天地"专刊主编以及现任中国安全生产协会班组安全建设工作委员会的主任委员和《班组天地》杂志主编的我，几十年来，虽以宣传报道、研究、探索企业最基层的班组建设、班组管理、班组典型为己任，也自以为很了解班组和班组长们，但看了乔教授提供的本书中的部分案例后，却依然心有触动、颇有感慨。

如果说企业是一棵枝繁叶茂的大树，那么，班组就是这棵大树深扎于沃土的根须；如果说企业是一座巍峨高耸的大厦，那么，班组就是支撑这座大厦坚如磐石的地基；如果说企业是一付健硕有力的肌体，那么，班组就是他充满生命力的细胞——这，不仅是当前管理研究领域专家的共识，而且也是企业管理层和操作层的共识！在当今企业生产经营和管理中，班组建设与管理，已成为企业各项工作的出发点和落脚点，是安全生产的第一道防线，班组建设管理水平的高低，直接关系到一个企业的稳定和发展。仅从班组建设被定义为企业的"一把手工程""企业细胞建设工程"这一点，就足见其重要性。班组，这个企业最小的行政单位，在当今的被重视度和对其力量、作用的认知度已达到前所未有的历史高度。

然而，许多人不知道的是，班组今天这一美好状态的形成，是伴随着中华人民共和国的成长、企业的发展、经历过近百年风雨冲刷磨砺才形成的，是一代代班组管理者生生不息的探索和一代代班组长辛苦实践的结果。

（一）

早在 20 世纪 30 年代，中国共产党为发展革命根据地的经济建设，支援战争前线，在中央苏区革命根据地就创立了一系列的国营企业，专门颁布了《苏维埃国有工厂管理条例》和《苏维埃国家工厂支部工作条例》，开始从领导体制、生产管理以及财务管理三方面探究国营企业的管理思想和管理方法，针对当时生活用品匮乏、生产方式落后、支援前线物资紧张等一系列问题，中央苏区企业和解放区的大生产机构便轰轰烈烈地开展了"生产模范队""经济核算队"和"生产突击队"班组竞赛活动，在一系列"增产立功"竞赛中，企业生产一线涌现出大批的先进集体和模范人物，这些先进集体和模范人物很快就成为中央苏区革命根据地经济建设的旗帜和榜样，各根据地迅速掀起向他们学习的热潮——学习模范职工赵占魁运动，学习模范工人甄荣典运动和学习模范工人张秋凤运动在革命大后方风起云涌，这就是较早的班组建设活动的雏形，其推动者同时也是企业班组管理最早的践行者。

新中国成立后，工人阶级当家做主，职工们投身社会主义革命和建设的生产积极性空前高涨。从 20 世纪 50 年代起，广大职工围绕保卫新中国、建设新中国开展了清仓查库、献纳器材、创造新纪录和先进生产者运动。在红红火火的比学赶帮超活动中，大家不仅比数量，更是比质量，质量管理应运而生！如何在完成产量的同时保证质量、不返工、减少残次品，成为当时班组建设、班组管理的主要工作之一，各企业基层涌现出大批先进集体和先进人物，如著名的孟泰仓库、王进喜 1205 钻井队、马恒昌小组、郝建秀小组、毛泽东号机车组等，尤其是马恒昌小组，曾在全国第一个试行班组民主管理、第一个组织工人技术研究会倡导班组技术革新、第一个倡议开展全国劳动竞赛、第一个制定和完善班组管理制度、第一个实行岗位责任制而享誉全国工业战线，被誉为"我国班组建设的摇篮""中国工人阶级的一面旗帜"。而总结、推广和宣传他们的优秀事迹和典型经验，也是班组管理中的一项重要工作。

进入 20 世纪 60 年代，在党中央号召下，全国掀起工业学大庆运动，同时在工业、交通企业中开展了"五好"企业和"五好"职工竞赛活动，通过学大庆和五好竞赛，全国又涌现出一大批像铁人王进喜所带领的 1205 钻井队那样的基层先进集体，而由他们创造的班组管理形式、方法和经验通过报纸和广播广为传扬，成为各行各业争相看齐、努力学习的标杆和榜样。至此，人们看到了班组这个企业最小的细胞在新中国社会主义革命和建设中立下的汗马功劳，真切感受到了小班组的强大力量。就像 20 世纪初美国科学管理之父泰勒首次提出科学管理的概念一样，我国的企业管理者和一些专家甚至学者们，也开始思考和研究班组的概念、属性和作用，开始探讨如何管理企业，如何管理班组，如何让职工们在班组这个集体里拧成一股绳，形成凝聚力和战斗力。尤其是一些脱下军装放下枪、穿上工装拿起扳手的复转军人，开始尝试用部队中管连队的思路和方法去管班组，企业班组管理之旅就此扬帆起航！此后，随着各个历史时期企业生产经营中心的不断挪移，班组管理也在历史的风雨行程中形成了自己独特的轨迹。班组是与时代发展、共和国成长的脚步而一脉相随、一步步成长的。

（二）

以1986年全国总工会和原国家经委在北京召开第一次全国班组工作会议为标志，我国的班组建设工作，无论在工作目标、工作内容、工作标准、工作方法和活动内容、活动形式等方面都逐步进入规范化管理。会议交流了上海市和太原钢铁公司等一批先进班组的经验，表彰了296个全国先进班组和119个全国先进班组长。会议讨论并颁发了我国班组建设历史上第一个法规性质的文件《关于加强工业企业班组建设的意见》。以这次会议为契机，我国班组建设工作开始进入了全面恢复和全面建设的新阶段。中华全国总工会和原国家经委曾于1986年9月18日作出决定，首次集中命名296个班组为"全国先进班组"，并由中华全国总工会颁发"五一劳动奖状"，以表彰他们在社会主义现代化建设中做出的卓越贡献。

1987年，全国总工会、原国家经委、中央电视台、工人日报、经济日报6家单位联合举办了全国班组建设优秀成果发布会，选择了20多家班组建设优秀成果对外发布，这一发布，对全国企业的班组管理产生了强有力的推动作用，在全国班组建设史上具有划时代的意义。

1992年9月，由全国总工会和原国家经贸委在北京联合召开了第二次全国班组建设工作会议。这次会议是在企业改革不断深化、企业实行经营机制转换的重要时刻召开的，是一次继往开来的全国班组工作会议。会议总结了第一次全国班组工作会议以来我国班组建设发展情况，交流了一批地方和企业改革特点鲜明的班组建设的成功经验。会上，由当时的全国人大副委员长、全国总工会主席倪志福，原国家经贸委副主任陈清泰，先后作了重要讲话和报告。原国家经贸委副主任袁宝华在会上提出了班组建设的新思路。会议讨论并通过了《关于适应企业经营机制转换，进一步加强企业班组建设的意见》，它强有力地进一步提高了我国班组建设水平，加大了班组建设工作改革力度，促进了班组管理快速驰入科学管理轨道。

2001年中国加入WTO后，很多大型国有企业都进入国际市场。在这种新形势下，现代企业的组织变革对班组建设与管理提出了新要求，这就要求企业管理要站在以人为本的战略高度，以创建和谐企业为指导思想，以全面应对企业组织变革和管理变革为重点，紧紧围绕企业核心竞争能力的构建和巩固、企业自主创新能力的提升，重新认识和理顺班组与企业、职工与班组等一系列关系，着力塑造学习型、团队型、创新型、安全型、自我管理型的高效能班组，培育高素质、高技能、高适应性的职工队伍，使之向着现代化、规范化、有序化、人性化的方向发展，不断适应企业组织变动和企业管理水平提高对班组的要求。这个时期的班组工作更加注重科学化、制度化、人文化建设，其标志性班组有：全国优秀学习型班组许振超班组、东风汽车公司国华班、王涛班、中国航天科技集团公司八院800所"唐建平班组"、一院余梦伦班组，还有创造出闻名全国的"白国周班组安全管理法"的河南平煤白国周班组等。

2009年，国务院国资委印发《关于加强中央企业班组建设的指导意见》，专门就"班组长队伍建设"提出要求，包括班组长的任职条件、班组长的选拔和培训、班组长的管理和使用、班组长的待遇等。2010年，中华全国总工会、工业和信息化部、国务院国资委、中华全国工商业联合会四部门联合印发《关于加强班组建设的指导意见》，专门就"选拔、培养好班组长"提出要求，该意见指出："班组长是班组的领头人。要根据企业实际，建立班组长培养、选拔、任用机制，选配具有一定文化程度、责任心强、作风正派、技术熟练、敢于管理、善于团结人的优秀职工担任班组长。注重班组长岗前培训和在职培训，加强班组长之间的学习和交流，不断提高班组长的工作能力和综合素质。既要支持班组长履行职责、行使职权，又要加强对班组长的管理教育和监督，拓宽班组长的发展渠道，为他们的成长创造有利条件。"

从2011年到今天，班组管理顺应企业优质高效科学管理的需求，传统型班组管理思路朝着创新型班组管理转型，在引进消化吸收国外先进基层管理思路和方法的基础上，开始针对企业特点和岗位需求，探索创新更适合自己的管理方法。这段时期的班组管理，要求做到工作内容指标化、工作要求标准化、工作步骤程序化、工作考核数据化、工作管理系统化，要有很强的市场意识和为客户服务意识。同时，该时期也要求班组长要适应建立现代企业制度的总体要求，要成为政治强、业务精、懂技术、会管理和具有现代企业意识的企业基层管理者；还要提升班组成员的综合素质，把班组职工培育成为有理想、有道德、有纪律、有文化，敬业、勤奋、创新、踏实，热爱本职岗位的劳动者。要努力把企业班组建设成为"安全文明高效、培养凝聚人才、开拓进取创新、团结学习和谐"的企业基层组织，要为职工搭建不断提升技能水平，充分展示自身能力和抱负的平台。班组管理要会运用先进管理模式和先进管理工具，建设善于创新、富有竞争力的企业细胞，实现企业和职工双向奔赴、共同发展的目标，最终实现"办世界一流企业，创世界一流水平"的企业目标。

在中华人民共和国成立70周年之际，2019年12月30日，由中华全国总工会的六个产业工会、中国工人出版社主办，《中国工人》《班组天地》杂志承办的新中国70年最具影响力班组发布仪式暨第一届新时代班组高峰论坛在京举办，马恒昌小组、王进喜1205钻井队、赵梦桃小组、余梦伦班组等10个班组入选"新中国70年十大经典班组"，邓建军科研组、马景来班组、王涛班、白国周掘进班、张黎明配电抢修班等10个班组入选"新时代最具影响力班组"，王海班组、刘丽工作室、王涛班组、赵鹏班组等50个班组入选"新时代特色品牌班组"。这些深刻烙印在历史幕墙上的名字和精神，这些站立在班组管理之巅的典型经验和事迹，彰显了我国班组建设与新中国成长一脉相通、密不可分的关系，显示了新时代继续推进班组建设、提升班组现代化管理水平和管理质量的重要意义和价值。

2023 年 9 月 1 日，习近平总书记在给中国航发黎明发动机装配厂"李志强班"职工的回信中指出，希望你们牢记使命责任，坚定航空报国志向，弘扬劳模精神、工匠精神，努力攻克更多关键核心技术，加快航空发动机自主研制步伐，让中国的飞机用上更加强劲的"中国心"，为建设航空强国、实现高水平科技自立自强积极贡献力量。习近平总书记的"回信"既是对"李志强班"提出的要求，更是对全国企业班组长及其班组提出的希望。这就要求，新时代企业班组长要大力弘扬劳模精神、劳动精神、工匠精神，为建设社会主义现代化强国、推动新质生产力发展贡献智慧和力量。

（三）

有人说，中国企业班组管理有两个问题：第一是基础管理问题，第二是基层管理者问题。企业基础管理工作大致包括数据处理、资料储存等信息工作，以及标准化工作、规章制度、定额工作、计量和检测工作、教育培训等，尤其是建立以责任制为基础的规章制度和职工技术业务培训工作等尤为重要。一些新兴的管理理论与实践，如企业信息化、流程管理和知识管理，也都与企业管理基础工作密切相关。而这些基础管理工作强弱好坏，都取决于人的因素，所以，基层管理者问题才是至关重要的问题。于是，就有人通过现象看实质地总结说：一般企业看决策层，优秀企业看中层，卓越企业看基层！这个总结客观地告诉我们，基层管理者的素质和管理能力的高低，不仅是衡量企业优劣的一面镜子，而且还是企业决胜于市场的重要因素。

基层管理者，一般就是指被叫作"兵头将尾"的班组长。在几十年的记者生涯和主编工作中，我曾接触并采访过数不胜数的企业班组和班组长，对一个班组的强弱取决于该班班组长综合素质和管理能力的高低这一点深信不疑。无数发生在企业的管理案例足以证明，一个优秀的班组长可以把一个落后班组带入优秀，而一个平庸的班组长也可以把一个优秀班组拖入平庸。所以，基层管理者的问题，必须一个个面对，一个个解决。那么，基层管理者的问题到底在哪儿呢？据我所看，基层管理者的常见问题大致有：一、不会带领组员创建昂扬向上的班组文化，对组员缺少正确的价值观引导，未能把团队精神、团队目标和愿景清晰地告诉组员，导致组员行动缺乏方向感和目标感，以至于不求有功但求无过，致使班组工作缺少向心力、凝聚力、战斗力；二、与组员沟通不畅或者信息传递不及时，造成彼此的误解、冲突甚至分裂，组员间缺少合作互信，很难建立和谐关系，由此影响工作效率和绩效；三、不会及时给组员以正向激励，对组员重使用轻培训培养，致使一些组员技术能力强差人意，工作不积极不主动，不愿担责，对工作缺少责任心、能动力和投入感、认同感，自然，挖掘潜能和创造力也就成了空谈，劳模精神、劳动精神、工匠精神也就会只是墙上的口号；四、管理粗放，较为依赖惩罚控制和指令性管理，反而对班组规章制度不能落实，执行却忽略不计，导致组员缺乏主动性和创造性，并对工作产生抵触情绪；五、缺少全员安全管理意识，不能用班组安全管理标准化激发组员安全管理的责任意识和积极性，组员的习惯性违章难以遏制，班组安全风险分级管控和隐患排查治理处于薄弱状态甚至失控；六、班前班后会缺重点少主题，随意性强，班前会给组员派活不说流程和标准，班后会总结又不说过程和细节，导致组员不知道活怎么干，干完活也不清楚哪些做的对、哪里有问题，下次该如何纠正或者避免，班组里总有清不了零的残次品，堵不住的工作疏漏以及提心吊胆的安全隐患，生产和工作质量可想而知。

那么，基层管理者的问题该如何面对、如何解决？尽管越来越多的企业将解决基层管理者的问题提到议事日程，也采取了相应的办法和措施，但还是有相当多的班组长工作在苦恼、困惑、迷茫和束手无策中。由乔东教授主持编著、国务院研究室主管主办的中国言实出版社策划出版的《新时代优秀班组长管理案例100》一书，就是在这样的现实中为帮更多的企业班组长扫清苦恼困惑、释疑解难而来。

乔东教授长期从事有关企业班组和班组长的教学和研究工作，长年为全国优秀企业班组长培训班授课，与很多担任企业班组长的全国劳模、大国工匠深交朋友，发表和出版了一批具有全国影响力的企业班组和班组长的相关学术成果，在企业反响甚好。《新时代优秀班组长管理案例100》一书，以新时代优秀企业班组长管理案例为基础，讲述了一个个鲜活的优秀企业班组长个人的成长故事和班组管理案例，描述了一个个生动的个人成功经验和班组管理技巧，呈现了一个个富有特色的班组管理过程和班组管理品牌，全面展示了新时代优秀企业班组长的最新管理经验和做法，是一本极具指导性和参考价值的班组长管理手册和管理指南。尤其是全国劳模、大国工匠的成长、成功案例和实战经验，一大批新时代优秀企业班组长的好思路、好经验、好做法、好故事，既好看、好学又实用、好用，是本书最大亮点。

合抱之木，生于毫末；九层之台，起于累土。

当前，我们都在努力为发展新质生产力奋斗，毫无疑问，先进的生产力，特别需要高质量的基层、基础、基本功，需要高素质的劳动者和有创造性的劳动，更需要现在的班组管理启用创新性思维，在继承优秀的传统管理的基础上，加速度迈入科学管理和新质管理，班组准备好了吗？班组长准备好了吗？

我相信，本书的出版，对于全面了解优秀企业班组长须具备的基本素质和能力，学习和掌握先进企业班组管理方法和技巧，全面了解最新的企业基层管理动态，有效提升广大企业班组长的综合素质，大力弘扬劳模精神、劳动精神、工匠精神，推动产业工人队伍建设改革发展，培养更多高技能人才和大国工匠，充分发挥我国工人阶级在新质生产力发展中的主体作用等，都有着重要的参考价值和启发意义。

2025 年 4 月 10 日

（作者系中国安全生产协会班组委主任委员，《工人日报》"班组天地"专刊原主编，《班组天地》杂志主编）

目 录

（一）

（二）

（三）

（四）

（五）

（六）

马兵：传承弘扬马恒昌小组精神

通用技术齐二机床马恒昌小组自 1949 年 4 月 28 日建组以来，在全国首先践行劳动竞赛、民主管理和技术革新，被誉为"我国班组建设的摇篮"。现阶段，小组主要承担企业服务海洋工程、能源及复合材料铺放与制造装备领域等产品关键零部件的加工任务。马兵，马恒昌小组第十八任组长，党的十八大、十九大代表，十四届全国人大代表，中国工会十七大、中国工会十八大代表，获得过全国劳动模范、黑龙江省劳动模范、黑龙江省五一劳动奖章、龙江工匠等荣誉称号。为进一步弘扬马恒昌小组精神，继续走在时代的前列，马兵对标世界一流，围绕"政治先进、生产力先进、管理先进、素质先进"建设目标，以构建"六个单元"为重要举措，致力把班组打造成为技能提升、管理创新、文化发展和人才培养基地。

1.构建服务国家战略的示范单元

马兵自担任组长以来，将小组建设的目标定位为"承担产品关键零件的精密加工全流程生产任务，具备工艺方式方法自主创新能力，能够自主完成'急、难、新、特'订单任务"的核心制造单元。为此，他积极协调各方资源，升级小组制造能力。2020 年 7 月，小组启动精益管理；2021 年 4 月，小组开启数字化改造之路，采用了全新的 MES 生产管理系统和数字孪生系统，车间被评为黑龙江省示范数字化车间。小组实现了"四个转变"，即加工能力由小型数控车床向车、镗、铣、磨为主的多种工艺数控加工转变；加工性质由单一车工班组向核心精密制造班组转变；加工任务由中小型零部件和数控功能部件向主导产品关键核心零部件精加工转变；生产管理模式由传统人工管理向数字化管理转变。

2.构建规范标准的管理单元

班组是企业的细胞，是企业管理和各项工作的落脚点，搞好班组管理是提高企业管理整体水平的重要基础和前提。因此，新时期，马兵将马恒昌小组的建设重点放在继承和发扬马恒昌小组"十大工作法"上，同时积极推广5S和六西格玛管理等先进管理方式，积极打造国内班组建设标杆。小组荣获中央企业红旗班组（科室）标杆、新中国成立70年十大经典班组等称号。

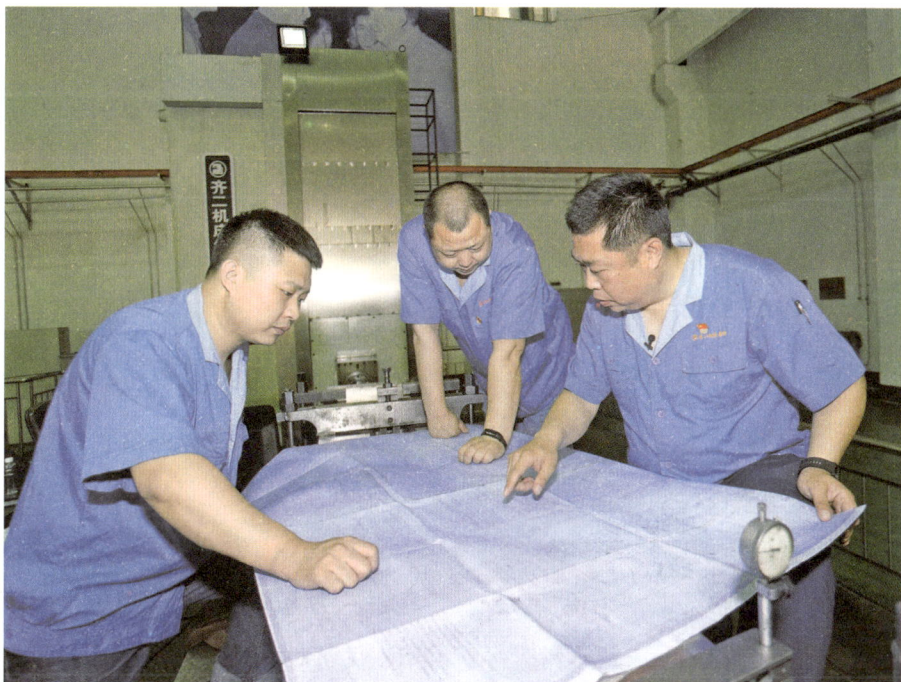

3.构建积极能动的创新单元

创新是引领发展的第一动力。为助力培育发展新质生产力，马兵紧紧围绕"创新单元和创新型班组"的定位，加快转型步伐，坚持以促进企业科技进步、提升企业经济效益为主攻方向，利用好示范性技能人才（马兵）创新工作室，以"五小"创新活动为载体，勇于探索、敢于实践，带领小组通过技术攻关、合理化建议活动、班组技术交流会和申请创新成果专利等载体，将小组打造成技术交流、科研攻关的创新平台。

4.构建自觉进取的学习单元

更高素质的劳动者是发展新质生产力的第一要素。马兵带领小组积极开展岗位自学，坚持学习新工艺、新材料、新刀具等最新前沿知识，开展工余技术培训，邀请工艺人员、院校教师、同行进行培训交流，坚持运用"学练技艺三方法"，努力提高青年组员技能水平，将小组建成技能人才培养的摇篮。

5.构建创先争优的组织单元

党的基层组织是党的全部战斗力的基础。马兵担任组长以来，坚持以打造通用技术集团五星党支部为标准，以"党建＋重点项目"和党员示范岗位为载体，通过建设班组党建"小阵地"、开展党员主题实践"小活动"、打造班组高技能核心"小团队"、选树培养"小典型"、挖掘擦亮"小亮点"、积极开办"小课堂"等，将马恒昌小组建设成为创先争优的组织单元，努力打造一支"平常时候看得出、关键时刻站得出、荣誉利益舍得出、危难险重豁得出"的党员队伍。

6.构建文明和谐的文化单元

马兵始终坚持着"四必访""五知道"、思想政治工作"六个坚持"的光荣传统，使组员真正感受到组织的关怀和温暖，使职工在班组中放心工作、安心成长、舒心生活；坚持加强职工小家建设，使职工小家成为组员交流工作、学习理论、实行民主管理和畅想人生的精神家园；坚持用马恒昌小组精神育人，深入挖掘马恒昌和"马组"历史故事，编制《劳模印记》和《马恒昌小组精神代代相传》两本口袋书，坚持理想信念教育，让小组的精神扎根在组员的心中、传承下去，做到组魂不散、信念不丢、精神不垮。

新时代新征程传递新使命，马恒昌小组将扛起先辈们的旗帜，以"喊破嗓子，不如做出样子"的实干精神，踔厉奋发、勇毅前行，发出班组建设的时代强音，为实现我国机床产业高质量发展、产业链安全和自主可控提供技能支撑，为实现制造强国目标作出新的更大贡献。

（稿件由通用技术齐二机床李慧茜提供）

王建清：传承"王涛班"精神

　　王建清，东风汽车集团王涛班班长，获全国劳动模范、全国技术能手、中国汽车工业十大工匠、首届东风工匠等荣誉称号，第十三届、第十四届全国人大代表，中华全国总工会十七大代表，湖北省总工会副主席（兼任），享受国务院政府特殊津贴。王建清以师傅王涛为榜样，坚守职业操守，带出一个享誉全国车企的"金牌班组"。"王涛班"在2010年获全国社会主义劳动竞赛优秀班组荣誉称号，在2019年获评"新时代最具影响力班组"，是全国工人先锋号。

1. 以身作则

进厂 31 年来，王建清坚持刻苦磨炼，始终在生产一线摸爬滚打，依靠自学成才获得东风集团商用车调整工状元，高技能专家。30 多年来，王建清扎根一线，刻苦钻研，爱岗敬业，从一名普通的汽车调整工人成长为副班长、班长，直至全国劳动模范，全国人大代表，并带领"王涛班"走进"全国工人先锋号"行列。

作为一名党员和"兵头"，王建清时刻干在先、走在前，用无声的行动带领整个团队砥砺前行。为了公司、工厂车辆准时交付，王建清个人带领班组员工每天人均义务献工 1 小时。在高产时期，为克服班组人员不足难题，王建清以身作则、率先垂范，白夜班连上，凌晨 3—4 点下班，早上 7 点他又准时出现在白班的早班会上。他带领的班组员工个个敢拼、敢闯、敢干，领导评价"王涛班"的员工身上有一种特殊的精气神。

他推进分段交车模式，让"合适的人，干合适的岗位"，开展"献言献计"竞赛、"保质量、降成本"竞赛、"1+1＞2"对手竞赛等竞赛活动，解决了 21—57 岁职工年龄差距问题，提高了工作效率，达成了使班组平均单车交付时间提升 10 个百分点的挑战目标。据统计，他担任"王涛班"班长以来，参与装调东风商用车 30 多万辆，无一安全、质量责任事故。

2. 技术引领

王建清带头搞改善，立足岗位，带领班组骨干大搞"小发明、小改进、小创造"，仅 2020—2024 年，"王涛班"共完成各类改善 226 项；自制创新工具 108 件（套）。

近两年来，王建清个人和员工共编写了 6 本调整工培训教材，创造了

5项专有技术；近年来，班组累计出书10多本，共1000多万字。撰写技术论文30多篇。其中，他和师傅合著编写的《东风天锦电器故障排除图解》，填补了东风新品4S店培训教材空白；2012年，这一成果获机械工业科学技术成果三等奖。

他通过开展40余期OJT培训活动，总结出"调整工OJT现场五步学习法"，OJT课题获得商用车发表一等奖，JPH提升物流课题发表获得有限一等奖，班组员工先后37人次在全国、东风公司、东风有限、东风商用车技能大赛中获得13枚金牌、7枚银牌、17枚铜牌的优异成绩，"王涛班"被誉为"金牌班组"，王建清被誉为"金牌班长"。

3. 创新管理

作为班组的"兵头"，王建清抓班组管理有思路、有套路，他结合公司班组建设"五大五小"（学习·小课堂、改善·小课题、安全·小环境、管理·小团队、生产·小指标）要求，创造性地开展"十全十美"活动：十分钟课堂、十分钟零件竞猜、十分钟小故障排除、十分钟现场整理、十分钟KYT知识抢答、十分钟爱家、十分钟工间操、十分钟现场小改善、十分钟分装大比拼、十分钟团队集结，把"五大"内容与"五小"活动融会贯通，把工作与休息、建"家"（班组）与提"素"（团队素质）有机结合起来，通过持续开展以上活动，提升了班组的学习力、创新力、改善力、凝聚力。"王涛班"成为东风有限开展班组"五大五小"创建活动以来涌现出的第一个"五小标杆"全能班组。

从2013年初开始，王建清赋予导师带徒活动新内涵，探索新载体，将其做法命名为"1121"素质提升法："1"是指树立目标，争做标杆；"12"是指一年12个月，指导徒弟做好12件实事，每月1件，脚踏实地，积少成多；"1"是指指导徒弟每年出一项成果，每月做一件改善，写一项合理化建议，以此打造会学、会干、会写、会讲、会传的"五会型"师徒。创制"教、学、练、记、问"五步学习法，不断改善，精益求精，追求卓越的工匠精神，通过他的发扬传承，这一做法在东风公司共青团系统交流，并被《中国青年报》作为鲜活经验传播。

4. 乐于奉献

在承担繁重的工作压力与巨大的家庭压力的同时，王建清乐观对待生活，热情对待工友。高产中，他坚持中秋节送月饼、圣诞节送平安果、盛夏送西瓜、深夜送牛奶，让工友们感受到集体的温暖，被称为"贴心人"。《工人日报》在宣传他的事迹时，称其为"快乐的阳光暖男"。

由于其技术水平高、工作认真负责、为人热忱，王建清还多次被公司指派担任"阳光使者"，到公司客户和供应商处进行培训与技术指导援助，他把自己的知识和技能毫无保留地传授给同行，受到对方一致点赞。

王建清还是十堰市环卫处垃圾清运大队车辆的义务保障员，长期担任这一"公益职务"的他承诺：不管是什么时候，只要作业中的垃圾清运车辆发生异常故障，他都会第一时间通过电话进行通讯诊断和现场指导维修。王建清的手机通讯录里，还存储了很多 4S 店和东风客户的电话，对客户的疑难问题，坚持 24 小时义务解答。这是他坚持不变的承诺。

（稿件由王建清提供）

白国周：以"严、细、实"的工作作风推动班组管理

白国周，1987年参加工作，先后获得"全国五一劳动奖章""全国劳动模范""中华技能大奖"等荣誉称号；2012年当选党的十八大代表，现任中国平煤神马集团工会副主席。1988年担任中国平煤神马集团某班组班长后，他以用心做事、爱心待人、恒心坚持的工作态度，总结提炼出了"白国周班组管理法"，被作为搞好安全生产的典型在全国范围内推广应用，班组获全国"社会主义劳动竞赛先进班组织"、"全国煤矿十佳安全班组"，以及全国"工人先锋号"等荣誉。

1. 喊破嗓子，不如干出样子

1987年，白国周来到原平顶山矿务局七矿开拓二队，当了一名农民轮换工。刚上班没多久，有一次白国周看到一名老工人手扶钻头在岩壁上打眼，样子很是轻松，便也要求上去试试。钻头到他手里就不听话了，扶着扶着就不转了，后来竟然卡了进去，一下子耽误了半个小时的生产。

一个小小的钻头怎么就有这么大的学问？于是，要强的他开始借来煤矿生产方面的书籍如饥似渴地学习。有时白天工作忙没空闲，就利用下班后别人出去玩的时间，拿出书本认真学习并做记录。到了晚上，因怕打扰别人休息，就在台灯上搭一条深色枕巾，一学就到半夜。遇到不懂之处，就认真查资料、做笔记，虚心向技术人员和老师傅们求教。经过努力学习，刻苦钻研，顺利掌握了10余个工种的工作原理和操作事项，拿到了5

个上岗操作证书，上班第二年就被聘为开拓二队的班长，也是当时七矿最年轻的班长。

白国周最常说的一句话就是"喊破嗓子，不如干出样子"。他刚当上班长时，班内工友大多数都比他年纪大、资格老。但每次干活，他都冲在前头，带头打眼、出砟，班里其他工友一见这样，也都二话不说，跟着班长就上去了。在白国周的带动和影响下，他所在班组的工程质量、进尺速度等在全队几乎月月都是名列前茅，并打造出一个又一个安全生产"样板工程"。他也从一个对煤矿一无所知的"门外汉"，逐步成长为企业响当当的劳动模范、安全标兵、技术状元、首席技能大师和"金牌"班组长。

2.违章不留情，铁面不徇私

白国周以自己的坚强毅力和不懈努力创造出连续多年安全生产无事故的奇迹。这源于白国周刚到煤矿上班时听到的一个真实的故事。刚上班没多久，师傅给他讲了一个他亲身经历的事。那天，师傅和工友在井下巷道干发碹工程。按工程规定，挖两米岩壁要砌一米墙。但为了省事，也为了加快进度，他们就一次挖5米的岩壁。结果，还没来得及砌墙，顶棚突然塌了，当场就把一名工友埋在了下面。"刚才还有说有笑的工友，转眼就没了。"师傅说着说着，手在颤抖，眼泪下来了。这件事对白国周触动特别大。他暗暗下定决心："这辈子绝不违章！"

为了杜绝违章操作，养成安全生产的好习惯，白国周对职工一直严格要求，坚持原则，违章不留情，铁面不徇私。

电车司机李某有一次想图省事，在过风门时，一下子打开了两个。白国周看到后，当即指出："你这是违章行为！"李某满不在乎："就一会儿，不碍事。"白国周严厉地说："不伤害自己，不伤害别人，不被别人伤害，保证他人不受伤害，这不是光说说而已，还要落到实处，作为班长，我要对全班的安全负责啊！"自知理亏的李某虽然挨了训斥，但心里一点也不记恨他，因为他从班长的话语中体味出了"严厉"中蕴涵着的"关爱"。

他们班里的人，几乎都被白班长不留情面地批评过，但没有真正记恨过他。据统计，在担任班组长的20多年里，从他手下走出了15名优秀班组长，个个都是生产骨干；在他班里先后工作过的280多名职工，没有出现过一例工伤，被誉为培育本质安全人的"摇篮"和优秀班组长的"黄埔军校"。

3. "严、细、实"的工作作风

白国周长期坚持跟班带班，全程控制监督检查，严格进行责任追究，总结提炼出了班组管理方法——"白国周班组管理法"。其主要内容概括为"六个三"即：三勤（勤动脑、勤汇报、勤沟通）、三细（心细、安排工作细、抓工程质量细）、三到位（布置工作到位、检查工作到位、隐患处理到位）、三不少（班前检查不能少、班中排查不能少、班后复查不能少）、三必谈（发现情绪不正常的人必谈、对受到批评的人必谈、每月必须召开一次谈心会）、三提高（提高安全意识、提高岗位技能、提高团队凝聚力和战斗力）。

"白国周班组管理法"体现了"严、细、实"的工作作风，体现了用心做事、爱心待人、恒心坚持的工作态度，被作为搞好安全生产的典型在中国平煤神马集团、煤炭行业乃至全国范围内推广应用。

2009 年 11 月，由国家安全生产监督管理总局（现为应急管理部）、国家煤矿安全监察局（现为国家矿山安全监察局）和中华全国总工会联合召开的全国煤矿学习推广"白国周班组管理法"推进班组安全基础建设工作会议在郑州召开。会上，五部委联合下发了《关于学习推广"白国周班组管理法"进一步加强煤矿班组建设的通知》，"白国周班组管理法"在全国煤矿系统得到全面推广。

（稿件由白国周提供）

许琳：传承郝建秀工作法

1951 年，在全国"红五月"劳动竞赛中，新中国第一代纺织工人、16 岁的郝建秀创造出一套优质、高产、低耗的细纱工作法——郝建秀工作法，被纺织工业部在全国纺织行业推广。1952 年 5 月，郝建秀所在的小组被命名为"郝建秀小组"。郝建秀小组现任组长许琳，2016 年 10 月光荣当选郝建秀小组第十任生产组长，先后荣获"中国纺织大工匠""全国纺织行业创新班组带头人"等荣誉称号。郝建秀小组被评为"新中国 70 年十大经典班组"。

1. 成立"四长五大员"组

2016 年 1 月，青岛纺联集团将青岛市区纺织生产整体转移到山东枣庄，在枣庄生产基地成立郝建秀生产团队，任命许琳为代理组长，由郝建秀小组第九任组长姜玲到枣庄公司，亲自进行"传帮带"。许琳根据每个组员的性格特点，成立"四长五大员"组，即生产组长、党小组长、工会小组长、团小组长。许琳建议"四长"同时又是"五大员"组的管理者，"五大员"分为政治宣传员、生产计划员、产品质量员、经济核算员、安全卫生员，管理者可以自行选出自己的大员组成员。大员组的职责各自组织学习，以此来提高组织能力和协调能力，并通过这种信任和放权来提高他们的工作积极性，形成"小组指标人人扛，小组管理大家干"的新格局。

2. 创建和谐小组

为了让新团队尽快进入角色，适应小组工作状态，许琳利用业余时间对组员一一进行走访谈心，详细了解每个人的工作感受和家庭生活等情况。许琳把组员视同自己家人一般，生活中，她尽己所能，帮助解决实际困难。小组刘师傅是组里唯一的男同志，家庭负担重，爱人因精神疾病常年在家休养，儿子上学，家里还有年老的母亲需要照顾，生活的重担全压在他的身上，让这个中年男子看上去苍老了很多。了解他的情况之后，许琳利用休息时间，带领小组骨干们专门去他的家里看望，并带去慰问金，让刘师傅有什么需要及时说，小组一起帮他战胜困难。每年年终工会慰问困难职工发放补助她都会首先想到刘师傅，希望绵薄之力能对开朗乐观的刘师傅生活有所帮助。刘师傅也是个懂得感恩的人，小组负责看管的机台，刘师傅总会利用休息时间对设备进行保养，小组的体力活，热心的刘师傅也都是首当其冲。小组有一个优良传统，即"四访"工作，其中一条是，职工身体有病必访。许琳将必访范围扩大到家属，只要组员家属身体有病请假、住院的，都会第一时间组织骨干前去探望，让组员们感受到团队的温暖。

3. 挖掘创新潜能

在氨纶包芯纱的试纺中，许琳在郝建秀工作法"五看"（进车挡全面看、接头换纱周围看、进车挡分段看、出车挡回头看、跨车挡侧面看）的基础上又总结了"上下两看"的方法（上看氨纶丝是否在刺牙、导轮内，下看氨纶是否外露、缺芯、缺棉）确保提高氨纶包芯纱的质量，通过这一方法的推广，大大提高了该品种的质量和生产效率。

  公司安装了先进的细纱机,"自动落纱、无极变速、落纱机器人",这些新名词吸引着许琳。她主动请缨到长车区域工作,根据说明书一点点摸索,利用业余时间,请技术人员讲解新设备的机械性能、工艺设定,全方位地学习掌握新技术,针对60支产量低的问题,她每落一排纱都要用笔记本做好差异记录,然后与技术人员一起研究不断优化锭速曲线,最终通过缩短大小纱的提速时间来提高产量,平均锭速由原来的14000转提升到16000转,最高者更是突破了17600转。然后,她利用下班时间继续进行提炼,用较短时间总结出细纱长车操作要领,并传授给了组员和其他班组,她的工作法在车间推广后,产量上升30%。

  近年来,青岛纺联集团紧跟工业互联网及数字化、智能化的发展趋势,推动智能化制造,提升装备性能,建设数字化生产示范线,许琳带领小组从未停下创新的脚步,先后试纺成功了氨纶纱、天丝、莫代尔、竹纤维、牛奶纤维、大豆纤维、珍珠纤维等高附加值的产品。

  2019年12月,郝建秀小组荣获全国最具影响力"新中国成立70周年十大经典班组"荣誉称号。

4. 学习永远在路上

为更好地发挥典范引领作用，许琳给公司提议搭建"互学互帮、共同进步"交流平台，将"请进来"与"走出去"相结合，开阔组员眼界。广泛开展"同行对标""班组结对"等取长补短、共同提高活动，不仅活跃了班组学习气氛，还激发了员工学业务、比技术的热情。如：发起"中国纺织大工匠事迹报告会暨工匠绝招绝活现场技术交流传帮"活动，零距离地与"中国纺织大工匠"们进行了现场技术学习、探讨和交流。朱长松、何菲、贾军海、舒畅四位"中国纺织大工匠"亲身讲述自己在生产岗位上勤学苦练技能、练就绝招绝活的成长故事，他（她）们在平凡岗位上创造的不平凡业绩和敬业精神深深感动和感染了现场的每一位干部职工。这么接地气的现场交流学习对小组组员们的触动很大。

2023年3月20日，致敬中国纺织·庆祝"郝建秀小组"建组70周年大会在青岛纺织谷隆重召开，第十届全国政协副主席郝建秀同志和中华全国总工会办公厅都发来贺信，表达了对小组的关心以及对行业班组、行业文化建设的殷切期望，号召全国纺织行业广大职工在基本实现纺织强国目标的基础上，继续推进"科技、时尚、绿色"高质量发展，以优异的成绩向党和人民交上一份满意的答卷，为推进中国式现代化建设作出新的更大贡献。

（稿件由青岛纺联控股集团有限公司姜玲提供）

李贵吉：传承铁成班组精神

中铁一局集团"铁成班组"，成立于2009年1月，以全国劳模、全国优秀共产党员、党的十八大代表、全国"双百"人物、新中国成立70周年"最美奋斗者"、电力工工匠技师窦铁成为首任班组长。"火车头奖章"、西安市"五一劳动奖章"获得者、电力工特级技师李贵吉为第二任班组长。班组是一支致力于轨道交通"四电"工程的专业化施工班组。近年来，在班组长李贵吉的带领下，班组始终以"铁成精神"为指引，以创建"政治型""学习型""创新型""现代型"新时代班组为目标，从工程施工、人才培养、技术创新三个维度打造重难点工程"突击队"、技能人才孵化"练兵场"、企业创新创效"先锋号"。

1. 重难点工程"突击队"

班组从思想意识、制度标准、现场管理三方面夯实班组管理基础，打造攻克企业急、难、险、重工程的重难点工程"突击队"。

（1）党建引领，创建"政治型"班组

建设政治素质过硬、技术能力过硬的新时代产业班组，将"支部建在连上"，让党员挺在第一线，让党建工作从有形覆盖向有效覆盖转变，建立具有坚定的政治信念、强烈的党性原则和高度的团结协作精神的班组是铁成班组"政治型"班组建设的重要目标。近年来，班组组织骨干力量在广州地铁、郑州地铁、上海地铁、杭州地铁开展对标交流、劳模交流、共建联建，每年邀请名誉班组长窦铁成以开展班组党课等形式引导班组成员树立正确的政治立场和世界观、榜样观。

（2）完善制度，创建"标准化"班组

班组积极推进以"组织建设标准化、阵地建设标准化、制度建设标准化、工作流程标准化、活动组织标准化"为主要内容的标准化建设，规范班组日常工作，建设班组活动室，打造班组工作阵地，不断提高支部工作的标准化、规范化水平。同时，从班组管理、组织建设、施工管理、人才培训、技术创新等多方面制定了《铁成班组管理制度》《铁成班组技术创新管理办法》《施工现场安全质量跟踪管理办法》等10多项管理办法，建立了《铁成班组工艺技术管理规则》《五小四新技术创新流程制度》《全面质量管理小组实施制度》等多项创新激励制度。

（3）优化管理，创建"全过程质量"班组

在班组长李贵吉的带领下，"铁成班组"始终牢记首任班组长窦铁成"一点也不能差，差一点都不行"的质量管理信条，不断优化和完善作业质量管理流程，打造"全过程质量管理"班组，全面贯彻工程项目质量管理体系，落实质量目标，夯实作业班组工艺质量。"铁成班组"全过程质量管理，将工程项目质量目标、技术培训、过程检查、新技术应用、追溯评定等环节进行系统性的流程整合，确保从质量目标规划、技术交底、工序梳理、过程管理、缺陷整改等各环节的有效关联。从根本上杜绝班组质量管理缺失，质量检查过程责任不到位、技术要点不到位、质量追溯流于形式等问题导致的工程质量事故。

2. 技能人才孵化"练兵场"

班组通过一系列措施，强化技能人才孵化的"练兵场"作用，持续科学健全人才引进、培养、使用、评价、流动、激励制度，利用班组的人才孵化平台，建立"一进一出一留"的准入与荣誉退出机制。选择作业层优秀员工进入"铁成班组"进行深造，聘用班组优秀的技术团队与其签订师徒协议，从思想、技术、管理等多方面激发个人潜力，择优毕业，毕业后授予相应荣誉和企业职务分流待遇。对于考核不合格的人员，继续留"校"学习。从员工的业绩、能力、态度三大方面进行考评的分解细化，明确职责与分工，秉持一致、客观、公正、公平、公开的原则进行科学严格的量化考评，用定量、定性原则，与员工的收入挂钩，以标准化制度为准绳，不以个人意志为转移，建立了科学的人才考评机制。

3. 企业创新创效"先锋号"

铁成班组依托窦铁成技能大师工作室（火车头劳模创新工作室）、李贵吉创新工作室等技术创新平台，以"铁成班组四步联动"创新工作法等技术创新引导机制推进班组技术创新，形成班组内活跃的作业层技术创新氛围。

（1）提出

班组成员发挥基层技术骨干优势，引导基层作业人员总结现场施工难点、整理技术需求。集合项目工程特点，提出有助于提升施工效率，解决施工难题、优化劳动力组织的技术创新需求。

（2）推进

根据技术创新需求情况，班组依托窦铁成技能大师工作室（火车头劳模创新工作室）、李贵吉创新工作室的技术专家团队优势，分析需求的紧迫性和技术难度，成立班组技术攻关小组，针对技术需求开展技术研究。

（3）参与

在研究过程中，班组会以班组技术分析会：结合技术经验，分析现场要点，把控技术创新的可行性；项目专题技术讨论会：发挥技能优势与团队技术经验，理清技术方向，深度参与技术创新。

（4）推广

实现技术创新成果形成经济效益，服务施工生产，是"铁成班组四步联动"创新工作法的最终目的，为此，班组在创新成果形成知识产权的同时，会以滚动开发的形式对形成的技术成果进行推广与应用，在应用过程中不断修正和改进成果，实现技术创新成果的落地创效。

（稿件由中铁一局集团樊刚、王书俊提供）

21

于素梅：用耐心、匠心、恒心、向心、初心打造班组

于素梅，现任连云港鹰游纺机集团有限公司碳纤维装备研究所所长，荣获全国劳动模范、全国五一劳动奖章、全国三八红旗手等称号，荣登"中国好人榜"。36 年来，于素梅扎根生产研发一线，先后参与完成多条碳纤维成套装备的设计开发，参与研发的"干喷湿纺千吨级高强／百吨级中模碳纤维产业化关键技术及应用"项目获得国家科学技术进步奖一等奖。鹰游集团于素梅劳模创新工作室成立于 2007 年，现有成员 26 人，其中培养出 5 名省部级劳模、1 名市劳模，共获得创新成果 50 余项，荣获省级科技进步奖 10 余项。

1. 从零开始，潜心科学研究屡次创造奇迹

1987 年，大学毕业的于素梅被分配到了原连云港纺机厂，从事纺机机械设计工作，自此，她便立足于技术岗位，扎根在生产一线。1992 年，黄麻行业严重滑坡，令这个只能生产单一的黄麻络纬机及其零配件的小厂遭受了严重的打击，企业渐渐陷入了困境。

"最难的时候，工资发不出来，有的人转岗，有的人'下海'，有学校邀请我去任教，但最终选择留下。我坚信，纺织行业大有可为。"于素梅回忆说，企业在市场调研时发现，毛绒行业后整理设备——烫剪联合机很抢手，但国内没有厂家能做，设备需要从国外进口。

得知厂里要研发烫剪联合机，于素梅把大学课本重新搬到案头，主动

要求参与。"那时候年轻气盛，心里憋着一股劲，想要大干一场。"不久，于素梅成了厂里科技攻关小组里最年轻的成员之一，承担起烫剪联合机剪毛部件的设计工作。

"当时没有经验参考，两眼一抹黑。自己辛辛苦苦一笔笔画出来的图纸，经过工人师傅一道道工序精心加工后，却无法正常运行。我既着急又委屈，也有过打退堂鼓的念头。"回想起这些经历，于素梅说："老一辈技术人员手把手地教梳理设计流程，他们的言传身教给了我莫大鼓励和支持，也在我内心埋下了'传帮带'的火种。"在于素梅和同事们的不懈努力下，仅用5个月时间便成功研发出了新产品，企业得以起死回生。

哪里失败就在哪里爬起来，一次不成功就做到成功为止！科研过程漫长而艰辛，多年来，于素梅和同事们不断突破国外技术壁垒，潜心研究自主装备，付出了无尽的汗水和努力。

2. 专注创新，突破国际技术封锁，视国家荣誉高于一切

2005年，于素梅参与万吨碳纤维项目的研发工作，因为国际市场的技术封锁，国内对碳纤维的了解仍停留在实验室成果阶段，把实验室数据转化成工业化生产流程，这对当时包括于素梅在内的技术研究人员来说，可以说是"不可能完成的任务"。困难面前，于素梅团队没有认输，他们一边四处请教专家，一边走访生产相近腈纶的厂家参观学习。在研究前期，做出来的产品并不能达到生产性能要求，于素梅带着团队没日没夜地纠错、试错，光设计图纸，就反复绘制了近万张。

碳纤维生产设备的研发真正是摸着石头过河，难度非常大。"记得在做纺丝的一个设备时，我们从书本上所得到的信息是温度要达到100多度，但是100多少摄氏度，我们没有数据，所以就要做很多的实验来进行论证、获取数据。为了解决这个问题，我们花了3个多月的时间。这样的

困难，不计其数。"于素梅说。

凭着过硬的技术水平，和那股永不服输的劲头，于素梅劳模创新班组相继完成多条碳纤维生产线、碳纤维预浸布等复合材料设备生产线的设计开发工作，实现了 T300/T700/T800 级碳纤维及原丝设备的全部国产化。2016 年，于素梅劳模创新班组研发的"千吨级干喷湿纺高性能碳纤维产业化关键技术及自主装备"，打破了国外长期的技术垄断，也让中国制造在世界碳纤维生产领域拥有了更多的话语权。

2018 年 1 月 8 日，于素梅参与研发的"干喷湿纺千吨级高强／百吨级中膜碳纤维产业化关键技术及应用"项目荣获国家科学技术进步奖一等奖。2021 年，于素梅参与研发的我国首个万吨碳纤维生产基地在青海省西宁市投产，该项目首次实现了单线年产 3000 吨高性能碳纤维生产线设计和高端成套技术装备的自主可控，极大地提高了国产高性能碳纤维的自主保障能力，当年入选国资委央企十大超级工程。

3. 创立"五心"班组工作法，培育劳模工匠

工作中，于素梅大胆提出的"五心"班组工作法，即耐心、匠心、恒心、向心、初心。使得班组始终保持勤奋努力、团结合作、不断创新的精神。

"耐心"以"传帮带"等多种途径，形成了"一对一""一对多""多对一"和"逐级帮教"等多种形式的培育活动，传授技术经验、提高团队的技术能力。"匠心"以劳模先进为中心，充分发挥"领头羊"作用，大力开展科技攻关、技术改造、技术协作、技术发明等一系列科技创新活动，培养工匠人才。"恒心"以责任为担当，从设计、制造、安装、调试到生产，紧跟每个环节，拼命苦干加实干，解决一个个技术难题。"向心"以团队协作、团队力量，提升科研水平和研发能力，奋力攀登科学技术高峰，完成每项任务、攻克每个难题、研发每款产品。"初心"以坚守"为祖国争光、为民族争气"的信念，以"拓荒者"的姿态，从零开始虚心学习，积极开展科技创新工作，不断提高自主创新能力，为企业新质生产力注入强大动能。

（稿件由连云港鹰游纺机集团有限公司提供）

方文墨：重思想，提技能，高效管理

沈阳飞机工业（集团）有限公司标准件中心方文墨班，是一支技能高超，强手云集的队伍。班长方文墨，航空工业首席技能专家，高级技师，现任全国青联副主席、辽宁省青联副主席，曾获"中国青年五四奖章""全国五一劳动奖章""中华技能大奖""全国技术能手""全国最美职工""全国青年岗位能手"、第六届"振兴杯"全国青年职业技能大赛机修钳工第一名、"辽宁省特等劳动模范""辽宁工匠"等 100 余项荣誉称号，是国家级"方文墨技能大师工作室"领衔人，享受国务院政府特殊津贴。

方文墨班组自2013年成立至今先后荣获了"全国工人先锋号""全国安康杯优胜班组""全国质量信得过班组""辽宁省青年文明号""辽宁省先进集体""辽宁省优秀质量信得过班组""辽宁省安全标准化达标班组""沈阳市青年文明号"等众多省级以上荣誉称号。

1. 重视班组思想文化建设，激发青年员工成长动力

方文墨班组始终以成为"青年人才的诞生地、技术创新的发源地、安全生产的实践地、攻坚克难的根据地"为班组建设的目标，以"让理想接地气、让人生更有价值"为班组文化核心，以"培养懂技术善管理的人才"为己任，坚定"细节决定成败，精度决定高度"的工作理念，时刻牢记"做更安全的事情，做更优秀的我们"。在班组建设过程中，方文墨班组非常重视思想文化建设。钳工是一项体力劳动，练习钳工技能要比其他操作设备的工种更加艰苦，航空报国的理想信念和弘扬钳工技能的不懈追求，是支持方文墨班组年轻人一直坚持下来的不竭动力，班组成员之间的互相鼓励、同台竞技让大家在枯燥的训练里苦中作乐。积极向上的文化氛围让大家团结一心，在不断超越自我的征途上开拓创新，打造出具有创新特色的班组品牌。

2. 技能提升引领创新改善，切实解决生产线疑难杂症

为更好地发挥高技能人才队伍的技术优势，由方文墨班组作为主要成员，创建了方文墨创新工作室。工作室专门承接公司内的各种急难险重项目，通过创新改进加工方法，凭借高超的徒手加工技术，为沈飞公司重点型号科研生产任务解决了大量的生产难题，为国家重点型号战斗机交付做出了突出贡献。在解决难题的同时，班组成员细心钻研，认真总结，整

理并申报了各类国家专利 22 项，同时，工作室面向全公司提供技术支持，公司内的青年员工遇到加工难题，都可以到工作室寻求帮助，方文墨班成员通过讲解、授课、示范等方式，将自己的技能和知识毫无保留地传播出去，帮助了更多的青年员工快速提升技能水平。承担着国家重点型号战斗机科研生产任务。坚守初心扎根生产一线，高超技能促进提质增效。

一线工人在很多人眼里是一个苦差事，但方文墨班组的青年们对自己的岗位有着更崇高的理解，怀揣着弘扬钳工技能，让中国技能站在世界技能之巅的梦想，方文墨班的青年们安心扎根一线，不惧艰苦，寒暑不辍，为祖国的航空事业贡献着青春力量。

3. 坚守初心扎根生产一线，高超技能促进提质增效

近两年，公司的飞机生产任务异常繁重，在任务面前，方文墨班组永远都是冲在最前面，工作要比别人干得快、干得好，加班要比别人时间多、效率高。他们充分发挥钳工手工排故机动灵活的特点，在天窗口盖对接、航空发动机对接、蒙皮铆钉等高修复、雷达吊装螺栓拆卸、油管螺纹修复、飞机操控系统回正尺寸测量等国家武器装备制造领域作出了巨大贡献。在工作中，方文墨班组通过开展群众性技术创新活动，实现创新创效，利用"小发明、小改造、小革新"解决生产工作中的实际难题。为公司生产任务提质增效提供了有力支持。团队完成了攻关课题 150 余项，协调解决工艺问题 40 余项，通过解决技术瓶颈，不仅提升了班组成员的凝聚力、锻炼了队伍，还使班组整体的产品质量和生产进度有了大幅提高。

方文墨班组耿伟华、杨国心两人分别获得第十四届、第十六届"振兴杯"全国专业组装配钳工、工具钳工冠军，班组成员中多人次获得"全国技术能手""全国青年岗位能手""航空工业技术能手"等荣誉称号，实现了钳工技能和工匠精神的成功交接。

　　拼搏奉献、团结奋斗是航空人报国追求的缩影，深深地镌刻在每名航空人的骨髓。新一代高技能人才一定会谨记习近平总书记教诲，谨记"敬业、协作、创优、奉献"的青年文明号精神，在公司发展和社会服务的方方面面发挥青年人的主观能动性。他们也将以更加饱满的热情，更加刻苦的努力，更加强悍的技术，更加沉稳的心态为公司乃至整个社会的发展贡献青春力量。锐意进取，永不止步。

（稿件由方文墨提供）

巴图散：安全救援，守正创新谋发展

巴图散，新疆塔城公路管理局额敏分局玛依塔斯防风雪保障基地班长，2016 年荣获"新疆维吾尔自治区劳动模范"称号；2017 年荣获"新疆维吾尔自治区第五届道德模范"称号；2019 年荣获"全国交通技术能手"称号；2020 年荣获"全国先进工作者"称号。

1. 救援是职责使命

工作 20 多年来，巴图散对玛依塔斯风区的每一段路都了如指掌，对这里的天气也非常熟悉。每天清晨 6 点，他是基地第一个起床的，随身带点干粮就和队员们驾驶巡道车上路巡查公路，记录公路积雪情况，查看天气情况，上报数据、科学调度机械、组织队员开展清雪作业。

2021 年 1 月 22 日晚，省道 201 线玛依塔斯路段和 318 线玛依塔斯至乌雪特乡政府路段遭到 10 级西风猛袭，气温降至零下 30 摄氏度，途经此路段的 117 名司乘人员被迫滞困在风区。接到求救电话后，玛依塔斯防风雪抢险基地立即响应应急预案，带班领导和班长科学调度，带领玛依塔斯防风雪抢险基地队员和机械全速赶赴事发路段。

时间就是生命！到达现场后，顾不得喘息，全体抢险队员立即展开救援；夜晚的玛依塔斯风区气温已降至零下 30 多摄氏度，伴随着猛烈的 10 级西风，雪粒子如刀子般往鞋、衣领、口袋里钻，抢险队员们固定好救援绳索，上车安抚滞留旅客，将滞留旅客按照老幼病弱顺序安全转移，20 多次的进出车厢，抢险队员们的棉衣、棉裤、棉皮鞋早就湿透了，极低气温将他们的防护服冻成了铠甲一般，行动极为不便，体力消耗很大，为了打通道路，他们不得不穿着湿棉衣，硬着头皮跳进暴风雪里；实在站不住了，队员们轮换着趴在车辆的引擎盖上短暂地休息，待体力稍微恢复后继续接力救援，最终经过 17 个小时的紧急施救，全体抢险队员将 117 名滞困旅客护送到安全地带。

2. 常念安全"紧箍咒"

巴图成为玛依塔斯防风雪抢险基地班长后，更加重视安全工作，做到"四清楚、五必帮、六必谈"。即：对职工的家庭情况清楚、工作优缺点清楚、个人爱好特长清楚、工作技能清楚；工伤病号必帮、生活困难必帮、婚丧嫁娶必帮、家庭发生意外必帮、后进职工必帮；职工三违必谈、出勤不正常必谈、情绪反常必谈、完不成任务必谈、人际关系紧张必谈、受到各类处分必谈，及时化解不安全因素。每次设备检查，巴图散都要在车库多待一会儿，多看、多想、多记录成了他的职业习惯：发动机的声音是否正常、驾驶室内是否干净……每次的安全例会，巴图散都要组织基地抢险队员学习安全生产相关文件和知识、观看警示教育片并常态开展工作经验交流。带领队员们对车辆做到每日的三检查（出车前、行车中、收车后），不开病车、不开快车、不酒后驾车、不私自出车，车辆保持整洁、卫生、干净。所做的一切就是为出行的司乘人员保驾护航！

3. 勤奋好学树榜样

巴图散技校毕业，文化底子薄。为适应养护工作需要，做新时代养路职工，他自加压力，刻苦学习和钻研文化知识，在工作之余、生活中挤时

间学习，使自身素质得到了提升。2017年，巴图散进入了中国劳动关系学院劳模本科班学习和深造；他深知学习机会的宝贵，也求知若渴，认真好学的精神比一般本科生更强。四年的学习中，他完成了28门课程学习，从一线工人变成学生，巴图散凭借不服输和勤奋好学的态度克服重重困难，顺利毕业。

巴图散将在学校学到的知识和先进的管理技术全部奉献给了自己热爱的公路事业，毫无保留地向各族干部职工传授经验和技术。巴图散手把手地向"徒弟们"传授除雪保通、抢险救援的经验做法等，用自己的丰富经验，为年轻一代锁定成才目标，在他的带动影响下，玛依塔斯防风雪抢险基地涌现出全国五一劳动奖章获得者李长青、全国交通技术能手崔亮等一批先进人物；玛依塔斯防风雪抢险基地荣获了中华全国总工会、交通运输部授予的"2020年度感动交通特别致敬人物"荣誉、"自治区优秀志愿者服务团队"、"伊犁州工人先锋号"、"自治区工人先锋号"、"自治区青年文明号"等称号；赢得了极高的社会美誉度。

4.守正创新谋发展

在单位的支持下，2015年正式成立巴图散创新工作室，2019年被新疆维吾尔自治区总工会命名为自治区劳模和工匠人才创新工作室。巴图散坚持"小、实、活、新"原则，在实际工作中紧紧围绕机械驾驶、公路养护、安全生产中的难点、重点，以劳模精神带动各族干部职工参与技术小革新。他参与研发的防阻块校正仪，循环利用成本低；路面清扫车，安全环保又快捷；自卸车卸土器，以人为本省力气；防风雪指挥车安装前置摄像头、防风雪机械加装柴油供暖装置、融雪剂松动器等多项技术革新项目，一直在实际工作中推广使用并获得表彰；2023年巴图散创新工作室创新项目"轮式推土机推雪铲防磨损装置""折叠标线卡尺"被自治区总工会表彰，并荣获塔城公路管理局"五小"群众性成果奖二等奖。

（稿件由新疆塔城公路管理局工会提供）

田学磊：用心、有心、真心守岗位

田学磊，获全国劳动模范、全国技术能手和天津市劳动模范等荣誉称号，现任天津能源集团津燃华润燃气有限公司宝坻分公司综合服务网点站长。进入公司 18 年来，田学磊始终以勤奋和扎实的精神投身工作，多年来从未发生一起安全责任事故和服务事故，为保网点居民一方平安做出了突出贡献。

1. 做平凡岗位的"用心人"

2006 年，田学磊正式成为一名燃气调压工人，工作之初，为了尽快熟悉业务，掌握技术，不管站里有什么活，派给了谁，路途多远，他都主动跟着去，积极向老师傅学习请教，争取每一次锻炼的机会，总结摸索工作的方法和门道。

2013 年，由于工作需要，他被调往新成立的马家店服务网点担任站长，新建的服务网点就像一张白纸，他就带着 6 名职工摸索着干。先是建立网点小课堂，为职工逐一讲解入户服务要求、窗口接待要求、管网巡检要求等，教导职工建立报表台账、制定相关工作流程，和职工一起入户开展安检、维修等工作，手把手地示范操作技巧，使得网点从人员面貌到工作落实都有了改善和进步。为了确保职工能够熟悉管网设施运行情况，他会轮流带着一个职工，沿着管线"遛一遛"，到站区"转一圈"，帮助职工实地学习、实际操作，他总是习惯地拿着小本儿把管网沿线的周边环境记录下来，久而久之，他所带领的职工也逐渐地养成了记笔记的良好习惯。马家店服务网点的人员面貌和工作落实都有了显著的改善和进步。他通过精细化的班组管理，培养了一支业务能力强、服务意识高的团队，为企业的稳定发展奠定了坚实的基础。

他认为用心做事才能将事做好，也一直坚持做一个平凡岗位上的"用心人"。在他的带领下，班组管理更加规范、高效，职工的工作积极性和创造力得到了充分发挥。他们共同努力，不断提升服务质量和客户满意度，为企业的发展注入了新的活力。

2. 做岗位创优的"有心人"

田学磊既是技术能手，也是一名有担当、懂管理、起到示范引领作用的网点负责人。他引导职工树立积极的工作态度，鼓励他们干事创业，回馈企业。为了提高职工的技能水平和服务质量，他将自己总结的"一测、二刷、三修、四清、五讲"维修五步工作法无私传授给网点职工，并制定了专项工作培训课程。特别是针对燃气表无法通气、灶具点火不畅、阀门

故障、连接管松动等用户常见的报修问题，他逐一讲解，确保每位职工都能掌握解决方案。

除了技术传授，田学磊还注重基础管理工作。他深知灵活的管理方式对于提高工作效率、化解人员短缺问题至关重要。因此，他建立了网点人员工作流程图，制定了《网点人员工作管理制度》和《网点燃气设施设备巡视检查制度》，确保职工在工作中有章可循、有据可依。

在田学磊的带领下，班组管理更加规范，职工技能水平和服务质量得到了显著提升。他的示范引领作用，不仅激发了员工的工作热情，也为企业的稳定发展注入了新的活力。

在长期的班组管理工作中，田学磊逐渐领悟到，班组的工作需要因时而异，因季节而变。春季是市政施工的高峰期，他深知这对燃气管网的安全运行提出了更高的挑战。于是，他精心安排职工加密巡视频次，对重点区域实施严密监控，并积极与施工单位保持密切沟通，确保燃气管网设施在繁忙的施工季节中依然稳固安全。每当冬季的脚步临近，他提前率领维修队深入那些燃气管道冰堵易发的小区。他们逐栋楼进行排查，为引入管加装保温棉，这一举措显著减少了因冰堵导致的停气现象，为居民们提供了更加稳定可靠的燃气供应。

在时代的洪流中，工具不断更新，新问题层出不穷。然而，田学磊始终保持着敏锐的洞察力和不懈的探索精神。他勤于思考，乐于创造，不断寻找解决新问题的方案，成了班组中名副其实的"有心人"。在他的带领下，班组管理工作不断取得新成效，为企业的稳定发展贡献着力量。

3. 做忠诚于党的"真心人"

作为一名青年党员，田学磊始终坚守着"不怕苦、不畏难、有担当、讲奉献"的信仰，以此作为自己对党忠诚的坚定体现。为了提升班组凝聚力和劳动者的集体荣誉感，他积极参与天津市委、团委、集团公司、宝坻区委组织的各类宣讲、交流和讲课活动。他用自己的实际行动影响和激励着身边的同事，激发他们的工作热情和活力。因此，在 2019 年，他荣获了天津市首届"创优能手"的殊荣。

在物联网换表的关键时期，田学磊更是以身作则，积极奔走协调，确保换表工作的顺利进行。他的示范引领和辐射带动作用，为建设平安社区提供了强有力的支持。

他始终心系管网安全，多年来，凭借高度的责任感和敏锐的洞察力，成功化解了近百起安全隐患，使得所负责的区域实现了安全零事故的佳绩。他的辛勤付出得到了居民的高度认可，收到了 100 多封表扬信和 20 多面锦旗。

他始终保持创先争优的劲头，不断提升自己的业务能力和管理水平，用实际行动诠释着对党的忠诚。他是一位真正的"真心人"，为班组管理和企业发展贡献着自己的力量。

（稿件由田学磊提供）·

刘丽：练匠技、传匠心、铸匠魂、取实效

刘丽是中国石油集团大庆油田第二采油厂第六作业区采油48队采油班班长，获中国质量工匠、中华技能大奖、全国技术能手、全国五一劳动奖章、全国三八红旗手、全国最美职工、大国工匠年度人物、全国劳动模范等荣誉100多项，享受国务院政府特殊津贴。刘丽工作室自2011年成立以来，先后荣获全国示范性劳模和工匠人才创新工作室、国家级技能大师工作室、全国职工教育培训示范点、全国三八红旗集体等荣誉，入选新中国70年最具影响力班组。

1.练匠技，打造技能提升平台

工作室建有多功能的培训场所，承担着大量的培训任务。在培训中，刘丽大力开展"导师带徒"活动，推进"精英技能人才培养工程"，不仅传技能，更带思想、带作风。通过探索实施三级递进梯队模式和体验式五步阶梯培训模式，举办革新成果交流会、技师讲堂等各类培训交流活动200余场次，累计培训员工1.5万余人次。

刘丽常对徒弟们说：成功没有捷径，守得住本分，才能经得起考验。徒弟赵海涛刚到她身边时，看书不细致，基本功不扎实，刘丽就从理论上指导、操作上规范下功夫，鼓励他放下包袱、沉着应战。在师徒共同努力下，赵海涛蝉联两届大庆油田技术大赛冠军，并摘取黑龙江省青年岗位技能竞赛桂冠。截至目前，工作室成员中236人成为技师、57人成为高级

技师、16 人成为首席技师、13 人成为技能专家、135 人获得"技术能手"称号。

2.传匠心，打造难题攻关平台

工作室最初建立时，是采油 48 队的一个班组。虽然大家积极努力研发成果，但因为工种单一，且技术力量相对薄弱，遇到难题时总有势单力薄的苦恼。2014 年在厂领导的支持下，全厂公开发布，成立技师之家，纳入工作室管理，由刘丽作为工作室领衔人，担任技师之家总会长。通过领导优选、个人申请，全厂共有 35 个工种的 500 多名成员加入了技师之家。

为了更好地开展工作，刘丽结合专业特点、工作相关性，将成员分配入采油、集输、测试等 12 个分会。总会统筹安排工作室工作，各分会执行具体专业任务。刘丽知道做创新就要实实在在解决生产中的问题，所以她坚持将问题导向、需求导向作为创新行动发力点。每年年初，刘丽会组织工作室成员深入一线征集生产难题，选择立项，发挥各分会技能专长，引导成员"望闻问切、对症下药"搞研发，采取"专业内集中、跨系统联合、多工种作战"的模式进行攻关。

大庆油田进入聚驱开发阶段后，抽油机井光杆极易被腐蚀进而导致盘根盒漏油，严重时一天就得更换一次光杆密封圈。采油工一直用手抠的办法更换密封圈，费时费力，冬天更是遭罪。刘丽带领团队，经过 200 多次试验研制出"上下可调式盘根盒"，不仅使密封圈更换时间从 40 分钟缩短至 10 分钟，使用寿命从 1 个月延长到 6 个月，还实现了每口井日节电 11 度。

刘丽对工作追求极致，始终秉持高标准、严要求。在她眼中，绝无"将就""差不多"，经手工作必须严实。她不仅这样要求自己，对工作室成员也是如此。例如，徒弟邹继艳的一个有缺陷的防喷溅取样阀，在评审

会上被身为评委的刘丽当场否决，邹继艳曾为此闹情绪，刘丽开导她："搞革新重在'严'和'实'，来不得半点弄虚作假，我们不是为了评奖去做革新，这个东西是你做的，就好像贴了一张你的'名片'，如果不成型、不好用，其他人看到、用到这项成果时都会想起你，我们也无法面对自己技师的身份责任。"在师傅刘丽的指导下，第二年邹继艳研发出了一个全新的取样阀，获众多奖项并全厂推广。从那以后，邹继艳终于理解了师傅严格要求的那份苦心。

3. 铸匠魂，打造创新创效平台

唐海燕是采油分会的一名会员。"以前一直觉得革新是个'高大上'的事儿，完全没概念，距离自己很遥远。自己尝试过，也不得要领。"当初抱着试试看的想法加入了分会，在一次次的交流讨论中，在不断地学习实践中，唐海燕逐渐开了窍，成为革新队伍中的一员。现在跟着大家一起干，工作劲头和信心都更足了。2015 年，她的一项革新成果获得了第二采油厂技术革新一等奖。

吸引越来越多的人加入刘丽工作室的不光是浓厚的革新创效的氛围，还有成果转化的效率。刘丽工作室探索实施了"专家技师联合研发、革新工厂自主生产、示范区试用推广"的"研产用"一体化的创新管理模式，在这里，很多在生产一线征集的难题，经过多工种进行联合攻关，在最短时间内，技师们的想法变成"热气腾腾"的产品。针对加工制造能力有限、跨工种操作能力不足的实际情况，厂里帮助刘丽工作室建设了占地8000 多平方米的群众性创新创效活动基地，配备了 3D 打印机、车床、钻床、打磨机、火电焊等专业加工设备，满足了部分产品样品阶段的加工需要，实现了革新成果的样品化生产。

工作室成立 13 年来，刘丽带领成员牢固树立"控制主动权""挑战不可能""居家过日子"思想，推动了从地下到地面、从技术到管理、从生产到经营的全员、全过程、全价值链的提质增效创新实践，促进成果转化，营造良好氛围，取得了实实在在的成效。刘丽工作室成立以来，累计研发技术革新成果 1048 项，取得国家专利 174 项，推广成果 5000 余件，创效 1.2 亿元。

（稿件由中国石油集团大庆油田赵聆言、刘丽提供）

刘伯鸣：讲、查、抓"三字安全工作法"促进安全生产

　　刘伯鸣，中国一重铸锻钢事业部水压机锻造厂水锻分厂第二生产作业部锻九班班长，先后荣获全国技术能手、中央企业百名杰出工匠、央企楷模、中华技能大奖、大国工匠年度人物、全国劳动模范等荣誉称号，享受国务院政府特殊津贴。该班组在刘伯鸣的带领下，以股份公司建设国际一流铸锻钢基地为契机，立足岗位、严细管理、务实创新，以优良的作风赢得了分厂广大干部职工的称赞。

1. 全面提升技术水平

锻九班在工作中以一重股份公司及分厂班组建设为契机，加强日常技术培训，通过开展"岗位技术练习、重点锻件生产经验交流、每月生产技术经验总结"、建立岗位练兵台，互学互助结"对子"等灵活多样的岗位培训活动，营造崇尚学习的良好氛围，全面提升班组人员的技术水平。通过活动的开展，锻九班不仅在理论水平上有了很大进步，而且实际操作水平，尤其是锻造超大、超难锻件的技术也有了突飞猛进的提升，涌现出了锻造技术能手刘伯鸣、冯永亮、安汇、潘惠泉、马靖辉、张欣宇等数名优秀人才。他们还经常利用工作空闲时间，召开班组技术座谈会，组员们将自己的实践工作经验、锻造小窍门讲出来供大家学习参考，做到理论知识和操作技能资源共享。时间长了，大家的技能都有了长足的进步，个个能独当一面。

2. 总结提炼出讲、查、抓三字安全工作法

锻九班在安全工作中总结出了自己的一套方法：讲、查、抓三字安全工作法。讲就是讲安全。锻九班充分利用大会、小会、班前会等机会，不厌其烦地强调安全的重要性。首先，在班组中树立"所有意外均可避免，一切风险皆可控制"的安全理念，营造出"人人讲安全，事事重安全，时时抓安全"的良好氛围；其次，班组还发动班组成员、家庭成员等，通过家庭聚会、单位集体活动等形式，利用手机短信、班组看板等手段，或编辑一些朗朗上口的安全警句，创作一些短小精悍的文艺作品，使大家将安全规章印入脑海、熟记心中。查就是查隐患。班组在工作前，对各种危险因素的防控措施是否完善到位，是保证工作安全的关键。任何事故的发生

都并非偶然，是有先兆和苗头的。因此，锻九班要求全体职工做到三勤：勤观察、勤检查、勤整改，做到防患于未然。抓就是抓典型。锻九班在安全管理中，不断总结安全管理经验，善于发现和培养先进个人，在班组中抓典型，造声势，树榜样，并形成了班组自己的激励机制。每个季度、半年和年度，班组都会拿出一部分奖金，对在安全工作中做出贡献的组员进行奖励，在班组中树立起了主人翁意识，强化了班组成员抓安全的责任心，形成了人人重视安全工作的良好局面。

3.增强员工光荣感、责任感、使命感和自豪感

锻九班利用业余时间组织大家学习了《责任胜于能力》这本书。同时注重培养大家树立三种意识：一是树立大局意识。班组要求全体组员自觉站在企业全局的利益上想问题、办事情，要认识到企业、班组和个人是一荣俱荣，一损俱损的关系，自觉树立大局意识，坚持个人利益服从集体利益、班组利益服从全局利益，以维护企业集体的稳定协调发展。二是树立创新意识。班组鼓励全体员工结合本职工作积极进行创新。从附具的使用到锻件的各个生产环节，以创新推动工作进步。三是树立进取意识。班组通过学习时间，教育和引导职工树立忧患意识和勇当一流的进取精神，把职业当作事业来做，始终保持积极向上的蓬勃朝气。干一流的事业，创一流的经验，出一流的成果，在平凡的岗位上，做出不平凡的业绩来，最大化地实现自己的人生价值，为企业的发展最大化地贡献智慧和力量。

4.细心加专心、巧干加实干

近年来，锻九班先后参与了国内最大的 5 米轧机支承辊、一体化容器法兰接管段、世界最大加氢筒体，核电主管道，世界首创三项纪录的石化

锥体的生产任务，这个班的集体智慧得到了充分的验证。锻造吨位超大、形状特殊的锻件最能考验一个班的整体素质。在锻造中，刘伯鸣带领全体人员，分析其他班组在生产中遇到的困难并总结经验，研究当班所承担火次的重点及难点并形成方案，思考如何为下火次生产创造有利条件并及时交流。通过努力，锻九班出色完成了其所承担的重点产品锻造任务。

5.争创先进班组

以刘伯鸣为首的业务骨干带领班组职工长期坚持搞素质教育和技术小比武活动，教育组员增强责任心，刻苦钻研技术。"只有熟练自己的业务，干起活来才能得心应手！"成了全班人员的共识。锻九班还从落实各项规章制度抓起，用制度规范组员的言行。年初，为了更好地完善交接班制度，锻九班在原有基础上进行创新。改以往在岗位上交接为面对面交接，每天由班长、交班组员与接班组员一起到现场面对面交接生产任务和设备运行情况，把生产存在的问题当面交接清楚，以便接班人员和班长能够及时掌握生产情况，重点问题重点处理。有效提高了工作效率，避免了工作的盲目性，促进了安全生产。

（稿件由刘伯鸣提供）

苏健：用分类下料、数控、模块、清洁 4 个作业小组实现高效管理

苏健，中车唐山机车车辆有限公司组装事业部配管中心班长，其班组成立于 2007 年，是伴随着引进德国高铁制造技术而诞生的，主要负责高速动车组所有管路的下料、数控弯管、清洁分类、模块组装工作。苏健先后获得全国劳动模范、河北省金牌工人、中华技能大奖、第 14 届中国经济年度人物特别奖、高铁工人管理标兵等荣誉称号。

1. 建立客户导向思维

班组成立之初，首要任务是各项制度流程的建立和完善，生产、安全、质量以及现场管理等各项工作都需要同步进行，新的设备工装需要调试，一个个问题接踵而至，摆在了苏健的面前。除了解决这些问题，苏健认为更重要的是将"下道工序就是我们的客户"和"第一次就把事情做对"的工作理念传授给员工。要让员工树立起一切为客户着想的工作理念，让他们明白缺陷产品绝不能向下道工序流转的重要性。因大部分员工都是新入职的，让他们的行为习惯化、规范化，这远比传授技能更为艰难。

为了增强班组员工的使命感、荣誉感和团队精神，苏健坚持在每周一的班前会上带领全体员工宣誓。每天班前会，苏健组织工友们进行"疯狂英语"式的工艺文件背诵，要求被考者军姿站立、距离 6 米远声音洪亮流

利地背诵工艺文件。通过这种形式的强化培训，使得工友们能够严格按照工艺文件施工，杜绝了操作的随意性。苏健还在班前会上宣读每期厂报上的振奋人心和正能量的信息，以打造昂扬向上的职工文化。

2. 推己及人和谐友爱

随着订单的增加，班组成员最多时达到 42 人。其中 50 岁以上的员工有 8 人，女员工有 8 人，青年员工有 26 人，年龄跨度从"50 后"到"90 后"，管理难度也随之加大。日常工作中存在老幼合作、男女合作的组织形式。其中一名老员工曾做过脑瘤手术，工作中他主动认真，但变得比病前更加絮叨了。青年员工与老师傅相差 30 岁，存在代沟。苏健对老师傅们从生活和工作上关心他们，对青年员工则叮嘱他们不要和老师傅攀比，要尊重老师傅。家在外地农村的青年员工赵某，父亲不幸遭遇车祸去世，工友们自发为他捐款 3000 余元。班组逐渐形成了尊老爱幼、和谐谦让的氛围。大家齐心协力不断提升工作效率和产品质量。

班长必须做到公正、公平、无私，无论是在工作中还是在生活中。只有当你真诚地为大家着想，大家终会回馈于你。苏健对班组成员一视同仁，给予了他们更多的关爱和理解，班组从未出现过不和谐的现象，大家像一家人一样相处，共同面对工作和生活中的困难。凭借这样踏实的基础管理，班组先后获得了公司"优秀高铁工人团队"和"北车先进职工小家"等荣誉称号。

3. 质量就是生命

高速动车组生产以来他们一直秉承"如坐针毡、如履薄冰、如临深渊"的质量理念，做到第一次就把事情做对，产品质量零缺陷，严格执行

自检、互检、巡检的质量管控措施。制动管路质量关系到旅客的生命财产安全更是班组管控的重中之重。

苏健在徒弟们心中是一位严格认真的师傅,他对班组所有人都一视同仁。一次一根弯管安装不上,苏健按图纸逐个坐标进行核对,最终发现管路倒数第二个弯角度差10度,问题找到后苏健开始追查责任者,查找班长派活记录本、自互检记名作业卡、实物记名,从操作手法等方面,最终确定操作者是苏健的徒弟,原因是徒弟经验不足,因管路过长,旋转时束头夹持力不够,导致旋转不到位,出现角度误差。苏健立即召开数控小组质量分析会,把这次弯管质量问题的原因进行了深入分析,明确了改进措施,并按照班组质量管理办法规定,宣布对责任者给予100元扣罚。事后徒弟委屈地说:"我是自班组质量管理办法制定以来第一个被考核扣罚的人,师傅一点儿情面也不讲。"苏健严肃地对他说:"越是徒弟越要严格要求你,这是对你个人负责,必须养成好的操作习惯,质量无小事!"让苏健倍感欣慰的是，徒弟后来再没有发生过质量问题，现已取得高级技师资质，先后荣获"唐车工匠""河北省技术能手""中车首席技能专家"等荣誉称号。

4."1234"管理法

苏健把班组分成下料、数控、模块、清洁分类 4 个作业小组，组长负责小组全面工作，各个小组既实行属地化管理又要团结协助，上下道工序实现无缝衔接，避免推脱扯皮现象发生。面对生产、安全、质量、现场、纪律等方面要求，班长苏健负责全面工作，下设安全员、质量员、工会组长和 4 个作业组长。每天早晨班前会上苏健指出昨天的不足，布置今天的工作，3 大员进行针对性的喊话。"1234"管理法即苏健每周 2 次带领 3 大员和 4 个作业组长对各个作业小组从人、机、料、法、环、测六个方面进行联合检查，依据评分表打分，按此结果进行班组奖金的二次分配。

在班长苏健的特色班组管理和全班员工共同努力下，班组成为事业部第一个质量免检班组，先后荣获 2010 年度中国北车模范职工小家，2014 年度全国"安康杯"竞赛活动优胜班组，2015 年度河北省质量信得过班组，2016 年度河北省质量信得过班组二等奖，2017 年河北省现场管理四星级现场，2018 年中国质量协会授予该班组质量信得过班组称号，苏健的"1234 管理法"被公司立为标杆推广。

（稿件由苏健提供）

杨峰："五智"班组管理法管理团队

杨峰，航天科技六院西安航天发动机有限公司 25 车间杨峰班组组长，曾获全国劳动模范、中华技能大奖、中国质量工匠等荣誉称号。杨峰班组是集车、铣、钳、磨及微小孔加工等为一体的生产类班组。

2012 年，从事钳工 20 年的杨峰，因工作出色担任机加二组组长。对于已经习惯与机器和技术较劲的他来说，新的岗位还真有些不太习惯。刚开始当组长的三个月，杨峰成宿成宿睡不着觉，但他的内心只有一个想法：决不能辜负了大家的信任。从最初的一整天穿梭在现场机床间，连口水都顾不上喝，到他请教有经验的组长和老师傅，报名参加线上和线下培训，逐步熟悉班组的整体情况，全盘把握着投产和在制任务，不断丰富着班组管理经验，两年后在实践中通过智管团队、智控质量、智造精品、智汇英才、智育文化，实现了班组从行为管理向文化管理的蜕变，2014 年被中国国防邮电工会授予"杨峰班组"荣誉称号。

1. 智管团队

（1）目标落实到节点。他按照轻重缓急安排生产任务，根据加工精度、难度、急缓程度统筹资源，将生产节点落实到人头、细化到零件、分解到机床，做到"任务完成不延时，困难协调不推诿，问题处理不过夜"。

（2）指标分解到团队。他将人员、设备，按照不同工种、技术等级、

任务要求组建 6 个团队，指定技术好、责任心强的同志担任队长，用团队协作模式替代以往组员单打独斗的生产形式，加强了职工的协作互助和技术交流。

（3）效率提升到现场。他成立阀芯类单元生产模式，克服了以往频繁更换不同设备和工装、准备时间长、工作效率低的不足。

2. 智控质量

（1）加工前做到"一牢"和"四查"："一牢"即牢记"以一次干好的工作，创造出优质的航天产品"的方针。"四查"即一查工艺规程、图纸、跟踪卡是否相符；二查原材料状态、产品数量是否与跟踪卡记录相符；三查所用刀量具、工装等是否完整并在有效期内；四查使用设备是否运转正常。

（2）加工中做到"二勤"和"四执行"："二勤"即勤测量，及时发现质量隐患；勤观察，及时把握零件表面状态。"四执行"即一执行工艺纪律，不得私自变更工艺内容；二执行首件"三检"制；三执行合格品、超差品分类摆放要求；四执行关键工序"三定"要求，关键特性测量结果量化记录。

（3）加工后做到"三不"和自检"三分清"："三不"，不放过质量缺陷、不隐瞒质量缺陷，不传递质量缺陷。自检"三分清"，将合格品、超差品、废品做到分类清楚，标识醒目、交检及时。

3. 智造精品

（1）现场问题发扬民主。面对探月工程月球着陆探测器主发动机调节锥加工难题，他召集大家共同出主意、想办法，通过反复试切，最终达到加工精度 0.003mm 的技术要求。

（2）重大难题集中会诊。邀请设计、工艺、检验等相关人员对多通类产品和多表面、多孔系复杂结构产品的加工瓶颈进行会诊，通过优化工艺流程，成功实现多种零件由数控车加工向数控镗铣加工的转变，提高加工效率3倍并得到推广应用。

（3）疑难问题依托骨干。在加工某型号阀座中心 $\varnothing$1.2mm 小孔时，材料为 2Cr13，加工中极易折刀，影响产品质量，高级技师刘平通过反复实践自制刀具，攻克了该难题，并经过论证被确定为此类零件加工的专用刀具。

（4）研究课题依托载体。班组依托职工技术协会、技能大师工作室、六西格玛课题攻关小组等平台，推动协同创新，攻克了多项阀门精密加工难题，将制造产品向"智"造精品跃升。

4. 智汇英才

（1）"五结合"强化岗位练兵。他提出"一精、二会、三学"岗位提升目标，通过"五结合"，即单兵教练与集体练兵相结合，一帮一与一帮多相结合，一事一训和干啥学啥相结合，"技师讲座"和"周五课堂"相结合，师徒、师兄弟、相邻工位相互学习相结合，对组员进行个性化培养，内容覆盖基础知识、薄弱环节、绝技绝活、高精尖零件加工案例、设备维护与保养等培训，每年培训30余次，人均达90课时，使岗位练兵成为提升组员能力的重要途径。

（2）"摆擂台"形成赛马机制。重"培"更要重"赛"，他积极推荐有潜力、优秀组员参加各级技能竞赛，激励青工大显身手。入厂仅7年的青工蔡帆，在2016年陕西省数控技能大赛中获第一名并晋升为高级技师。

（3）"建梯队"完善成才通道。为激励职工早日成才，他评选出以"小孔专家""阀芯专家"为代表的"六大精英"，并将他们的绝技绝招、攻关成果和经验汇编成《精英荟萃》，作为特色教材在青工中进行技能传承。相继培养了"七大突击手"与"八大生力军"等，形成了精英领军、突击手冲锋、生力军成才的人才梯队，使组员看到成长的阶段目标，勤学苦练劲头更足。

5. 智育文化

班组十分注重团队文化和优良作风的培育、提炼与积累，付真情、促和谐，强实力，逐步形成了口口相传、心心相印的"智"造文化：内涵——技能展示才华、技能成就未来、技能实现梦想；传统——学习蓄能量、勤练出能手、巧干显能力、继承促发展；作风——精磨刀细研图、稳操作严把关、勤创新交精品。

（稿件由杨峰提供）

杨普：用技术、创新、提质、精神赋能，弘扬劳模精神

杨普，石家庄常山北明科技股份有限公司职工，2000年参加工作，先后荣获全国劳动模范、中华技能大奖、中国纺织大工匠、中国青年五四奖章等荣誉称号。以其名字命名的杨普创新工作室自2010年成立以来，紧紧围绕带徒传技、创新创效、劳动竞赛、宣讲传承四方面工作赋能管理，先后荣获国家级技能大师工作室、全国示范性劳模和工匠人才创新工作室、全国工人先锋号等荣誉。

1. 技术赋能站

杨普创新工作室坚持开展导师带徒、拜师学艺活动，师徒签订结对协议书，分别履职尽责，在培训工作中，导师们按照"嘴勤、手脚勤、勤学练、勤分析、勤总结"的五勤要求，对技术要点、难点进行反复讲解。遇到不好掌握的操作，更是到生产现场言传身教。通过工作室每年技术培训课不低于350课时的要求，广泛扎实地上好每一堂技术培训课，同时工作室把技术培训课的内容和形式大胆创新，如：把部分枯燥乏味的操作知识改编成朗朗上口的操作顺口溜，让操作技术变得易学易懂、易记易会，也增加了新工们的学习兴趣；形式也丰富为观摩表演、座谈交流、线上直播、线下工序实物分析、能手讲堂等，真正使工作室成为广大员工的技术赋能站，先后培养了百余名操作技术精湛的新工，为完成各种高难的订单

生产任务奠定了坚实的基础。

2. 创新赋能站

为培养大家的创新意识和创新能力，工作室一角特意开设了学习园地，带头人杨普经常鼓励大家多上网学习新技术、新知识，敢对标学习、敢跨领域学习，广泛地请教相关人员。

成员们对"创新、创业"有独特的理解：创新不是科研人员的专利，也不单单是发明、创造，在工作中，只要是能提高生产效率、提高产品质量、降低生产消耗的小改造、小改进、小改革等，敢于用新方法、新思路去解决生产中的疑难问题的，都是创新。创业就是在自己的工作岗位上把本职工作当成自己的事业，用心经营，精益求精，生产出精品来，这就是技术工人的创业。大家在这种思想的统一下，从本岗位做起、从细节入

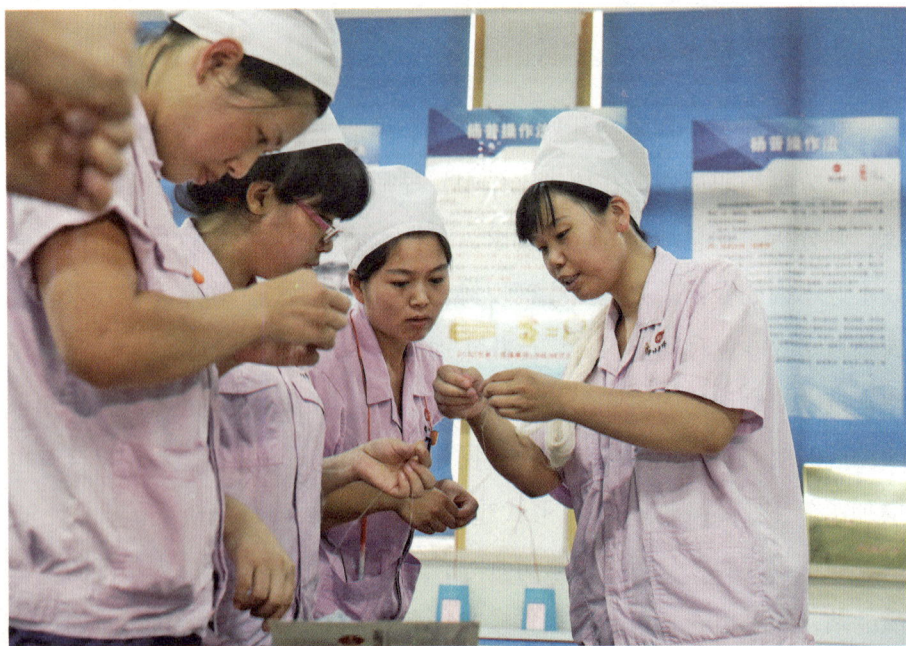

手，人人争当创客。有的创新一个处理停台的操作手法，就缩短了停台时间，提高了生产效率；有的改进一件清洁工具，就有效地降低了残疵率等。比如处理一次断纬停台，以标准 28 秒创新缩短到 18 秒为例，减少的这 10 秒，按公司的实际生产情况可折算出全年可多生产 21.92 万米布。编写了《分幅品种操作法》《大提花增减经密操作法》《色织品种操作法》等 13 项工作法，发明了新式中央分幅剪刀、改进了多喷品种的进纬固定杆、改造了大提花织机的断经自停装置、总结了低气压运行下减少纬缩的方法等，不仅为公司提质创效达 100 多万元，而且多人荣获公司"科技明星""技术革新成果奖"。

2017 年，杨普创新工作室和公司葛文军工作室与江苏黑牡丹集团邓建军创新工作室签订了战略合作协议，开启了跨区域合作模式，各工作室由"孤军奋战"转变为"联合作战"的方式，大大地增强了工作室作战的人才支撑和技术能力。

3.提质赋能站

劳动竞赛从"广"和"精"上发力。"广"体现在参与人员广和工种广，工作室按竞赛内容分为基础操能提升和生产疑难攻关两大类，同时又按照员工操作基础的不同，分为学徒类、青工类和全员类；参赛工种在主要工种、大工种的基础上不断往辅助工种、小工种覆盖。如：学员达标奖、质量状元争夺赛、春季青工技能比武、辅助工种服务赛等。

"精"体现在随时针对生产中的质量波动，开展精准对接的攻关竞赛，对准质量问题点，精准发力。如：挡车工全月无操作残竞赛、修机工连残修复排队赛、降低真丝品种百脚攻关赛等。在这些攻关竞赛中，充分利用 QC 质量管理小组活动，科学地分析解决质量问题。竞赛开展中，充分结合青工特点，如：开展了"机下打结擂台赛"，通过层层竞赛产生擂主，擂主成为下一期攻擂对象的模式循序开展，掀起全员练习基本功的热潮。

凭借着日常竞赛，不仅使很多员工在省市级的技术大赛中，取得佳绩并获得荣誉，也通过技术的提升促进了产品质量的提升。

4. 精神赋能站

弘扬劳模精神、劳动精神、工匠精神，营造劳动光荣的社会风气和精益求精的敬业风气，杨普创新工作室义不容辞。工作室的 7 名骨干成员全部都是省部级劳动模范，他们钻研技术、岗位成才、无私奉献的先进事迹，就是 7 部活生生的励志教材，他们无数次深入各个班组与大家座谈、交流。公司也把"新工入职"第一课放到杨普创新工作室，让"三种精神"激励更多的员工牢固树立"劳动崇高、劳模光荣、岗位奋斗、技能成才"的意识。杨普本人也多次走进各大企业、学校，和当代青年人分享自己匠心筑梦、岗位成才的劳模故事。上海东华大学先后分两批共计 40 余人到工作室参观学习，协助培养外省的同行职工 50 余人。

多年来，杨普创新工作室相继培养出基层管理人员 16 名，各级先进模范 30 多名。被中国纺织行业协会授予"郝建秀小组式全国纺织先进班组"。成员中 1 人获全国劳模、1 人获全国五一劳动奖章、2 人获河北省劳模、1 人获中国纺织大工匠、3 人获全纺劳模等荣誉。

（稿件由杨普提供）

杨金安：永葆初心、恪守匠心，为国"炼好钢"

杨金安，先后获得"全国五一劳动奖章"、全国技术能手、全国十大"工匠人物"等荣誉称号；2017年光荣当选中国工会十七大代表，荣获2019年"大国工匠年度人物"，现任中信重工铸锻公司电炉班大班长。以他名字命名的"杨金安大工匠工作室"，被评为"全国示范性劳模和工匠人才创新工作室"。

1. 班长永葆初心，带动班组为国"炼好钢"

杨金安，是一名炼钢工，因为岗位"热、脏、累"，特别是夏天炉台上的温度高达五六十摄氏度，能够坚持下来不容易。每当炙烤难耐时，他就用洛矿（中信重工前身）老前辈焦裕禄说过的一句话鼓舞自己和班组成员："革命者就是在困难面前逞英雄。"

为炼好每一炉钢，他每天揣着一个小笔记本，把炼钢流程、工艺要点、注意事项等关键操作内容记录下来，哪一种钢用哪一种操作方法最快、最节能、最能保证产品质量，都认真分析，潜心总结规律。日积月累，所记录的操作方法和心得体会记满60多本笔记，习惯延续至今。

"有志者，事竟成。"他的技能不断提升，练就了一双"火眼金睛"：看炉渣颜色，听电炉声音就能识别出炉内钢水的温度和渣量的多少，与精密测温仪测出的读数相差不超过20摄氏度；泼钢水、看钢花发叉量，就能辨别含碳量，可靠地判断其是否超过临界值。光凭这一双火眼金睛，一

年就能给企业省下上百万元电费，节约了班组炼钢时间和能耗，为企业省下大量生产制造成本。他潜心学习，努力工作，成为学习型、创新型、实干型员工的典范代表，由一名普通炼钢工人成长为大国工匠。

"榜样的力量是无穷的。"在他的感染带动下，班组全员始终注重以技能报国的情怀、精益求精的匠心，奋力提高整体技能和水平，成功打破一个又一个"不可能"：炼制出了一系列技术领先的航空航天钢、核电钢、石化加氢钢等"高精尖"特种钢材，广泛运用在大型水利设施、核电、航空航天和国防等领域，建功神舟系列飞船、国产航母等重大工程、重大课题、重大建设项目，为我国装备制造业发展和大型基础设施建设做出了贡献。

2. 组员恪守匠心，班组成效不断刷新

在杨金安看来，"匠"字三面是墙，工匠就是要在自己的领域空间里斤斤计较，把工作做到极致、精益求精。同时，杨金安时常这样强调："一

个人有匠心，自己有前途；一群人有匠心，企业有前途；一代人有匠心，国家有前途。"

立足班组阵地，杨金安着力以知识赋能、匠心化人，致力将班组打造成"匠心成就人才、人才成就班组"的良性互动。他通过举办工匠大讲堂，开展关键产品工艺策划会、重要锻件产品冶炼完成后经验交流和质量问题分析讨论等，着力培养团队成员技能、素质和身心健康，强化班组成员人人拥有"精益求精，追求卓越""第一次把事情做对"的匠心。他注重团队合作和沟通，经常组织团队成员进行成果交流和经验分享，让班组成员在浓厚的"工匠精神"感染下相互学习、相互支持，汇聚班集体的智慧为企业发展贡献力量。

在杨金安的带领下，班组不仅生产效率和质量显著提升，团队凝聚力和文化建设更是取得了很大进步。他们的团队被评为公司"五星班组"，他本人也获得"优秀班组长""河南最美职工"等诸多荣誉称号；公司2023年钢水年产量实现18.4万吨的历史性突破；2024年一季度完成钢水冶炼5.2万吨，同比增长5.6%，实现三年开局连续增长。

3. 全员勤于用心，班组处处出彩

杨金安是一个精于思考、勤于用心的人；对班组成员，他也同样要求。为炼好每一炉钢，在烈焰熊熊的炉火旁，他经常和班组同志一起琢磨分析每炉钢的工艺是否需要改进，认真探讨怎样保证近乎苛刻的化学成分。

为攻克附加值产品石化加氢用钢的冶炼，他连续蹲守现场3个月，跟踪炼钢60余炉，冶炼钢水3580吨；会同班组同志们，采用"头脑风暴"方式，对收集到的大量第一手资料和数据进行分析研判，集思广益优化操作方法，最终成功生产出国内最大规格直径6.7米×3.95米加氢筒体锻件、国内最大直径8米整锻加氢管板锻件，质量达到了世界一流水平。

　　有着"天下第一门"美誉的大藤峡水利枢纽工程船闸工程，是国内水头最高的单级船闸。这个"超级工程"中的关键部件门轴"蘑菇头"，就是他和班组同志"精于思考，勤于用心"的结晶。因"蘑菇头"需要承载重量达上千吨，50年只允许磨损不超过4.7毫米，制作"蘑菇头"的钢材成为关键，国内某知名的大型重型装备制造企业多次尝试终告失败；当班组接到"蘑菇头"生产任务时，他满脑子都是考虑如何才能完成这一世界难题，在单位想，回家还想；有一天，他回到家，掏出钥匙，半天没把房门打开，觉得不对劲，抬头一看，这是四楼，而他住三楼，原来这是别人的家。他协同班组成员"日夜兼程"研究技术文件，最终采用电渣重熔法炼钢，取得了成功。该"蘑菇头"直径1.2米，是三峡闸门的1.2倍，为世界之最，选用高碳高铬不锈钢材质铸锻，在国际也属首次。

（稿件由中信重工铸锻公司杨金安、刘永萍提供）

邹毅：扎根于质量、安全、效率、创新"四大基础"工作，带领立车班屡获殊荣

　　邹毅，株洲九方装备公司"阿米巴"班组管理和公司"班长协会"顾问，曾获全国劳动模范、湖南省劳动模范、湖南省最美班组长、湖南青年五四奖章等荣誉称号。2010 年，他担任株洲九方装备公司立车班班长后，总结提炼出"3 分钟班前会"班组管理法。截至目前，立车班先后 5 次荣获公司级"红旗班组"、公司级"先进班组"，以及省级"工人先锋号"、"全国模范职工小家"等 10 多项荣誉称号。

1. 三项原则

　　邹毅总结的班前会"三项原则"是简、活、短。"简"是指班前会内容要简单明了。对当日工作安排，昨日工作考评，质量安全纪律问题等，很直接明了地进行布置和评价。"活"是指班前会的形式要有活力。全班集合有军人般的迅速和严肃，动作，口号整齐划一，清晰响亮有精气神；班长的指令、口令干净利索；遇到重要事件可进行组员之间有互动和交流。"短"是指班前会时间不能太长。严格控制时间，遵循定时、定点、定标准，确保 3 分钟完成后进入工作状态。班前会"3 分钟"不仅是对班组长的严格要求，更是全员凝聚力、执行力、战斗力的体现。立车班"3 分钟班前会"一直坚持至今，目前已经在公司全面推广应用。

　　在立车班的日常管理中，邹毅会运用"简、活、短"的方式解决问

题。如：车工小陈因为家庭问题情绪低落，影响工作效率。邹毅找到了小陈谈心，并没有长篇大论地劝，而是简单地问了一句："有什么我可以帮忙的吗？"小陈被这句话感动，最终打开心扉，将烦恼倾诉一空。之后，小陈的工作状态也逐渐恢复。

2. 四大基础

立车班始终扎根于质量、安全、效率、创新"四大基础"工作之中，成为班组工匠文化的有效载体和平台。

（1）质量。班前会上，立车班宣贯的质量理念是：动手即负责，质量讲诚信。近几年，立车班解决了 10 余项车轮惯性质量问题，挽回产品质量损失 500 余万元，圆满完成了 15 种电力机车的 30 多种精密产品的生产试制任务。

立车班有一位技工小李，做事快，质量问题出现的频率很高，班友们都称他"猛子"。正是因为小李的性格原因，出活快，车轮编号移植时，与二维码不符的现象时有发生，是经常被投诉和考核的对象。一次，小李老毛病又犯了，被下一个工序员工投诉。邹毅找小李谈心，得知小李老婆工作很忙，两个小孩经常要小李带，小李人在公司上班，心却牵挂着家里，总想着快点把日计划干完就可以早点回家料理家务……第二天，正好碰上"猛子"家聚餐（小孩过生日）时，班长邹毅便专程参加并祝贺，同时与"猛子"家开了一个家庭会，说服其父母抽出时间去"猛子"家定时照顾小孩，解决了"猛子"心挂两边的忧虑，"猛子"也做到了生产速度和产品质量双赢双优。

（2）安全。多年来，立车班始终坚持"安全3分钟教育"，坚持在每天的3分钟安全会上讲案例并讨论问题解决方案。目前，立车班把"安全生产，我要安全"的理念，像海绵汲水一样融入每个人的心中，从而形成"人人重视安全生产，人人参与安全生产"的良好氛围。

一次，邹毅发现王师傅在加工车削中心时，为了节省时间，早点完成任务，机床仍在高速加工，王师傅飞速跑到了旁边的润滑油点去打油，准备给机床润滑油箱注入润滑油……邹毅赶上前去，制止了王师傅的违章操作，并批评王师傅的违章行为会造成严重的人伤械损事故。在当日下午专门召开的班会上，邹毅严肃地通报了王师傅今天上午违章操作的行为，并按公司安全生产管理制度对王师傅作出了罚款500元的处罚决定。会上，王师傅也深刻认识到这是"爱心考核"，吸取该起违章案例的经验教训，提醒大家"安全无小事"。

（3）效率。在2011年以前，立车班电力机车车轮月产量是600件，这已是饱负荷产能了。而今年班组的月产量早已突破了1000件。

一直以来，立车班有个传承，那就是"讲团队作战，讲主人翁精神"。邹毅把班组全年计划制成了一个"车轮计划目视化管理看板"，每个人，每天、每月和全年的计划及完成情况都会填写在看板上。当设备出现异常情况，由每台设备的工位长进行任务弥补；当全班计划出现大的异常时，由"班组突击小组"追加计划。多年来，立车班在公司各级领导的正确指导和帮助下，再次深化"阿米巴经营模式"，通过"5+2""白＋黑"的生产突击，圆满完成生产任务，也获得了客户的高度认可。

（4）创新。邹毅曾带领技师团队和班组负责和组织企业技术攻关项目350 多项，为企业创造经济效益 8000 余万元；立车班还是公司"阿米巴经营"管理创新试点班组，班组未采用"阿米巴经营模式"前，31 人只能完成 800 件／月，现在推广"阿米巴经营模式"后，17 人完成 1900 件／月，效率提升了约 330%，人工成本节约 32%，辅助和生产操作者减少 14 人，该模式推行成效显著。目前，立车班已培养出技师和高级技师 8 名，高级工 10 余名。同时完成公司技术攻关 60 余项，攻克生产设备攻关任务 40 项，圆满完成了公司 30 余项新产品的技术攻关任务。

（稿件由株洲九方装备股份有限公司邹毅、陈焕锋提供）

张华：从道德、能力、责任、效率四个维度管理班组

张华，高级技师，首席维修师，从事列车检修27年，先后获全国劳动模范、全国五一劳动奖章、长三角大工匠、全国交通技术能手等荣誉称号，当选中国工会十八大代表。他担任中国铁路上海局工班长以来，总结凝练出"CARE"班组管理法——以"Care-关心、关怀"为核心，首字母C-A-R-E分别取自："Conscience（道德）"、"Ability（能力）"、"Responsibility（责任）"、"Efficiency（效率）"，带领班组围绕"职业道德优、业务技能精、责任担当强、创新创效高"四个维度持续进步，近年来荣获全国工人先锋号、火车头奖杯、上海市质量信得过班组等称号，成为企业"标杆班组"的典范。

1. 一个中心

张华秉承"整列车、一家人、一条心、一起干"理念，以"五个一"：新人入职一结对、生日喜事一祝福、考核两违一谈心、住院探望一帮扶、调岗退休一座谈为载体，把人文关怀贯穿进班组管理，关心、关怀每一位职工，这也是"CARE"班组管理法的核心所在。

有一次，班组一名年轻职工因踢球骨折住进医院，由于家远且父母年迈，张华组织人员主动陪护。手术当天夜里，该职工麻醉药效过后疼痛难忍，班组职工一直陪在他床边，讲一些奇闻趣事转移他的注意力。住院期间大家轮流到医院照看，送饭陪护。出院时，年轻职工感激地说："在这个

有爱的集体里，我感受到了家一样的温暖。"

张华充分发挥班组"五员一长"力量，及时了解班组成员工作生活中的"急难愁盼"，力所能及地为他们解决后顾之忧。定期开展家属访问日等特色活动，让家属能亲身感受班组文化和工作内容，让班组职工得到理解和支持，稳定职工队伍，使班组职工和企业同呼吸、共命运，持续增强班组凝聚力和向心力。

2. 四个抓手

（1）"Conscience"：职业道德优

张华始终坚持专业、专注、精细、精益的工匠精神，带领班组以"修车人想着坐车人"的敬业精神和实际行动，确保每一列动车组运行安全可靠，万无一失。

有一年春运，一列动车组正在进行上线前最后调试。班组检查发现主回路绝缘状态接近临界值。放行可能导致动车带病上线，易引发途中动力丢失；扣车检查则可能影响旅客出行。张华带领班组应急小队连夜彻查牵引传动系统的每根配线、每个部件，直到凌晨时分，问题终于水落石出。第二天一早，经过近20小时的连续工作，张华亲手与值乘司机办理交接手续，内心满满的自豪和成就感。

时速350公里的动车，相当于每秒近百米的速度，检修质量关乎万千旅客的平安，容不得半点马虎和懈怠。张华班组本着"原因不清楚、问题不解决、就绝不放过"的"三不"原则，截至2023年底，优质调试检修13种细分车型，700余列动车组，诊断处理疑难杂症千余起，以零故障保障高铁运行安全。

（2）"Ability"：业务技能精

班组不仅是完成生产任务的地方，也是锻炼人、培养人的重要场所。

动车组结构复杂、科技含量高，一列动车组仅电路图就有上千张。

为提升团队技术技能水平，帮助青年职工成长，张华白天组织他们进车厢、登车顶、钻车底，按图索骥，仔细观察每个部件的构造原理。工余时间，鼓励大家查文献、翻资料、识电路，学习控制逻辑，总结提炼出"望、闻、问、切、慎、畅、核、闭"调试作业八字法帮助职工快速上手。通过浓厚学习氛围的营造，班组培育了一批精通高铁列车调试检修的专业人才，班组8位青年获"全国铁路技术能手""全路青年岗位能手""火车头奖章""上海市五一劳动奖章"等省部级荣誉，其中班组长张华和徒弟王超相隔10年，先后获行业职业技能竞赛第一，技能的传承成为行业佳话。班组培养出高级技师、技师、诊断工程师20余人，成为企业技术技能人才的孵化器。

（3）"Responsibility"：责任担当强

近年来，张华班组多次承担了动车组调试检修攻关的重任。在动车组高级检修之初，张华凭借过硬的技能，勇挑上海首位动车调试检修"主操作手"重任，圆满完成了长三角首列"和谐号"动车组自主调试任务。2019 年带领班组再挑重担，完成首列"复兴号"动车组检修试修任务。此后随着动车组车型不断更新，班组不断发扬勇挑重担的精神，近年来更是承担了长三角地区包括智能"复兴号"在内的各型动车组高级检修调试作业，成为全国铁路范围内率先掌握多种主力车型兼容调试检修能力的团队。

（3）"Efficiency"：创新创效好

动车组关键核心技术多，起初他们并未掌握一些零部件的检修技术，另外采购新件价格昂贵，供货不及时会让检修效率受制约。张华决心啃下这块"硬骨头"，他带领班组骨干对易损部件逐个分析故障现象、原因，搭建仿真平台，反复测试诊断。经过不懈地努力，彻底弄清了这类部件的构造原理和元器件特性，掌握了自主检修技术。近年来，班组团队先后攻关掌握了动车组 40 余种高精尖部件的检测维修技术，提升了检修效率，每年为企业降本增效数千万元。技术成果填补行业诸多空白，获省部级先进操作法 5 项，省部级及以上技术成果 27 项、获国家专利 43 项，助力动车检修安全、质量、效率的提升。

勇立潮头逐浪高，奋楫扬帆再起航。张华班组以"CARE"班组管理法为牵引，打造全国动车检修标杆，用新时代产业工人队伍的技能和智慧擦亮高铁"国家名片"，让"中国速度"跑得更快、行得更稳。

（稿件由张华提供）

陈晓红：技能为要、惟实惟新、以人为本谋发展

陈晓红，1994 年参加工作，党的十九大代表、全国劳动模范，在担任山东港口日照港二公司装车队女子堆取料机班班长期间，她创新班组管理，倡导人文关怀，使班组女职工紧紧拧成了一股绳，3 次创造铁矿石卸船效率世界纪录，5 次打破单班装火车效率全国纪录，在港航界树立了"港口铁梅花"的响亮品牌。班组被授予"全国巾帼文明岗""全国工人先锋号""全国五一巾帼标兵岗""全国交通行业信得过班组""全国交通行业工人先锋号"等多项殊荣。

1. 技能为要，打造学习型班组

2005 年，日照港二公司女子堆取料机班组建成立。顾名思义"女子堆取料机班"全部都是由女同志组成的。由于没有设备操作经验，姐妹们都眼睁睁盯着这些"庞然大物"犯愁。作为一个转岗的班长，陈晓红没跟机械打过交道，同样不懂主力生产设备的原理。

为了能当好这个"带头人"，陈晓红一边率先上机操作，一边鼓励大家说："都好好练吧，姐妹们，真功夫、硬本领，都是刻苦磨炼出来的！"她克服恐高，每天在设备上爬上爬下，跟着厂家技术人员学习掌握技术性能和操作要领，兜里随时揣着知识卡，苦记上百个控制符号及基本功能。在陈晓红的带动下，姐妹们燃起了斗志，互相鼓劲加油。

为了保障常态化学习效果，陈晓红在班组内实行"快乐学习30分"，

即在交班会中围绕当班遇到的问题，开展30分钟的单点课学习；为提升实践经验，陈晓红在班组内开展"个性搭配包机制"，按照"新老结合""技能互助""性格互补"的原则，对人员进行包机分组，提升了姐妹们的学习实践热情，很快便在生产实践中练就了一身精湛的设备操作技能，即使蒙上眼睛，也都能说出每个数控操作键的位置，为后来的3次创造铁矿石卸船效率世界纪录、5次打破单班装火车效率全国纪录打下了坚实的技能基础。

2. 惟实惟新，打造创新型班组

为了提升货物堆存效率，陈晓红和姐妹们在创新突破上下了很大的工夫。铁矿石有块、粉、球、沙等不同形状，水分含量较高的铁矿石，会一边卸货一边流淌，堆不高、不成垛，成为困扰作业的一大难题。

陈晓红一边查资料一边苦思冥想，有时候下班路上想得入神，同事打招呼都听不见。在一次和面时，她用面粉围出一个圈，防止和面时水流淌出来。陈晓红突然来了灵感，立即跑到公司进行试验。虽然饭没做成，但是她想出了"围堰堆垛法"，大大提高了货物堆存量。

"有些创新看似很简单，却能给生产带来极大的便利。港口在发展，我们的思维也不能停留在过去，必须与时俱进。"为了激发姐妹们的主观能动性，陈晓红在班组内积极开展质量控制（QC）攻关，无论创意大小，只要创意实用、可靠，班组都会进行考核奖励。这种管理方法极大地提高了大家的积极性，形成了"人人参与、人人尽力、人人共享"的创新氛围，一有时间，大家就围在一起反复研究琢磨。针对不同的货物属性，班组创新出"逆时浅取法"等8种堆取料机操作方法，取得了30余项技改革新和QC研究成果，连续8年被评为全国交通行业优秀成果，真正成了敢于创新、善于创新的"港口铁梅花"。

如今，日照港正加快推进大宗干散货智慧绿色示范港口建设，陈晓红依托劳模创新工作室，着重打造创新人才的孵化基地，放大劳模创新效应，增强自主创新能力，学习青岛港"连刚创新团队"十年磨一剑的毅力和精神，真正用创新来推动生产、促进发展。如今，她和团队已先后获得国家发明专利3项、国家实用新型专利242项、国家科技进步奖1项。

3. 以人为本，打造关爱型班组

一次，班组成员小张的爱人突发脑出血，被紧急送到市人民医院抢救，而此时她还在班上工作。接到医院的电话后，像天塌一样压得小张透不过气来，浑身打战冒冷汗。陈晓红立即带领班组成员赶到医院，小张这才缓过神来，抱着陈晓红泣不成声："姐，这可咋办啊！"陈晓红安慰道："现在医疗条件这么好，孩子她爸不会有事的，你要冷静。"

幸运的是，经过抢救，病人脱离了生命危险，压在陈晓红心里的一块石头落地了。小张的公公因肺癌刚过世不久，现在丈夫又这样，家里的积蓄都用光了，还欠了一堆的债。为了帮助她渡过难关，陈晓红和姐妹们都自发伸出援助之手，很快，爱心捐款便带着姐妹们的情义，交到了小张手中。

一家有难，大家相帮。像这样互献友情爱心的事儿，在女子堆取料机班还有很多。作为一班之长，在班组管理上，陈晓红把班组命名"阶梯团队"，梳理提炼班组理念，实行亲情管理模式，固定化开展"四个一"亲情管理活动，即重大节日送上一条祝福短信，员工生日送上一盒贺岁蛋糕，特殊天气送上一句安全叮嘱，困难生病送上一份团队爱心。真正从制度方面落实关心关爱举措，着力构建"心态阳光、举止文明、团结友爱、和谐奋进"的"温馨小家"，让每一位成员都感受到了浓厚的家庭氛围，并为班组"大家"共同奋斗。

"在港口这个广阔平台，我们共同奋斗、亲如一家，就像石榴籽一样紧紧抱在一起。家和才能业兴，同事们之间'双向奔赴'的爱，是班组战胜困难、不断迈进的底气。"陈晓红说。

（稿件由山东港口日照港二公司陈晓红、王伟志提供）

赵宗合：丰富的工作经验，独特的管理方法成就不凡的业绩

赵宗合，第十四届全国人大代表，曾获得全国劳动模范、全国五一劳动奖章、全国技术能手、全国冶金建设行业高级技能专家、湖北工匠、武汉工匠、荆楚工匠、湖北省首席技师、湖北省技术能手、新中国成立七十周年"建筑工匠"、入选中华人民共和国成立70周年"功勋工匠"名录等荣誉，享受国务院政府特殊津贴。自1999年参加工作，赵宗合始终在中国一冶焊接车间一线从事焊接工作，25年来，他通过自己丰富的工作经验和独特的管理方法，带领班组获得："五矿集团百强班组""中国一冶标兵集体""武汉市工人先锋号""武汉市劳动生产优秀班组"等荣誉称号。赵宗合对自己的班组管理法总结如下：

1. 明确目标

我一直认为，一个明确的目标，是引领团队前行的关键。因此，每年年初，我都会与班组成员一起制订年度工作计划和目标，确保大家对工作任务和要求有清晰的认识。同时，我还会将目标分解为具体的季度、月度和周度计划，以便更好地跟踪和落实。

在设定目标时，我特别重视团队成员的参与。我会为此专门组织一场商讨会，邀请每位成员发表自己的见解和建议。这种做法不仅让团队成员感受到自己被重视，也极大地增强了目标的实现可能。

比如今年，我们的目标是进一步提升焊接质量和效率，减少材料浪费。我和班组成员就这个大目标进行拆解，首先，我们会分析现有的焊接流程，讨论是否存在瓶颈和问题；然后针对如何解决问题，优化焊接工艺进行探讨，对此过程中产生的必要工作进行拆解，分配到每个季度、每个月、每个周具体该做什么，这样一来，一个比较虚的大目标，就被我们拆解成了一个个非常具体，可以立即实施的小目标，对我们班组的工作方向提供了确切的指引。

同时，为了实现目标，我也非常注重激发班组成员的积极性和创造力。我会定期组织班组会议和讨论活动，鼓励大家提出自己的建议和意见。同时，我还会根据班组成员的特长和兴趣分配工作任务，让他们在自己擅长的领域发挥更大的作用。通过这些措施，班组成员的工作热情得到了充分激发，班组的整体工作效率和质量也得到了显著提升。

2. 团队建设

团队建设是班组管理中的重要环节。一个团结、和谐的团队能够激发出更大的战斗力，更好地完成各项任务。为了加强团队建设，我注重培养班组成员之间的沟通和协作能力。我会定期组织团队活动，如户外拓展、聚餐、座谈会等，增进彼此之间的了解和信任。同时，我还鼓励班组成员在工作中互相帮助、互相支持，共同解决问题和克服困难。

在团队建设中，我还注重培养班组成员的责任感和荣誉感。我会明确每个人的工作职责和任务要求，让他们意识到自己的工作对团队和公司的重要性。同时，我还会对表现优秀的班组成员进行表彰和奖励，激发大家的荣誉感和进取心。通过这些措施，班组成员的责任感和荣誉感得到了显著提升，团队的凝聚力和战斗力也得到了进一步增强。

不仅如此，我同样注重班组成员的精神面貌，会定期组织安排小型文化活动，比如团队拔河比赛、劳模宣讲会、技能比武等等，借助这些活动，向团队成员来宣扬职工文化和劳模精神，让每一位班组成员都能以劳动为荣，充分调动起大家的工作积极性。

3. 安全管理

安全是生产中的头等大事。作为班组长，我始终把安全工作放在首位。为了加强安全管理，我制定了严格的安全制度和操作规程，并要求班组成员严格遵守。同时，我还会定期组织安全培训和演练活动，提高班组成员的安全意识和应急处理能力。

在安全管理中，我注重从细节入手，消除安全隐患。同时，定期对生产设备、工具和环境进行检查和维护，确保其符合安全要求。我还会关注班组成员的工作状态和心理健康，及时发现和解决问题。通过这些措施，班组的安全管理水平得到了显著提升，生产安全事故的发生率也得到了有效控制。

4. 关心员工

员工是企业的宝贵财富，也是班组发展的重要支撑。作为班组长，我注重、关心员工的成长和发展。我会定期与班组成员进行面谈和沟通，了解他们的职业规划和发展需求。同时，我还会根据公司的整体战略和业务发展需要，为员工提供有针对性的培训和发展机会。

为了助力员工的职业发展，我还注重培养员工的综合素质和能力。我会鼓励员工参加各种学习、培训和交流活动，提高他们的专业技能和知识水平。同时，我还会引导员工树立正确的职业观念和价值观，培养他们的团队协作精神和创新意识。通过这些措施，班组成员的职业素养和综合能力得到了显著提升，为公司的业务发展提供了有力的人才保障。

5. 改进创新

在班组管理中，我始终秉持着持续改进创新的原则。我会定期回顾和总结班组的工作情况和成果，发现问题和不足，并及时采取措施进行改进和优化。同时，我还会鼓励班组成员积极提出改进意见和建议，共同参与到班组的改进创新活动中来。

为了提升班组的管理水平，我还注重学习和借鉴先进的管理理念与方法。我会关注行业内的最新动态和趋势，学习其他优秀班组的管理经验和做法，并结合班组的实际情况进行灵活应用。通过这些努力，班组的管理水平得到了不断提升，为公司的持续发展和竞争优势提供了有力支撑。

（稿件由赵宗合提供）

胡洪炜：世界 ±800 千伏特高压带电作业第一人

胡洪炜，国网湖北省电力有限公司超高压公司输电检修中心带电作业班班长，被誉为世界 ±800 千伏特高压带电作业第一人，获评全国劳动模范、全国青年岗位能手、团中央"最美青工"等荣誉称号。国网湖北省电力有限公司超高压公司输电检修中心带电作业班（以下简称"带电班"）是国内首个从事超特高压输电线路带电作业的专业化班组。胡洪炜班长主要通过"三维管理模式"，即班组人才梯队建设、班组工作质效提升、班组创新工作管理，全面提升班组管理水平。班组获全国工人先锋号、新时代最具影响力班组等荣誉称号。

1. 班组人才梯队建设

近几年，带电班新入职青年员工存在动手能力差、不愿下现场、对检修工作畏难的问题，班组人才出现了年龄断层的现象，构建新型电力系统下的带电作业人才梯队迫在眉睫。对此，胡洪炜提出并采取了"成才林文化墙 + 多样化技能培训"的措施。

（1）树立"成才林"文化墙。带电班树立的"成才林"文化墙，讲述班组几代人的照片与事迹。从"50 后"代表——我国进入 500kV 等电位第一人李祥林师傅，到"60 后"代表——我国首次完成 500kV 等电位带电作业的闫旭东、汤正汉师傅，再到"70 后"代表——世界特高压直升机带电作业第一人的李明班长，最后到像张剑、闫宇、杨展这样的"80 后"、

"90 后"带电作业工匠，带电班成立 40 多年来的先进模范和榜样们跃然于"墙"上。通过对"成才林"所树立岗位成长成才的榜样，让带电班的年轻人充分了解带电班的光荣历史，激励他们在一线岗位上建功立业，营造"榜样引路、比学赶帮超"的良好氛围。

（2）开展班组多样化技能培训。老一代带电作业技术骨干退离岗位，带电作业青年员工存在"跟不上，接不上趟"的问题，胡洪炜和李明根据发展的需要和员工多样化培训的需求，分层次、分类别地开展内容丰富、形式灵活的培训。胡洪炜把课堂设在生产现场，让劳模工匠们通过"流动课堂"，手把手地教、见缝插针地讲，并推动青年员工"人人上讲台、个个能讲课"，既开展了培训，掌握了技能知识，又得到了锻炼，增强了教育培训的针对性和实效性。进入带电班一年多的班员石晗弘，初入班组时，身体素质较差，连一个引体向上都完成不了，胡洪炜督促他利用工作之余加强身体锻炼并训练绝缘软梯攀爬，传授他最标准的攀爬姿态。在胡洪炜的亲身示范下，如今这位青工已经能够较熟练地完成"绝缘软梯摆入法"进入等电位操作。

2. 班组工作质效提升

关于提升班组工作质效，胡洪炜有着以下做法。

（1）共建班组温馨小家。胡洪炜的手机备忘录上一直记录着每位班员的生日，每当有班员过生日时，他总是第一时间在班组群里送上祝福，这样细小的举动不仅培育了团队精神，而且让每个班员都认识到自己是团队不可或缺的一部分。胡洪炜还把班组上的资料共享到专属的网络服务器，方便班员随时随地对工作资料、竞赛调考和规章制度等进行查询，大大提高了查资料的效率。

（2）聚焦专业技术成长。胡洪炜将"青年员工成长导图"反馈给带电

作业青年员工，并参照绩效面谈的形式，与其谈心谈话，结合评估结果指导其做好改进提升计划，并同步打造一套完整的带电作业青年员工成长数据库，由专人负责进行维护更新，实现青年员工素质提升管理数据化、信息化，助推带电作业青年员工成长成才。

（3）提高工作质量。胡洪炜结合带电作业的工作特点，提炼出"严谨规范进电场，精湛细致稳操作"的带电作业安全文化，以及"两距离、三方式、四规定、五步法"的带电作业标准，总结提炼出一系列带电作业工艺工法，编著发行的《胡洪炜工作法》，入选了《大国工匠工作法丛书》，提高了带电作业工作效率和安全生产水平，也为带电作业人才队伍的发展和壮大提供了动力。

3. 班组创新工作管理

"课题来源于生产、成果运用于一线"，胡洪炜提出了这样的班组创新工作理念。胡洪炜作为带电班班长，也是主网洪炜劳模创新工作室的领衔人，探索了以下两种班组创新管理办法。

（1）推进创新知识体系。胡洪炜结合当前及未来超特高压带电作业智能化发展趋势，创新打造了带电作业"3+1+1"知识需求体系。"3"指带电作业检修工法、人身安全防护策略以及进出等电位方法三大核心理论，两个"1"分别指基于带电作业工器具、新材料、新工艺的研发应用和基于自动攀爬装置、无人机、外骨骼、带电作业机器人的前沿技术融合应用。每有一个新发明或是新应用问世，胡洪炜都是身体力行，在工作现场总是"冲在第一个"试验产品的可用性。胡洪炜主导的创新项目特高压输电带电作业机器人荣获了2023年湖北省"工友杯"智能建造类第一名。

（2）探究创新作业方法。胡洪炜多次组织青工们前往武汉大学、华中科技大学等高校，就特高压智能机器人、新型带电作业装备以及无人机多功能载具等课题与教授专家进行项目探讨和学术交流。同时，还带领班员们与电气设备制造商进行工器具研发的座谈会。胡洪炜说，"通过校企联合、企业论坛等方式，打开了创新的多方合作通道，形成了创新联盟，更加有利于我们职工创新的落地"。

（稿件由国网湖北公司胡洪炜、石晗提供）

胡振球：通过"传、帮、带"，带动更多基层员工提升技能

胡振球，上海神舟精宜汽车制造有限公司胡振球劳模创新工作室负责人，他先后获得过全国劳动模范、全国青年岗位能手、上海市科技进步奖三等奖。胡振球劳模创新工作室 2019 年获得上海市劳模创新工作室授牌。

1. "小舞台"释放"大能量"

胡振球劳模创新工作室班组成员，在各类精益生产、3C、质量管理等培训中，起到表率作用，并在各类技能比武中屡获佳绩，先后培养出上

海市五一劳动奖章获得者12人、上海市首席技师2人，先后有3人获得"上海市先进农民工"称号。他们以班组为载体，开展"企业学徒制"工作，力争通过"传、帮、带"，带动更多基层员工的职业技能进步。班组口号是"树匠心、育匠人、出精品"，班组是团队协作、群策群力的载体，是带领员工、深入一线进行创新改革的桥梁。

2. "传、帮、带"机制

（1）建立创新机制

以班组为载体，建立"小发明、小创造、小革新、小建议、小改进"的"五小活动"评选机制，无论是技术人员还是一线工人都能参与。每年公司在工作过程中进行项目积累，到年底评选最终入围的项目和奖项。公司不仅报销技改中所耗费的材料费，还支付加班费，从2009—2024年已坚持16年。

（2）开展全方位、多元化的培训活动，增强员工的职业能力班组注重成员的培训和提升，鼓励、帮助更多年轻人成为岗位技能的专家和领军者。外聘讲师，开展精益生产的培训活动，并选送班组成员参加由上海市经委组织的班组长管理培训。

开展学徒制的带教工作，通过集中授课的培训方法，开展理论教学、小组讨论等，结合多媒体教学工具，达到培训教学的目的。通过小组制方式，开展小组讨论，老师带教培训，达到培训教学目的。2022年起，班组开展"企业学徒制"的带教工作，培育一线操作人员35人，全部持证上岗。

（3）利用职业技能的平台，学习交流

与奉贤中专合作，接收学生来公司进行实习，帮助学生实践和就业。与城建学院结对发挥劳模育人基地作用，进行多次劳模带教活动。市内及行业内的企业，也经常与他们进行创新和技术交流。

3.用节能环保的汽车技术服务社会

多功能爆破抑尘车喷射结构和工艺优化：露天矿山开采过程中，在开采爆破、铲装、运输和裸露面方面会产生大量的扬尘。矿山爆破抑尘车具有40秒左右喷射出约10吨水形成4000平方米动力水帘的特点，控制矿山粉尘排放，同时兼具多种功能。爆破尘控制一直是绿色矿山建设的难题，其中喷射装置是核心部件之一。目前该产品应用于冀东、华润、中电建、首钢等多个大型钢铁企业中。班组参与本项目技术突破，产品获多项专利，并获上海市高新技术成果转化项目。

机场除冰液回收车吸口结构优化：飞机及机场跑道冬季需喷洒除冰液，以免结冰影响飞行安全，但所采用的除冰液属有机溶剂，性状类似胶水，有生态危害。与民航二所合作研发的除冰液回收车，可以回收该类溶剂95%以上，在有条件的机场可进行循环利用，降低运营成本。该产品在北京大兴机场、首都机场、上海浦东机场、虹桥机场等已应用，对比进口产品，提高了工作效率、大幅降低了使用成本。班组主要进行了吸口结构这一重要部件的开发。

车载动态称重系统实施工艺攻关：车载动态称重一直是行业难题，在垃圾减量化、资源化的国策下与碳中和的大背景下，有效管理垃圾来源、减少垃圾量、变废为宝意义重大。企业动态称重技术处于行业龙头，2023年牵头制定了国内行业内首份标准（《上海市环卫清运装备用动态称重系统团体标准》）。因垃圾清运类车车型众多，涉及工艺方法和标准化工作非常复杂，班组参与了垃圾称重系统根据不同车型标准化的规范制定工作。

2021年5月，与上海市市容环境卫生行业协会签署《劳模技师工作室共建协议》，开展"高师带徒弟活动"，一是结合新能源环卫作业车辆将成为未来应用方向的主线，向各区提供产品和技术支持培训。二是到行业

内其他劳模创新工作室参观学习，相互之间开展技能和高师带徒的技术交流等。

在这一背景下，工作室已完成上海14个区县的新能源车试用培训工作，并且与多家上海市环卫企业进行技师工作室交流。目标是促进行业整体装备研发、使用和操作水平的提升，希望在"像绣花一样精细"的城市治理工作中，能够做出更多的贡献，降低劳动强度、提高劳动生产率，让环卫工作成为更有尊严的工作。

（稿件由胡振球提供）

柳祥国："12345"班组管理法
带动电解班屡获殊荣

柳祥国，获"全国劳动模范""中华技能大奖""全国有色行业技能大奖""全国五一劳动奖章"，全国技术能手，享受国务院政府特殊津贴。他在株洲冶炼集团公司担任班长后，带领的电解班组先后被授予株洲市"工人先锋号"、湖南省"劳动竞赛先进班组"、湖南省"工人先锋号"、全国有色工业协会"节约型班组全国 50 强"等荣誉称号。

1. 开好一个"班前会"

柳祥国成为班长后，重视"班前会"的作用，在会上不仅要总结上一个班的不足，还要安排今天的工作任务和工作重点，让每一个班员都知道什么可以干、什么不可干、什么可以干得更好。并且在制造行业，每天在各种大型机器设备中穿行，还可以通过每天的班前会，促进班员对前一天工作的回顾与反思，哪个地方有安全隐患，哪个同事有习惯性违章行为，通过面对面的交流，讨论工作中遇到的潜在风险，共同商议解决问题的策略和措施。这不仅帮助班组不断提炼和提升工作方法，也极大地促进了班组的凝聚力和协作效率。"班前会"的实施，使柳祥国和他所在的班组能够持续进步，不断优化锌电解槽上与槽下的工作流程，确保了工作效率和安全标准的双重提升。

2. 做好"两个敢于"

2000 年，当副班长不到两年的柳祥国被厂里任命为班长。当他踌躇满志接过任命状时，才发现要带的是厂里出了名的"后进班"，俗称"麻纱班"——锌电解 3 班。这个班每月比别的班组少产析出锌二三十吨，综合排名连续两三年垫底，人心涣散。

上任的第一个月，他甘于奉献。每天比别人提前一个小时到岗，晚三四个小时下班。为了解决班组的一些实际问题，他几乎一个月住在班组休息室，一旦有事便立刻顶上去处理，随时关注生产情况，在这段时间里，为了尽快地改变产量低、质量差、电耗高的局面，柳祥国根据现场实际情况，结合自己的多年工作经验，敢于挑战，做了一系列的创新和实验，将很多"不可能"变成了"可能"，首创了多个先进操作方法。

柳祥国的付出，大家有目共睹，铭记在心。不知从何时起，脏活、累活开始有人和他抢着干；曾经斥责柳祥国"发神经"的老员工，也纷纷拿起工具跟着他苦干加巧干。短短一个月，他们这个班组就多生产析出锌30吨。第二个月，这个曾经的"后进班"一跃成为全厂第一。他的敢于挑战、甘于奉献的精神，不仅改变了自己班组的现状，也激励了整个锌电解班组，让他们知道了榜样的力量。

3. 用好"三颗心"

"你觉得要如何带班？"20多年前，初任班长的柳祥国曾向一位经验丰富的老班长请教。他得到的回答是："带班需要具备'三颗心'，即爱心、公平心和责任心，这样才能不断提升班组的凝聚力和战斗力。"柳祥国深以为然，他坚持用爱心唤醒爱心，用公平心得到全体班员的团结一心，用责任心激发责任。他认为，要通过正向激励管理，来提升每一位班员的自信心，无论是劳务工还是正式职工，都应平等对待，实现真正的公平。在带班过程中，他致力于将后进者培养成为优秀者，将优秀者培养成为杰出者。他在班中推行"人人都是班长、人人都是老师"活动，让所有班员参与班组管理，轮流担任班长，来增强大家的自信心与荣誉感，使班组成为培养管理骨干的摇篮。柳祥国在班组内采取奖金公开，让每一位班员参与制度制定，落实多劳多得制度。

在柳祥国的笔记本中，密密麻麻地记录着每一位班员的生日。每当这个特殊的日子来临，他都会提前精心准备鲜花、蛋糕，并为过生日的职工安排休息，自己则主动顶岗。他用自己的行动诠释了什么叫作真正的关怀和尊重，让每一个班员都感受到了班组的温暖和力量。

4. 担起"四个责任"

柳祥国在每一次班前会中，都坚决利用"黄金十分钟"对班员进行安全知识的普及和教育，让每一位班员认识到做好安全是"对自己负责、对家庭负责、对企业负责、对国家负责"，同时，他开展班员每周谈安全、谈隐患会议。在一次的工作中，一名班员因为一时的粗心大意，忘记了紧扣安全帽的下颌带，这一细微的疏忽立刻被柳祥国捕捉到。柳祥国对此事高度重视，对该班员进行了长达一小时的耐心而深入的批评教育，并陪他观看安全帽没有戴好的事故警示案例，这次事件不仅让当事职工深刻认识到自己的错误，也为全班敲响了警钟，提醒大家在工作中必须时刻保持警惕，确保自身和他人的安全。锌电解班在柳祥国的严格要求下，实现了多年安全生产无事故。

5. 坚持五个"多一点"

柳祥国常讲，创新并没有想象的困难，它就在我们日常的工作、生活中。他提炼出了创新"五多"原则（多一点思考、多一点观察、多一点总结、多一点坚持、多一点实践）在班组中广泛流传。他的"锌电解低电流密度时的五步操作法""吻合式搭接方法"等技术创新都源于他的工作日记。为了把好操作关，从带班开始柳祥国就坚持要求班员，利用"五多"认真做好每一道工序，关注、琢磨是否有改进的地方，他不断鼓励班员要坚持不断钻研技术，在实践中追求卓越，在总结中提升，在思考与观察中将传统的匠心与现代的创新相结合，人人都能为创新做贡献。在柳祥国带领下，他和同事们先后总结出 60 多项创新成果，每年为公司创效近亿元。

（稿件由株洲冶炼集团公司代晓博提供）

徐海：以身作则、薪火相传，用过硬的电焊技术打造劳模工作室

徐海，先后获"全国劳动模范""全国技术能手"等荣誉称号，是"齐鲁大工匠创新工作室"领衔人，享受国务院政府特殊津贴，当选山东省党代表、山东省人大代表、山东省人大常委，2012 年担任华能临沂发电厂检修焊工班班长后，注重人性化管理，增强班组的凝聚力和战斗力，班组获山东省"青年文明号"、山东省"安康杯"优秀班组等荣誉称号。

1. 干一行就要爱一行

1996 年，徐海毕业于电力技校，分配到临沂电厂学习电焊。电光刺眼、火花灼烫、高温高噪的工作环境，也曾让徐海想到过放弃，但老班长的鼓励和帮助让他树立了信心。"干一行就要爱一行，把电焊学好、学精，一样能干出一番事业来！"老班长春风细雨般的话语，让徐海信心百倍。从此，焊工服、面罩、焊枪和安全帽就成了他的"标配"。他照着师傅的样板，着魔似的练习，经常忘记吃饭。蹲在狭小的焊位里，仰着头，一焊就是一整天。有一次，滚烫的焊滴落进耳朵里，他瞬间就感到脑袋里嗞嗞作响，烫得钻心的疼，但为了保证焊接质量，他硬是咬着牙、忍着疼坚持把它焊完。之后的日子徐海刻苦练习焊接技能，在短短 3 年的时间里，就能焊高压焊口了。

像老前辈们一样，在提高自身业务的同时，徐海注重发挥焊工班师徒

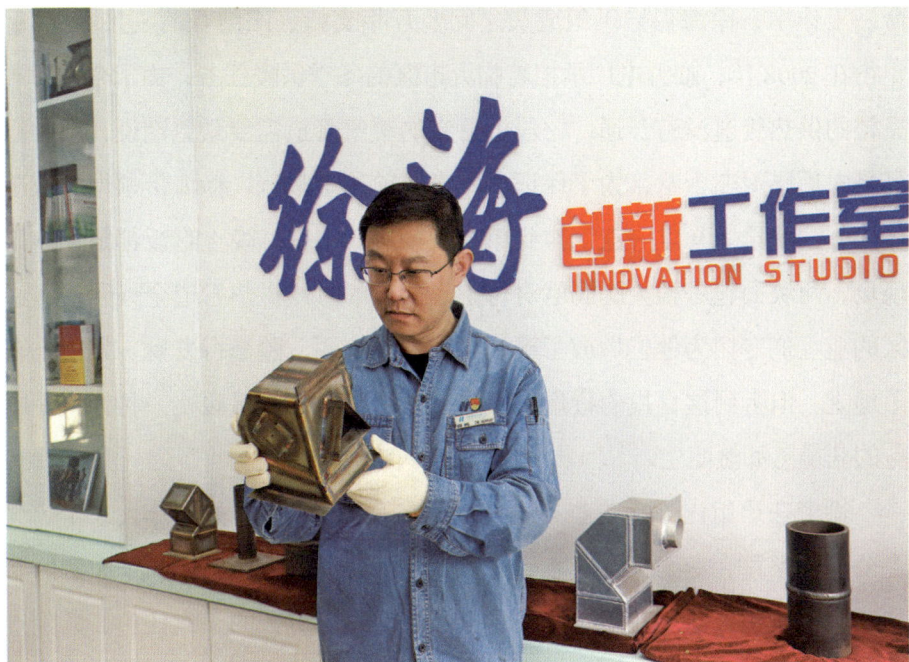

相传的好传统，把自己技术上的特长和经验拿出来，帮助年轻同志迅速提高技术水平。遇到技术难题，就亲自示范手把手地教导施焊技巧。他还制定了《焊工班技术培训实施办法》，并在平时严格执行，每个月进行考评，对成绩优秀的青工进行班组内部奖励。同时定期在班组内部开展技术讲课，每位班员都可以进行授课，这样不仅对被教育者是个促进，对于授课者也是一个提高。目前，焊工班多人能够独立承担高温高压管道的焊接任务，班组整体技术水平有了很大提高，拥有高级技师 4 人，技师 6 人。两位同事在临沂市第二届"劳动之星"大赛中分获个人第一、第二名，团体第一名。

2. 激发团队热情

徐海因表现出色成了焊工班班长，顺其自然地担负起老班长的责任使命。工作中，徐海倡导班组成员之间要互相支持、团结互助、共同提高。记得在 2008 年，临沂电厂承担着临沂市区的冬季供暖任务，由于个别新居民楼的供热管道没有开通，一段近百米的暖气管道需要紧急铺设，此时已经是农历腊月二十八，为了保证居民春节前用上暖气，徐海带领焊工班全体上阵，从早上 9 点一直工作到第二天凌晨。中午、晚上吃饭都是在施工现场，两块面包一根火腿肠就对付了。凌晨的时候供热管道全线开通，小区的业主们专门为他们燃放了鞭炮，很多同志手、脸冻得发麻、累得坐在了地上。但听到这喜悦的鞭炮，大家心里感觉真的很温暖，一种为人民服务的获得感油然而生。

徐海在班组内部率先推行"四公开制度"，即：任务公开大家干、奖金公开大家算、考勤公开大家看、评先公开大家选，切实提高了大家的参与感和工作积极性。他坚持每天早上开班前会，每天的工作任务、危险点向大家说明，根据每个人的业务水平和情绪变化分配工作。有一次外出施工，徐海发现满车人情绪都不高，就带头给大家唱歌，唱了几首，把大家情绪都带动了起来，那一天的工作效率很高，安全质量也做得很好。徐海善于活用班员的短处，他从短处发掘长处。有位班员平时好活动坐不住，喜欢经常串岗和人聊天，徐海就安排他去仓库领料、办理工作票、拿工器具等，进行一些跑腿的、需要和外界沟通的工作，这样既发挥了他喜欢说话会沟通的长处，也活用了他的短处，久而久之这位班员的积极性也被带动起来了。

3. 点亮传承薪火

焊工班依托徐海劳模工作室开展技术创新，工艺升级等活动。工作室实行"劳模引领负责、成员实施日常内部管理工作"的运行机制。工作流程从选取课题、现状调查、确定要因、制定对策、实施操作，每一个环节都在不断地进行攻关、完善。他定期组织工作室召开专利转化的专题会议，使专利技术尽快转化为生产力，实现资源共享，更好地服务于生产。为了让成员有更广阔的学习平台，工作室先后成立了10余个创新课题小组，引领大家对工作中遇到的实际难题进行技术攻关，团队协作的和谐氛围浓厚。

"技术创新需要集思广益，个人的力量终究有限，而工作室可发挥辐射引领和示范带头作用。现在我们工作室成员已发展到16人，其中工程师、技师以上职称的有12名，平均年龄也仅35岁！"说到这儿，徐海的脸上绽放出自豪的神情。

工作室迅速成为该厂人才的"孵化器"、创新增效的"聚宝盆"。聚集能工巧匠，广泛开展技术攻关、技术革新，近年来研究课题52项，获得专利40项，并有31个创新项目投入实际生产，每年为企业节省资金约276万元。作为工作室负责人，徐海把授艺传德视为应尽之责，他的徒弟也精英辈出，在各级技能竞赛中取得了优异成绩，师徒的动人故事仍旧在续写。在徐海劳模工作室的辐射效应下，该厂已陆续成立创新工作室11个，完成137项创新技改项目，切实营造了劳模精神薪火相传的浓厚氛围。

（稿件由徐海提供）

韩利萍：稳质量、控流程，带领数控加工班组成为公司数控加工的"摇篮"

　　韩利萍，获全国技术能手、中华技能大奖、全国劳动模范、大国工匠等荣誉称号，党的十九大、二十大代表。韩利萍班组成立于 2000 年，是中国航天科技集团中国运载火箭技术研究院所属的山西航天清华装备有限责任公司第一个数控加工班组，被誉为公司数控加工的"摇篮"。班组获全国工人先锋号、全国学习型先进班组、全国安全管理标准化示范班组、全国质量信得过班组等荣誉称号。

　　质量是企业的生命线，如何稳定产品质量，是企业永恒的课题。长期以来，在生产现场的质量管控过程中，重设计轻工艺、重结果轻过程和重

技术轻管理的现象仍然比较严重。目前生产现场多采用靠检验把关控制产品质量的最终结果，是一种事后控制方式，在产品加工的过程管控环节相对薄弱，难以起到预防作用。因此，韩利萍班组探索实施工序过程的精细化流程，突出过程性和流程性，梳理质量管理的重点过程和环节，在简单高效的原则下明晰质量管理层次和重点，从本质上逐步提高全员的质量意识，构筑提高质量文化的长效机制。

1. 梳理制约质量的重要环节与易错点

梳理数控铣班组各工序各个操作环节技术要求，针对原有操作流程的弊端进行分析、判断、监控。通过日常的精益三级指标统计数据（见下图）和质量分析会记录的收集整理，找准班组质量问题的重要环节与易错点。

Q1 工序一次交验合格率

本指标整体运行情况

一次交验合格率目标值99.6%

2022年_2_月工序一次交验合格率统计表

		生产数量	交验数量	合格数量	材料不良	粗糙度超差	工艺图纸	设备能力	无量具	搬运防护	变形	工装不良	毛刺	人员技能	外观缺陷	责任心差	合计	2月工序一次交验合格率%	目标值
1	小车组	9183	9183	9183														100.00%	99.60%
2	大车组	713	713	713														100.00%	99.60%
3	数铣组	8136	8136	8136														100.00%	99.60%
4	龙门铣组	839	839	838											1		1	99.88%	99.60%
5	铣镗组	891	891	891														100.00%	99.60%
6	总钳组	650	650	650														100.00%	99.60%
7	合计	20412	20412	20411											1			99.98%	99.60%

一次交验数（件）　20412

一次交验合格数（件）　20411

一次交验合格率（%）　99.98%

指标管理人：晋海燕

2.识别质量过程的潜在风险

制定数控铣削工序 PFMEA 工作表（见下表），采用失效模式影响分析（PFMEA）等方法识别生产过程中的潜在风险。

数控铣削工序PFMEA工作表

工序	机能	故障模式	故障的影响						FTA系列	FTA末端原因	4M	现有预防对策	现有预防措施	检出度D	风险度指数RPN
			自工序	影响度S	分类	下工序	影响度S	分类	顾客	影响度S					
1.装配工装夹具	可靠固定产品与夹具	固定不可靠、松动异常情况	重新固定、调整，动作浪费	5	效率	影响产品加工质量、报废；重新固定、调整，影响效率	4	质量	无	未按加工前的工装、夹具作业规范要求进行操作	人	开展加工前工装、夹具紧固作业规范要求的培训	加工试切阶段安排一次停机检查确认	2	16
2.装配刀具	刀具选择正确装配后完成产品加工	刀具选择错误	重新选择刀具装配、动作浪费	5	效率	重新调整、影响效率	4	效率	无	1、相似刀具没有区分；2、刀具码指示错误	法	1、按照刀具编码管理执行；2、相似刀具使用看板管理	1、工位制造提示牌，进行防差错要求；2、实行首位检查，首件合格才开始正式生产	1	5
		刀具装配不到位	重新固定、调整、动作浪费	5	效率	重新调整、影响效率	4	效率	无	未按加工前刀具装配作业规范要求的操作	人	开展加工前刀具装配作业规范要求的培训	加工试切阶段安排一次停机检查确认	2	16
		刀具在刀库中位置放置错误	重新固定、调整、动作浪费	5	安全	重新调整，程序调用刀具错误，会引起盘损，损坏设备间损	5	安全	无	未按加工前刀具装配作业规范要求进行操作	人	开展加工前刀具装配作业规范要求的培训	安装刀具、测量刀具在刀库中固定位置，在刀库中进行防错确认。加工试切阶段安排一次停机检查确认。	1	5
3.数控程序调用（粗加工）	数控程序调用正确完成产品加工	数控程序调用、程序名不正确标识				生产停止	5	效率	无	1、不同防护产品没有区分；2、数控程序名称标识不清误	人	1、按数控程序管理标准执行；2、相似产品的数控程序进行重点标识	1、数控程序名进行防错防错设计；2、实行首件检查，首件合格才开始正式生产。	1	5
4.复查尺寸	尺寸复查正确保证工艺文件要求加工	尺寸不合格，未进行复查工作	影响直劳率，重新调整生产品种	4	效率	物料上线不良，导致停线、返工	4	效率	FTA1	未按程序检验，人为错误	人	加强教育培训，提高责任心	1、所有产品必须合格才上线；2、在操作岗位设置明确标识	1	4
		复查毛坯尺寸的检验设备精度不好，不能检验出不合格品	影响直劳率，重新调整生产品种	4	效率	物料上线不良，导致停线、返工	4	效率	FTA1	测量设备未校准或超期使用	机	测量设备（定期）计量，并专人台账管理并相关人员粘贴使用期限标识	1、所有产品必须合格才上线；2、在操作岗位设置明确标识	2	8
		毛坯余量与要求不符影响产品加工，重复加工程序调整需调量	影响直劳率，重新调整生产品种	4	效率	物料上线不良，导致停线、返工	4	效率	FTA1	未按程序检验，人为错误	人	加强教育培训，提高责任心	1、所有产品必须合格才上线；2、在操作岗位设置明确标识	1	4
5.装夹可靠	装夹可靠能顺利完成加工	装夹不可靠松动	重新固定、调整效率影响效率	5	效率	影响产品加工质量、影响效率	4	质量	无	未按加工前毛坯装夹紧固作业规范要求的操作	人	开展加工前毛坯装夹紧固作业规范要求的培训	加工试切阶段安排一次停机检查确认	2	16
		装夹部位需要加工产生干涉	重新固定、调整需要加工产生干涉	5	效率	重新调整，影响效率	5	效率	无	未按加工前工装、夹具紧固作业规范要求进行操作	人	开展加工前工装、夹具紧固作业规范要求的培训	根据加工高度情况，选择不同高度的刀具	1	5
		夹紧力过大产品上有压痕	关紧力过大，产品上有压痕	5	效率	重新调整，影响效率	5	效率	无	未按加工前工装、夹具紧固作业规范要求进行操作	人	开展加工前工装、夹具紧固作业规范要求的培训	已加工后的半成品直接接触装夹，操作后进行现场验证。	1	5

通过使用 PFMEA 对数控铣削工序各环节进行故障影响的分析，评价流程风险，得出装夹工装、夹具，刀具装夹，数控程序调用，复查尺寸和装夹可靠等关键工序等风险点，针对数控铣削关键工序操作过程中的故障模式、故障影响和故障原因等因素进行深入剖析，找准各隐患关键点。

3.细化关键工序精细化流程

将传统的粗放的质量管控流程转变为精细化流程，体现在对装夹工装、夹具，刀具装夹，数控程序调用，复查尺寸和装夹可靠等关键工序实施精细化流程管理，细化各工序操作流程、操作步骤及特殊注意事项，设计了流程图（见下图），以更加形象直观的形式使操作者快速掌握操作步骤。

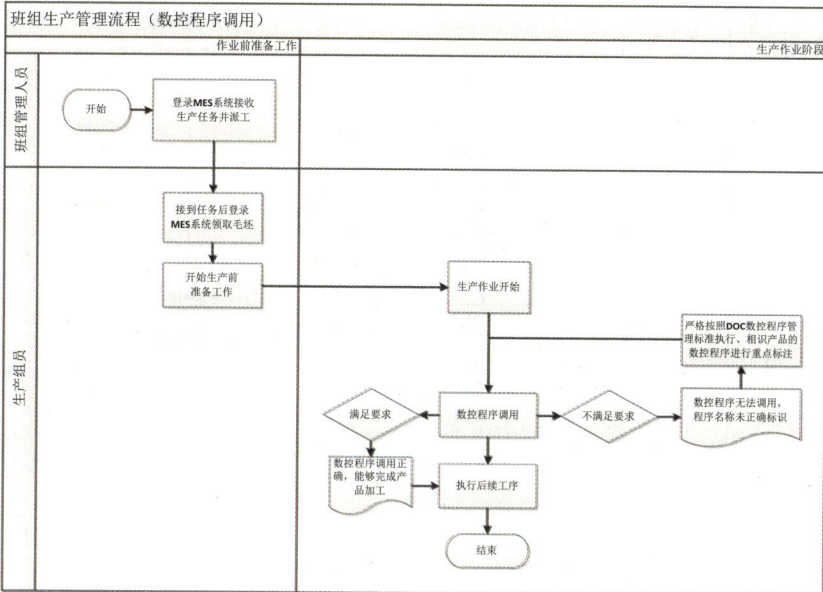

班组生产管理流程（数控程序调用）

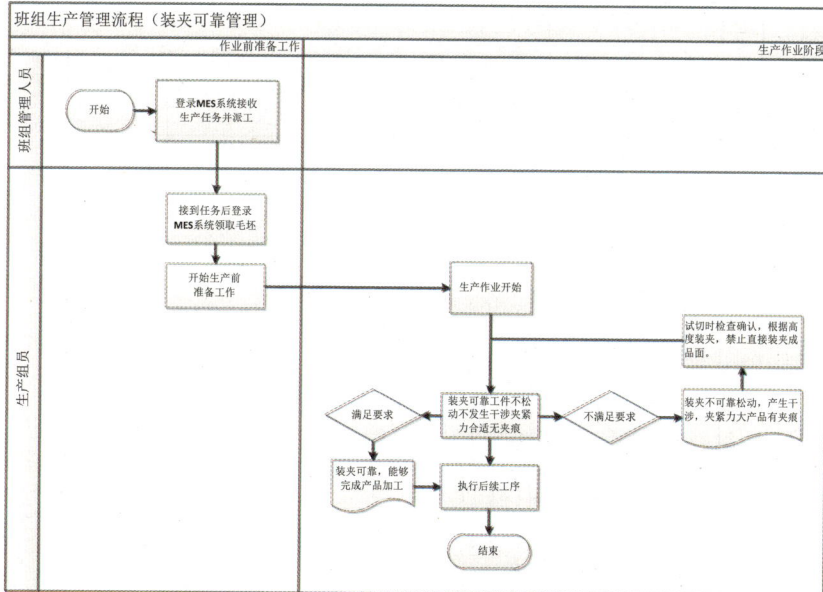

班组生产管理流程（装夹可靠管理）

班组生产管理流程（刀具）

作业前准备工作

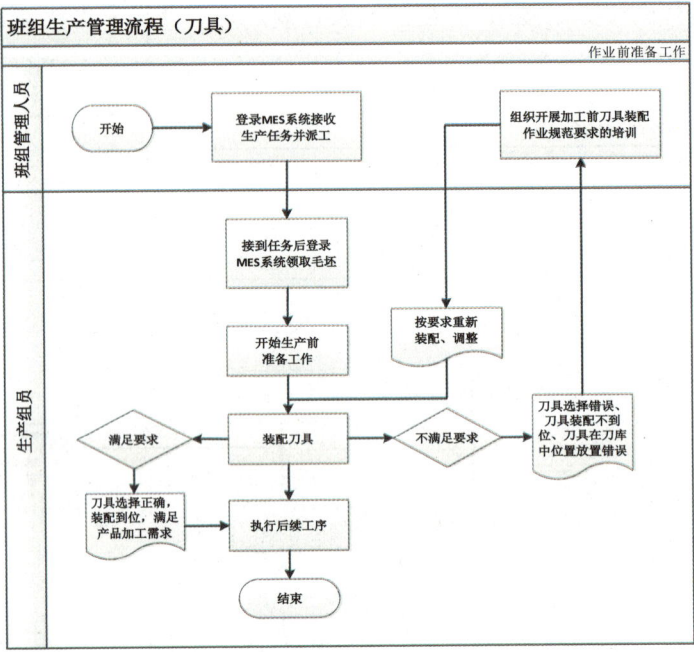

班组生产管理流程（工装、夹具）

作业前准备工作

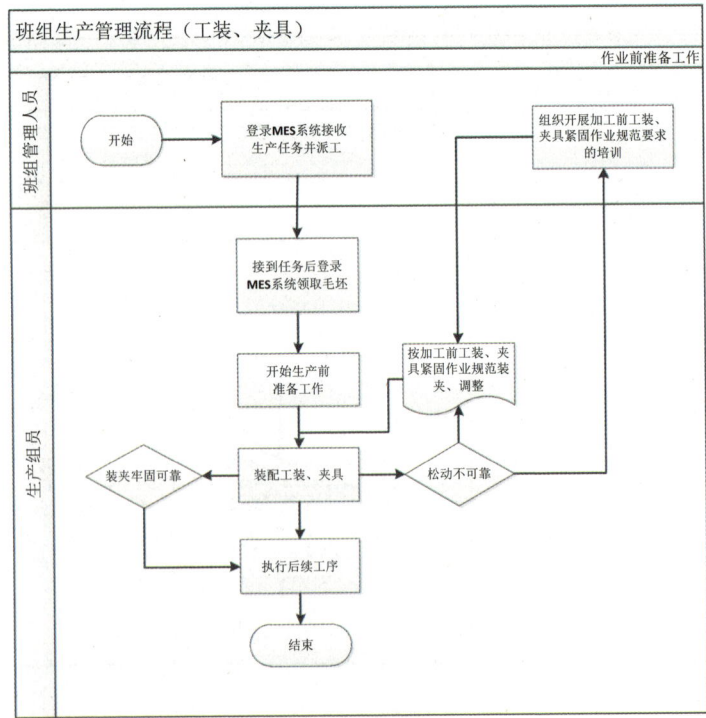

班组生产管理流程（毛坯）

作业前准备工作

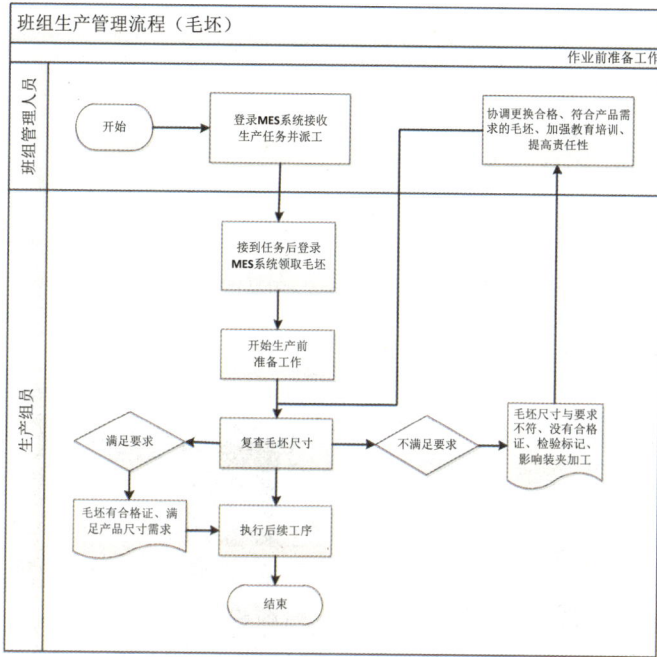

4.建立纠正措施控制程序和预防措施控制程序流程

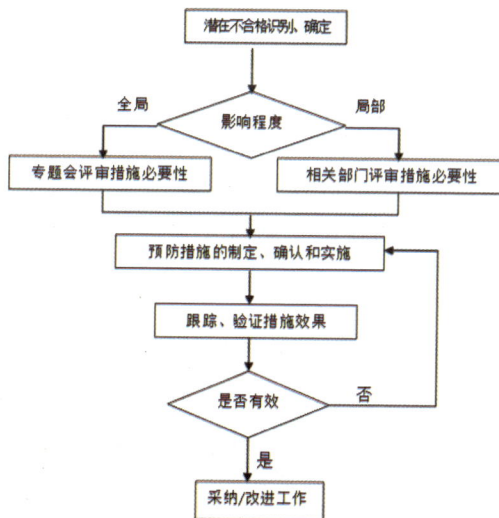

预防措施控制流程图

5. 质量过程管控目视化

在班组，每个工位都相应增加所对应的确认及注意事项和操作指导书（见下图），开展目视化警示看板，针对生产现场一些关键件、重要件，为加强批次、技术状态管理，采取了警示和隔离防差错法，如针对高强螺栓托盘设置了独立的专用托盘。

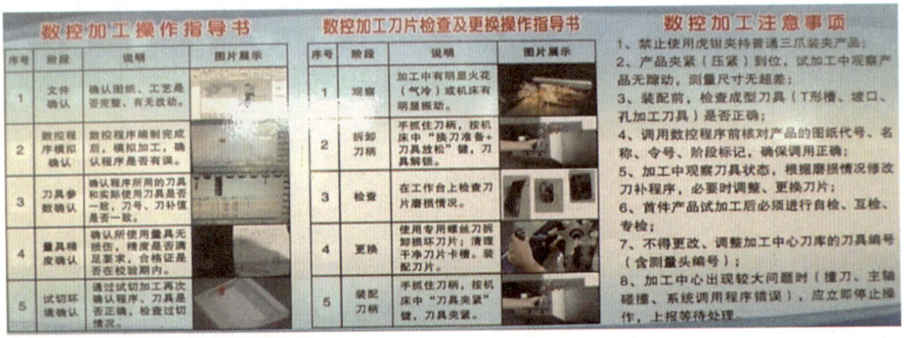

6. 质量过程管控的测量与监控

（1）质量管控抓"三面"，实现质量全程跟踪闭环

在班组管理与质量持续改进方面，秉承航天"严、慎、细、实"的工作作风，从三个方面对质量进行管控：前期管控：通过质量风险预防措施和班前晨会对产品进行质量分析，加强日常工艺纪律检查；过程管控：加强产品的首检和互检的力度；后期管控：召开质量分析会，并通过看板"质量曝光"和"质量改进"的形式对全员进行宣贯和教育，避免问题重复发生。

（2）关键件、重要件、关键过程实施"三定"要求

对关键件、重要件、关键过程实施关键步骤管理，在图纸、过程记录和编制工艺流程时进行标识，明确质量监控指标要求，填写"关键工序质

量控制卡"和"数控程序首件确认卡"；实施定设备、定程序、定人员的"三定"要求，对人员、程序进行培训和固化，加强设备的保养维护，以确保符合实施过程要求；并对关键件、重要件、关键过程实施全检，对首件进行"三级检验"，做好自检和专检实测记录，并归档保存。

（3）自检互检保质量

开展了"两人互检、互助结对子"活动，要求从程序编制录入、刀具补偿值修订、首检试切质量等方面增加互查环节进行有效控制；总结提炼了"五确认三落实"的质量控制方法，"五确认"即图纸工艺确认、程序模拟确认、刀具参数确认、量具精度确认和试切环节确认，确保了组员加工中的自我控制；"三落实"即落实关键件和重要件控制、落实定期质量分析会制度，落实自检互检制度，加强了过程控制，使得班组质量控制水平有了质的飞跃。

（4）对重点产品的质量指标进行长周期分析

对产品质量指标异常趋势提出预警；运用质量管理的新老7种工具，对影响因素进行分析；及时采取预防措施，避免实质性质量问题发生或质量问题的扩大；最终实现产品质量控制由事后把关向事前预防转变。

质量之魂，存于匠心。制造过程是由一系列工序组成的，工序的质量控制是保证制造过程中产品质量稳定的重要手段、是全面质量管理的最重要内容。韩利萍班组通过质量过程管理精细化流程建设，有效控制了低层次和重复性问题的发生，形成了质量过程全闭环控制办法，践行了班组"零缺陷、零误差、零失误"的质量承诺，巩固了质量管理，圆满地完成了班组的质量指标。以班组工艺攻关"多层套筒典型零件加工变形控制工艺研究"为例，该项目当年直接创造价值82.08万元。

（稿件由韩利萍提供）

韩金虎：政治建班、管理强班、创新兴班 "三步管理规则"出成效

韩金虎，河北瑞兆激光再制造技术股份有限公司冶金六队服务中心班组班长，先后荣获"全国劳动模范""河北省千名好支书""唐山市优秀共产党员"等荣誉称号。自2022年4月担任班长后，他创新性地将公司"党建立企、科技兴企、军魂强企、文化扬企"四大发展策略落实到班组建设中，积极探索推行以政治建班、管理强班、创新兴班为主要内容的"三步管理规则"。

1. 政治建班

（1）建强组织筑堡垒。依据"业务拓展到哪里，党组织就跟进到哪里"要求，在班组第一时间主持成立党支部，在一丝不苟开展"三会一课"的基础上，积极落实公司"党组织管总"要求，通过支委会动员、把党旗插在生产一线、党员示范引领等方式，激励党员发挥先锋模范作用。2023年7月，班组承接了大冶特钢BPRT50风机抢修项目，党员李会欣、宣野主动请缨承担高难度作业，带领工人连续奋战32小时，高质量完成任务，机组平稳运行。

（2）春风化雨固初心。建立学习园地，制定"周学习日"制度，每周五下午雷打不动开展政治学习2小时，重点学习习近平新时代中国特色社会主义思想、党中央决策部署和公司党委系列文件，党员干部轮流做政治

学习辅导，人人都做政治学习笔记，每月开展一次学习心得交流，教育引导班组职工在思想上、政治上、行动上同以习近平同志为核心的党中央保持高度一致，自觉做到不忘初心、牢记使命。韩金虎结合职工大多来自瑞兆激光总部河北迁西的现实情况，积极组织开展文体活动，不断丰富职工文化生活，并协调公司党委帮助解决职工家属的生活难题，有效解除职工的后顾之忧。

（3）示范引领树标杆。为有力激发党员的身份意识和责任意识，韩金虎带头佩戴党员徽章上班，并根据班组主要服务项目，选树组织管理、安全管理、质量管理、工艺流程管理等八大党员标杆，常年开展"党员一带三结对子"和党员争做安全卫士、质量之星、创新标兵、服务模范活动，带动全体职工提振奋斗精神、提升工作技能、提高服务质效。2023年9月，实施AV71高炉风机检修项目，他抱病上岗，既当指挥员，又当战斗员，一人负责打磨、装配、焊接、在线动平衡四个工序，每天睡眠不足4小时，成为全班的主心骨和样板，激励全班职工连续奋战3昼夜，提前8小时完成检修任务。

2.管理强班

（1）"军事化"管理砺精兵。贯彻公司"军魂强企"理念，将公司"军事化"管理模式落实到班组，职工统一着军绿色工服，统一使用军绿色被褥，内务"军事化"；每次开会整队、齐诵厂训；每天作息以军号为令，列队入厂；每周组织1小时军事拓展训练，通过增强军事素养提高班组执行力和战斗力；砥砺"召之即来、来之能战、战之必胜"的军人作风，全班严格落实24小时全天候服务要求，做到紧急检维修10分钟响应。整个班组以鲜明的军事化管理特色，赢得了大冶特钢上下的一致好评。

（2）规范化管理提效能。韩金虎认准了"只有规范才能保安全、保质量、保工期、保绿色、保效能"这个理儿，始终把规范化作为班组建设的第一抓手。他带头向老工程师学习工艺规范化管理流程，组织技术小组编制施工方案、作业指导书，制作规范的作业卡，推行岗位AB角管理模式，建立标准化作业模板，在每项工作中让每一位职工都有章可循、有规可依。创新了班组规范化百分考核办法，对每位职工每天的工作流程和业绩进行考核、点评，大大增强了职工的规范化意识和技术技能。2024年3月，该班组被选树为管理大提升活动标杆单位。

（3）标准化管理优服务。韩金虎坚持把安全标准化和质量标准化作为班组建设的重头戏。把安全生产责任落实到每名职工，签订《责任状》和《互保协议》，细化安全日志和安全交底，严细安全风险分级管控和隐患排查治理，按照"5831安全屋"的创建标准要求，进行服务全过程、全方位安全管控，班组实现了生产安全事故为"零"的目标，被确定为安全标准化示范班组。

3. 创新兴班

（1）全员科技创新。组织实施科技创新"双百"工程（每年技术革新和创新成果 100 项以上，选树革新和创新课题 100 个以上），把创新目标分解到人头，每季度开展一次评比，对优秀成果予以绩效加分。截至目前，已累计取得革新创新成果 226 项，其中优秀成果 32 项，8 项获得国家专利。

（2）人才培养创新。韩金虎提出"一个项目提升一名职工"的口号，同时推行"1+N"双工人才（工程师、工匠）培养模式。实施每个项目前，确定培养对象，并在培养对象原专业基础上确定"+N"的培养方向，制订并落实培养计划。

（3）服务模式创新。为高质量服务一个企业，韩金虎主导建成了"一库三中心"（备品备件库；思政文化科技培训中心、班组活动中心和备件修复与制造中心），既为班组建设提供了阵地保障，又提高了"一站式"和"全托式"服务能力。同时，创新"瑞兆 101"服务模式，在保证 100% 履行合同的前提下，再为客户多尽一份责任和义务，彰显"瑞兆激光，有你真好！"

（稿件由河北瑞兆激光再制造技术股份有限公司韩金虎、王婕提供）

谢元立：技能型、创新型、效益型、管理型、和谐型班组带头人

谢元立，中车长春轨道客车股份有限公司焊接机械手班班长，获全国劳动模范、中华技能大奖等荣誉，是党的十八大代表。焊接机械手班是新中国成立 70 周年"新时代特色品牌班组"，获"全路创新示范岗""全国青年文明号""全国工人先锋号"等荣誉。

1. 技能型班组

谢元立是焊接机械手班的第一任班长，也是现任班长，他不仅是手工焊状元，还掌握了多种型号焊接机械手的编程技术，在轨道交通转向架自动化焊接领域积累了丰富经验。

2004 年，公司从国外引进了高铁制造技术，这一世界顶级产品对焊接工艺的自动化、程序化要求极高，但当时国内懂编程的技术人员凤毛麟角，会操作的员工更是少之又少，高铁的制造面临着操作人员严重不足的巨大风险。为实现中国人自己造高铁的梦想，谢元立毅然承担起了培养人才的重任。在缺少教学设备、教材，培训时间有限的情况下，他提炼出了"焊接机械手六步编程法""机械手故障排除五步法"等一系列简单易行的操作方法，并自编教材，将生产现场当作课堂，开展技艺传承，为中国第一代高速动车组的生产制造提供了充足的人才保障。

班组先后涌现出 17 名高级技师、15 名技师、2 名全国技术能手、7 名中央企业技术能手，被誉为"工人技师摇篮"，并被评为"技能型班组"。

2. 创新型班组

2007 年在公司"引进、消化、吸收、再创新"的目标引领下，成立了"谢元立创新团队"。2015 年班组接到了为"具有自主知识产权的中国标准动车组"自动焊程序开发的任务，由于该车型与其他车型有着明显的差异，自动焊的难度也更大了。他们进行了上百次的焊接实验不断优化焊接姿态、参数，克服了重重难关，为中国"复兴号"标准动车组的顺利生产做出突出贡献。

焊接机械手班成立 20 多年来，将转向架自动化焊接率从 10% 提高到

70% 以上，累计完成创新成果 312 项，发表论文 50 余篇，获得国家专利 20 余项，班组被评为"创新型班组"。

3. 效益型班组

2015 年是中车长客发展战略中最关键的一年，年产 7000 个转向架的生产任务比阿尔斯通、西门子、庞巴迪等国际铁路巨头的总和还要多，生产任务能否如期兑现不仅关系到市场信誉，更关系到公司今后的发展前景。

由于工序调整，焊接机械手班从原有的 40 多人骤减到 21 人，面对巨大的生产压力，挖潜增效迫在眉睫，谢元立带领班组成员多措并举：

（1）制作了多用途工装，如重 3、深 5 等多种车型侧梁可在一个工装上焊接，这样既减少了场地占用，每台设备又节约了换模时间 2 小时以上。

（2）研制了 250km/h 空气弹簧座等多种小部件焊接工装并开发了自动焊接程序，减少手工焊工 10 人，提高生产效率 2 倍以上。

（3）加强科学管理改进工艺流程。改进前，操作者自己焊接，自己交出。调整后实现一人多机操作，焊后由专人交出，将增值时间与必要非增值时间并联，提高生产效率 2 倍以上，全年累计创效 500 万元。

焊接机械手班在人员设备都减少的劣势情况下创造出了生产奇迹，被公司评为"精益提能型班组"。

4. 管理型班组

2021 年，随着央企改革的不断深入，公司对生产单元进行同质化合并，将原来两个机械手班整合为一个班组，班长由谢元立担任。

整合后的班组有员工62人，焊接机械手45台，焊接工装120余套，作业场地分布在近3万平方米的各个作业区，承担了公司所有车型转向架的自动化焊接任务。人员、设备、场地、生产任务的倍增给班组管理带来了一系列的问题：管理区域大、分散；设备多、功能差异大；人员多、技能水平差距大；生产任务杂、奖金分配不均等。

为了尽快解决这些难题，必须制定一套符合当前实际情况的新的管理制度。经过深思熟虑后谢元立采取了以下办法。

（1）定人定机、机长负责制。通过竞聘方式为每台设备选定一名机长，机长对本机台及属地负全责。

（2）分区管理、工区长负责制。把班组负责的场地和设备分成七个工区，每个工区选取一名机长作为工区长，工区长对工区内部事务负全责。

（3）计划派工、合理分配。根据当月生产计划和各工区设备、人员分布情况把生产任务按工区分派，保证各工区生产任务和奖金分配基本相应。

这样就解决了外部环境变化给班组来的管理难题，焊接机械手班在整合后的短时间内即形成$1 + 1 > 2$的合力，被公司评为"管理型班组"。

5. 和谐型班组

为了给职工创造更好的生产、生活条件，打造班组和谐向上的氛围，焊接机械手班开展了"建家行动"。

"工资收入"是员工当下关注的大事，班组推出了生产计划、任务分配、绩效分配、评优评先"四上墙"制度，这种公开透明的管理，不仅让员工能拿稳焊枪、还能端稳"饭碗"。"发展空间"是员工长远关注的大事，班组借助谢元立技能大师工作室平台为每名员工定制了职业生涯规划，让大家努力有目标，奋斗有方向，班组成员在建家中产生了亲和感。

通过"家"理念的管理方式，在班组内形成了"事事有人管、人人有事管"的和谐氛围。2020 年焊接机械手班被中华铁路总工会评为"模范职工小家"；2021 年被中国中车工会评为擦亮金名片建设新小家"示范小家"。

（稿件由谢元立提供）

蔡凤辉：严、实、细、精、净、美，使保洁工作锦上添花

蔡凤辉，获"全国五一劳动奖章""全国劳动模范""全国三八红旗手"等荣誉称号，是党的二十大代表，2012年担任北京环卫集团北清物业天安门项目部班长后，加速推进天安门环卫作业进入"质量时代"，建立了"指挥轴－响应轴"双轴应急响应体系。蔡凤辉带领的团队获全国三八红旗集体、北京市工人先锋号等荣誉称号。

1. 靠的就是这股子"钻劲"

2012年五一劳动节前夕，游客的一句话开启了蔡凤辉那股子"钻劲"。"保洁员要负责广场和周边的垃圾捡拾、果皮箱清洁和垃圾清运等大量工作，都是步行，一天下来队员们脚上磨得全是泡，走路一瘸一拐的。"一些游客看到了，开玩笑道"怎么弄来一群瘸子啊？"说者无心、听者有意，这句不经意的话深深地刺痛了蔡凤辉的心。从那以后，她就绞尽脑汁想办法解决这"一瘸一拐"的问题。吃饭时想、休息时想，就连看病号时都在想着这件事。功夫不负有心人，在探望病人的路上，她不经意间看到一辆电动三轮车。这辆"三轮车"如同掉落到牛顿头上的那个"苹果"，开启了她的无限遐想。她开始"钻研"起电动车的工作原理，多年的实战经验，让她十分了解保洁员的习惯，她提出把行车制动统一设计安装到右手，并且为电动车安装后垃圾筐。经过形成初稿、推敲细节、修改完善，

仅用半个月的时间，她和研发团队成员们就一起研发出了一款便捷、高效、环保的电动保洁车。经过改良的电动保洁车，队员们用起来顺手了，安全系数也提高了。"以前5分钟的路程，现在1分钟就能到。我们不仅不是'瘸子'，还配上了'坐骑'。"有了三轮车，保洁人员的劳动效率提升80%以上，充分展现出新时期环卫工人的良好形象。

当时保洁队自编一首打油诗："口香糖是难题、一块一块扒地皮，冬天硬了铲不动、夏天黏糊如胶泥。"这种现象让蔡凤辉和队友们头疼了许久。手边的工具有很多，唯独没有克制"口香糖污渍"的利器。"没有枪没有炮，我们自己造"，她又开始带着保洁员们利用现有的工具，自己钻研克敌制胜的"法宝"。"单独使用没有效果，那我们就组合使用。"她们经过反复试验，最终通过洒水软化污渍、手持电钻配钢丝刷头清理污渍，在不损伤大理石地面的基础上成功地去除了口香糖污渍。从此铲刀和自制电动钢刷成了120名保洁员的必备"武器"。在短短两个月时间，她们清理了28万平方米的口香糖共50多千克，整个天安门广场如同开了

"美颜"一般焕然一新。她们用实际行动为祖国献上了自己最诚挚的祝福，连到广场旅游的中外游客都为她们竖起了大拇指，引来多家媒体争相报道。

2. 不后悔的"抉择"

"天安门无小事，讲的是责任、靠的是担当。"为大国舍小家，一直是蔡凤辉无悔的选择。到目前她已经带领保洁员完成了上百次全国两会、五一、十一、迎宾等重大活动环卫保障工作。

功劳的背后总有那不为人知的默默付出。"我们从事的环卫保障工作，是又臭又脏、最苦最累的任务，我们的使命决定了我们是站在聚光灯的背后、不为人所知不为人称道的朴实群体。但是，我们的广大干部职工能够经受得住委屈，耐得住寂寞。在这次保障工作中，我们不追求'露脸显摆'，只是脚踏实地把每块铁板夯实，把每颗螺丝拧紧，把每个厕位擦亮，把每寸道路扫净。除了一丝不苟完成集团筹备保障领导小组和公司组织安排的任务外，我们没有做任何画蛇添足的工作，没有企图吸引他人的'眼球'。"

"'简单的事情重复做，重复的事情认真做'，这是时传祥认的'死理'，也是我们全体环卫人尊崇的真理。我们的基层环卫工作人员，一遍遍地重复简单的劳动，扫垃圾、收垃圾、运垃圾，用坚韧不拔的毅力，在最简单的工作岗位干出不平凡的工作业绩。在这次保障队伍中，有的同志连续参与了新中国成立50周年庆典、60周年庆典和这次70周年庆典的环卫保障工作。天安门地区的每块砖每片瓦，都浸透了他们的心血和汗水。正是这种对环卫工作深入骨髓的热爱，让他们在环卫岗位上坚守了一辈子，有的同志甚至一家三代人都在环卫岗位上工作过。他们数十年如一日，不离不弃，不为名誉所动，不为金钱所惑，献了青春献终身，献了终身献子孙。"

3. "严·实·细·精·净·美"的服务理念

在工作实践中，蔡凤辉对员工开展岗前培训，围绕天安门地区保洁工作的意义、保洁行业的服务理念和服务意识、人性化管理等主题进行思想教育。

她根据很多保洁员文化水平偏低，领会能力差的特点，提出"毛毛细雨经常下"的工作方法，用"婆婆嘴"的方式，时常地与员工唠叨、聊天，把制度的贯彻和思想教育融入其中，让员工能够接受，易于接受。确保日常工作顺利运行，也确保在维稳工作和突发事件中，筑牢防线，不出问题。蔡凤辉对班组管理总结出"六个三"即：严（严明、严谨、严格）、实（实际、实干、实现）、细（细思、细谋、细作）、精（精准、精致、精品）、净（场净、地净、干净）、美（心美、人美、景美）。

（稿件由蔡凤辉提供）

廖志斌：“师徒传承”带班组，不负众望建功勋

廖志斌，特级技师，扎根电力生产一线 20 多年，主要负责安徽省宿州地区 110kV 及以上高压输电线路的运维检修和带电作业相关工作。他先后担任国网安徽电力宿州供电公司输电带电作业班班长、超特高压运维班班长，班组连续多年被评为“模范班组”“先进班组”，班组成员多人次荣获国家和省市级荣誉，所在 QC 小组被授予“全国优秀质量管理小组”等。他和师傅许启金前后获评“全国劳动模范”，分别当选党的十九大和党的二十大代表。2022 年 11 月 3 日，时任国家电网有限公司党组书记、董事长辛保安批示肯定：“师徒党代表，一门双劳模”，不负众望，无上荣光！

1. 班组长的角色

班组长是上级命令的执行者，是班组职工的领导者，是上下沟通的桥梁，也是班组的作业教练和绩效考官。打铁必须自身硬，班组长硬起来，班组也会硬起来！“向我看、跟我干，班长带头当模范”这是廖志斌班组的管理经验。2013 年，廖志斌从师傅许启金手里接过班长接力棒，沿着师傅的足迹，抓好班组管理，培养培育出更多技术技能型人才，续写了“师徒传承的精彩华章”。

班组长是兵头将尾，一定要带头干。由于身体素质好，掌握技术快，每次工作廖志斌都能提前完成。完成工作后，廖志斌就帮助其他同事工

119

作。廖志斌说："在班组管理中起到至关重要的作用，首要条件就是做好表率，起到示范引领作用。班组长让班组职工向前看齐，从跟着干，慢慢转变为抢着干，带动整个班组活跃起来，逐渐改变职工的精神面貌和工作状态。"

2022年"五一"国际劳动节前夕，国网安徽电力宿州供电公司首次开展500kV超高压线路带电作业，这对廖志斌来说也是第一次真正实操。廖志斌在作业人员的互相配合下，顺利消除隐患，有效地保障了线路安全稳定运行。事后廖志斌说，电弧发出的嗞嗞响声，耳中充斥着嗡嗡的电场声，说一点不怕那是假的，但是，作为班长就要冲在前边。班组职工在廖志斌的带动引领下，工作劲头更足了，工作信心更大了。

2. 班组创新

班组是前沿阵地，一定要从小处着手，从细节创新。廖志斌根据班组工作中所遇到的实际难题，成立攻关小组，依托"劳模工作室"中的设备，很快完成从初想、绘图到加工、制作一套流程。推动小创新解决大难题、小思路提升高效率。使班组职工养成分析问题、解决问题，善于总结、勇于创新的好习惯。

多年前，班组工作安排都是当天早上进行梳理，现场派发工作任务，人员集合、等待车辆、工具器具装车、车辆加油等，整个流程耗时较长，阻碍了工作的效率、质量和流畅度。廖志斌和班组职工商量后，决定改变工作模式，优化工作流程，创新提出所有工作内容、人员、车辆司机提前一天在"工作群"里发布，让班组职工心中有数，提前准备，把第二天工作所需材料提前装车。到时候，人员直接到车辆地点集合，准备时间大大缩短，充分保证现场工作时长，提高了工作效率。在此基础上，廖志斌制定了工作流程闭环管理方案：班组从计划落实、人员安排、工作任务分配，到现场标准化作业以及现场工作完成后的记录填写，全部纳入流程管理。中间无论哪个环节都可及时进行监督，从而有效避免了工作过程中的漏洞。这样工作顺畅有序，进一步提高了班组管理质效。

3. 班组成员管理

班组人员变化快，一定要以"变"应"变"。廖志斌带头干、作表率，善于创新，班组建设取得了优异成绩，但是随着时间的推移和人员的交替，一些新的难题浮出水面，因此，作为班组长要主动应对和承担各类难题，促使班组再提升，将班组带上另一个新的高地。

针对班组老龄化严重，廖志斌为了提升工作效率，充分用好班组人员，结合智能化、数字化的运检技术设备，尽量把年轻职工安排到现场工作，把老职工轮流安排到智慧线路全景管控平台开展监控工作。老职工依据其丰富的现场经验，可以及时、准确判断出危险点向现场进行反馈，有效管控现场隐患。根据班组职工的出勤情况和实际工作业绩，廖志斌灵活调整兑现月度绩效奖金，让班组职工心服口服，团结协作，推动班组圆满完成各类工作任务。

他的徒弟王彦刚深有感触地说："班组成员不单在工作上和谐团结，在生活中也互相帮助，平时谁家里有个什么事，同事们都主动上前，工作上也不拖拉推诿，班里几个老师傅虽然已经到了快退休年纪，但平时工作依然积极主动。师傅作为班长，主动带头工作，主动嘘寒问暖，主动开展创新活动，主动分享创新成果等，起到带头表率作用，提高了我们的工作积极性和幸福指数。"近年来，廖志斌根据班组结构、工作性质、人员特点，又创新提出了"向我看、跟我干，团结协作、快乐工作"的管理模式，顺利推动每日工作有条不紊地进行，在班组里传递着一种"不怕难事、能干成事"的精神，让工作成为幸福生活的一部分。

（稿件由廖志斌提供）

（三）

马小利：建"最有规矩的班组"，添创新创造新活力

马小利，中铁二十一局三公司钢构件加工班组班长，中国工会十八大代表，获"全国五一劳动奖章"、全国劳动模范中华全国总工会全国职工演讲比赛金奖、第十七届全国职工职业道德建设标兵个人、中宣部"最美铁路人"等荣誉。他几十年如一日，信守着"砂石虽小，却能铺就千里路"的人生格言，扎根施工一线，坚持发明创新。

1. 在学习中成长

同事们眼中的马小利就是个"勤于思考，善于学习"的人。曾经有人对他说"干好他的老本行电气焊就够了。"但马小利坚定地认为：人不会妥协，劳动者不能轻易服输！工作生活中，他始终坚持着"三学习"信念：从书本上学理论、从实践中学经验、向工友们学技能。把学以致用生动地体现在他的具体工作中。

参加项目部举办的各种岗前培训班，他的本子上密密麻麻写满了笔记。就连每天的班前安全提示，他都听得格外认真。在施工一线为了尽快拿出劳动成果，他经常"挑灯夜战"，图纸画了一摞又一摞，加工模型反复探索修改，直到成品完成才能舒口气。后来他学会了用电脑 CAD 软件绘图。面对都汶高速公路龙溪隧道的高瓦斯施工难题，他把隧道内衬砌台车安装作业，由原先的洞内焊接方案研究改进为洞外焊接、洞内拼装方案，成功规避了高瓦斯施工危险，提升了施工作业的效率，节省了施工成

本。马小利不光自己爱学习，他还经常组织带领班组成员进行学习，用实际行动创建"学习型班组"。用马小利的话讲，学习就像人体补充营养，人缺营养没精神；班组不学习，怎么能够胜任工作所需？

马小利 17 岁出门务工，从只有初中文化的农民工，发奋学习，刻苦钻研，自学取得西安交大电力自动化专业本科学历，在 2009 年成为中国铁建由农民工转为正式职工的"第一人"。

2. 在探索中前进

马小利所在的钢构件加工班组被认为是"最有规矩的班组"。

他结合班组作业的特点，在浩吉铁路施工中探索出班组"四步管理法"在施工一线推广应用。一是"明责权"，编制《班组安全质量责任管理办法》《班组长包保责任制度》《班组奖惩细则》等制度，对班组工作职责进行了明确，做到了"干活负干活的责任，管理负管理的责任"；二是"定标准"，从原材料存贮、构件加工、成品出库等多个方面明确了工作流程、工作标准；三是"亮身份"，通过班组长、电焊工、切割工、仓储员、起吊工等工种的挂牌上岗、持证作业，促进各工种人员认真履行责任；四是"重考核"，从构件的加工质量、计件数量、产品合格率、安全规范操作等方面推行班组内部评优考核，提升班组参与安全质量管理的积极性和主动性，从最基础的构件加工开始，促进工程安全质量管理水平的提升。

往往容易被忽视的细微"小"节，马小利却能从中做出"大"文章，以小见大。他在工作实践中探索出小构件集中加工管理模式，把分散的构件加工班整合为集中的工厂化生产加工线，既节省了人员、设备、场地，又实现了专业化、机械化、工厂化、模块化、集中化、标准化的作业方式，达到了控制成本、确保质量、提升效率的目的。把"二维码"技术应用到班组管理中，把岗位职责、技术交底、加工时间、检测人员、进库出库等各类作业信息植入"二维码"，提升工厂信息化。

3. 在创新中发展

作为"火车头劳模工作室"领衔人，马小利经常把自己负责的钢构件加工和劳模工作室工作融合开展，相得益彰。他把工作室创立的"四个提高、三个作用、两个扩展"的"432"工作法完美地运用到钢构件班组工作中，不断促进劳模先进的品牌效应提高、员工创新技术提高、员工技能提高和团队经济效益整体提高，充分发挥了劳模先进的示范作用、创新成果的推广作用、培养一批一线创新人才的作用，扩展了"劳模领跑＋团队创新"攻关课题，提升了"劳模先进＋职工学习"的效应。

他依托劳模工作室，结合钢构件加工具体实践，攻克了许多施工中的技术难题。先后带领班组成功研制了隧道逃生管道自行装置、钢筋接头自动焊机、隧道防水板自动铺设装置、小导管组合钻床、隧道开挖折叠台车、隧道施工台车钢轨自行装置、隧道施工悬臂台车、8字筋系列装置等30余种共近百台（套）机械设备。面对隧道内施工车辆开进去10分钟，倒出来将近1个小时，车辆掉头极为困难，造成车辆作业油烟大、安全性差、施工进度慢的问题，马小利带领班组研发出隧道内车辆掉头装置，大型混凝土罐车原地掉头只要30秒，提高作业效率近70%，被司机们赞誉为"掉头神器。"截至目前，马小利班组共取得国家专利100多项。

"一个人可以走得很快，但一群人可以走得更远。"作为班组负责人和劳模工作室带头人，马小利始终发挥着传、帮、带的作用，帮助越来越多的一线人员、青年员工从不敢创新、不会创新，到人人创新、争着创新，以实干巧干解决施工难题，用创新创造为工程建设增添活力。

（稿件由中铁二十一局马小利、尚少卿提供）

马文忠：发挥劳模示范引领作用，全面提升工作室人员业务素质和企业创新能力

马文忠，宁夏宁杨食品有限公司火锅料车间炒料班班长。2018 年，他先后荣获吴忠市、宁夏回族自治区"五一劳动奖章"称号。2023 年，他是自治区唯一被全国工商联、人社部、中华全国总工会评为"全国热爱企业优秀员工奖"的员工。2024 年，他荣获"全国五一劳动奖章"，全国劳动模范。在同事们眼中，他就是大家学习的楷模。

1. 强化理论勤学习，锤炼党性提修养

2020 年—2021 年期间，马文忠多次找公司党支部书记谈心谈话，表达了自己想入党的想法，坚持要通过自己的努力争取早日成为一名合格的共产党员。2021 年 10 月，他递交了第一封《入党申请书》，用质朴动人的文字道出了他对党的拳拳之心，顺利被纳入入党积极分子。他说："作为一名民族地区的少数民族工人，我深刻感受到了党和国家对我们民族地区群众的关怀，在中国共产党的领导下全国各族人民更加团结一心，更加富裕强大，我们要永远跟党走，用党性武装自己干工作，让企业发展越来越好，让祖国越来越好"。马文忠是这样说的，也是这样做的，他时常关注党和国家大事，注重了解党和国家的重大政策，努力提高自己的思想政治觉悟；工作中刻苦钻研，认真努力，勇于创新。生活中，他勤俭节约，生活态度乐观开朗，乐于助人，能够团结同事，助困解难。

2.尽职尽责有作为，特殊时期显担当

马文忠说："虽然我们是农民工，但是也能通过努力实现自己的人生价值，我的追求就是做一名优秀的农民工炒料工程师"。身处公司生产系统的"心脏"——炒料岗位，他兢兢业业十几年如一日。谈及刚进入公司时的情形，马文忠记忆犹新。"那时候都是人工炒料，两个人四口大铁锅，每天拿着大铲一直炒，一天班下来，到家时总是累得腰酸背痛"。由于刚开始研发炒制火锅底料和辣椒酱，配方掌握不好、技术不熟练导致好多次被从四川请来的师傅严厉批评。看到马文忠每天又辛苦又委屈，妻子说辞了算了，让别人干去！马文忠说："现在是企业的创业初期，肯定有困难，我们进了企业门，就要负责任，我就不信我学不会"。就这样，马文忠每天跟着四川师傅勤学苦练，还悄悄记下了师傅炒料的要领。渐渐地，通过日积月累的不懈努力，他的炒料技能突飞猛进，连师傅都竖起了大拇指。

为了保证提高生产效率，马文忠发现每天上班后再做各种准备工作，特别影响产量。于是他每天提前半小时第一个来到车间，启动各岗位需要提前启动预热的电气设备，给其他岗位的同事带来了很大的便捷，大大提高了生产效率。每天下班后当其他同事匆匆忙忙回家时，马文忠则认真排查水电气开关是不是全部关闭，当班设备存在的跑、冒、滴、漏等运行故障是否有效解决，确认无误后才锁上车间门安心下班。

3. 本职岗位争一流，创新提质增效益

本着"发现问题就是成绩，解决问题就是创新"的原则，马文忠带领所在炒料岗位的员工着重在产品质量创新、降低能耗上下功夫。2013年—2014年期间，马文忠发现炒料使用的自翻锅酱料翻倒过程中存在二次污染和撒料浪费，立即向公司领导建议对炒锅进行技术改造。随后他积极加入公司技术创新中心研发团队投入到了设备技改工作中。一边工作，一边紧盯炒锅，认真摸索炒锅的运行轨迹和原理，发现其中的突破点。经过他和研发人员的不懈努力，成功研制出了"酱料真空上排料炒锅装置"，解决了酱料生产过程中二次污染的问题，也为同行业和半固态产品生产行业所存在的共性问题起到了推动示范作用，还承担了国家级农业科技成果转化项目。

2020年，公司火锅车间实施技术改造外包项目，马文忠主动放弃休息，承担起现场技术助理工作，使技改项目顺利进行，提前两个月竣工，直接为当年创造经济收入近千万元。截至目前，马文忠协助公司研发中心研发发明专利及科技成果共计42项，协助公司制定新产品企业标准5项，为企业上规模、出效益，实行规范化管理、规范化操作打下了坚实基础，做出了突出贡献。2021年，公司成立了"马文忠劳模创新工作室"，马文忠充分发挥劳模在企业创新中的示范引领和帮、扶、带、教作用，把在技

术、生产中遇到和已解决的疑难问题进行总结，带动了工作室技术人员整体业务素质和企业创新能力的全面提升。

4.团结友爱"老大哥"，敢于维权"马师傅"

作为员工心目中的"老大哥"，马文忠在工作上积极发挥老员工的传帮带精神，给需要帮助的同事耐心指导。只要生产线设备出现了故障，同事们第一个想到的就是他，因为他会耐心地教大家正确使用设备和维护设备正常运转。工作之余，他关心同事，看到有同事唉声叹气、闷闷不乐，他就耐心地开导，为同事们排忧纾困。工友们谁有事都喜欢和他说道说道，他慢慢成为大家信得过、合得来的"老大哥"，和同事的关系都像兄弟姐妹，形成了同心协力"家文化"企业。

马文忠作为公司工会维权站代表，及时了解员工的思想动态，调动员工的积极性，向上传达员工的呼声与意见，为基层员工代言，争取权益。通过合理化建议制度、协助开展工资集体协商等形式，为公司职工争取到交通补助、加班奖金、科技创新奖励等合法权益，员工都亲切地称他"马师傅"。

（稿件由宁夏宁杨食品有限公司杨海燕提供）

王孝东：精准补油、"6S"管理，公路养护出实效

新疆昌吉公路管理局奇台分局专业化路面修补班（以下简称补油班）是一个由 9 人组成的养护班组，班长王孝东多次荣获局先进工作者、十大工匠能手、昌吉州"优秀共产党员"称号，2019 年获"开发建设新疆奖章"、2020 年获"自治区先进工作者"，他带领补油班在全局公路养护竞赛中连续五年荣获冠军，3 名组员马付成、柳占东、田银春荣获昌吉公路管理局十大工匠能手，组员朱家义曾在 2021—2023 年连续三年荣获昌吉州、新疆交通行业、全国第十三届交通运输行业公路养护工新疆区选拔赛一等奖，李鑫与 3 名队员荣获全国第十四届桥隧工竞赛前十名。

1. 支部建在班组

养路工常年在露天作业，春历风吹，夏晒骄阳，秋淋霏雨，冬沐寒霜，繁重的体力工作、恶劣的自然环境需要精神的支撑。补油班坚持以党建为引领，建立党支部凝聚合力，军人出身的王孝东有股特别能"打硬仗"、敢啃"硬骨头"的精神，他坚持把政治理论学习融入一线工作中，每天通过"岗前提示"组织"第一议题"学习，开展"安全六步法"每日一练，将"每日四史"主题党日活动带到路上，在小集体内讲"大团结"，班组成员定期到木垒结对"亲戚"家走访慰问，向牧民宣传党的政策、讲述奇台交通的巨变。每年冒着严寒进驻一线，七八月顶着40℃高温奋战在沙漠腹地，将路面修补工作如火如荼地推入高潮。大忙季节，每天工作都在12个小时以上。补油班以出色的业绩成为飘扬在公路一线的一面旗帜。

2. "精准补油法"

只有科学养路，才能提高公路养护水平。补油的整个过程需要大家默契配合，环环相扣，操作流畅，才能确保路面平整。多年的一线养护，补油班探索出一套团队合作的"精准补油法"，作业中，一线职工按照各自分工，安全员摆放好安全施工警示标志，技术人员对病害面积进行观测，在确定病害面积后，按照"圆坑方补、斜坑正补、浅坑深补、小坑大补"的原则，确定沥青路面病害面积，测量长宽尺寸，切割机顺线切割，尽量切割成几何图形，随后补油班切割、挖除病害、摊铺、碾压等程序一气呵成。这支专业养护团队凭借默契的配合，严谨的态度，熟练的技巧和过硬的技术让观摩者体验到补油的"艺术"，补油班在不用任何测量工具的情况下，以良好的平整度、优异的结合度获得了全疆业内专家的认可，更以

"五连冠"的成绩，多次在全局、全疆公路养护现场会上做养护示范，分局成立"王孝东创新工作室"，将人工补路的经验写成《路面坑槽精细化处治手册》，成为推广全局的重要经验。

3."一专多能"与"班组监理"

9人管养400多公里路，班组成员既是机驾高手，更是养护高手。随着国家"一带一路"倡议的推进、自治区准东开发区的崛起及奇台旅游精品线的建立，奇台县经济快速发展，但随着准东煤炭、石材的大规模开发，大型超载车辆不断增加，S303、S228、Z917交通要道平均日交通量达7987辆，重型载货车占混合交通量的43.8%，养护路段病害大量增加。面对困难，补油班建立QC小组（质量控制小组），安排当过工程监理的柳占东担任"班组监理"，在高车流下提高路面修补的质量与速度，运用声光报警装备、安全作业区室内推演提高养护现场安全应变能力。盛夏，准东沙漠腹地的Z904线、Z917线、S228线、S240线气温都在40℃左右、气温越高，沥青混合料和旧路面结合得越好；路面的平整度越高，修补质量就越好。补油班冒着酷暑挖除、清污、刷油、摊铺，动作不变形，流程不走样，一干就是一整天；秋冬季遇到砂石料混合油温不够标准，班组监理会坚决中止补油："不合格的补料，重型车一压会翘皮，我们不能糊弄自己。"补油班坚持把高质量养护理念贯穿在每一道工序、每一个季节，近年来，补油班平均每天修补路面280平方米以上，年修补量达14000平方米左右。2023年修补路面完好率达95%。

4."6S"管理

公路养护工人们就像是公路上的"啄木鸟"，梳理着城市脉络，打通公路连接的每个毛细血管，清理"路脉"上的血液垃圾。在"旅游＋交通"政策拉动下，奇台古城迎来了疆内外游客。补油班不仅担负着修补沥青路面、开槽灌缝、压缝带封缝等修补重任，还配合其他养护站、服务工区做好清理路肩边坡杂物、清理路肩路面煤末、清理风积沙、剪短路肩边坡杂草、清扫路面、更换里程碑、刷新百米号、校正标志牌、清洗波形护栏等工作。为了将这些细活做实，补油班开展"5S＋S"，即"整理、整顿、清扫、清洁、素养"＋"安全""6S"管理活动，春季，路面冰雪消融，补油班将辖区路段护栏、标志牌、轮廓线清洗一新；夏季，加大国道干线的清扫频次，联合交警、路政等部门开展非标整治。保障沿线标志醒目、完整。冬季加入除雪保通应急小分队。将低碳、绿色、资源节约发展理念融入日常公路养护中，开启废旧沥青路面修补材料同修补同回收模式，常态化回收废旧路面材料，为人们营造畅洁舒美安的出行环境。如今，无论是慕名前往江布拉克、魔鬼城，还是硅化木恐龙地质公园、将军戈壁，沿途一路平坦、标志清晰、路牌醒目，俨然"人在车中坐，车在画中行"。

（稿件由昌吉公路管理局刘昱含、王孝东提供）

叶大鹏：理念、行为、安全、品牌、绩效看得见，班组业绩看得见

叶大鹏，获全国劳动模范、全国电力行业百名电力工匠、全国电力行业技术能手、宁夏回族自治区优秀共产党员、宁夏回族自治区百姓学习之星、国网公司国网工匠、国网公司最美国网人、宁夏公司劳动模范、宁夏公司电力工匠等荣誉称号。在他担任国网宁夏电力有限公司超高压公司输电运检中心带电作业班班长的十年中，带领班组先后获得宁夏公司"工人先锋号"、超高压公司"工人先锋号"等荣誉称号。

1. 理念看得见

叶大鹏成为班长后，特别重视班组文化的作用，他提炼出了"567"原则。即：(1)"五清楚"：对职工家庭情况清楚；对职工性格爱好清楚；对职工优缺点清楚；对职工业余生活和社交情况清楚；对职工不同时期的心理变化清楚。(2)"六必访"：职工婚丧嫁娶必访；职工家庭发生矛盾必访；职工缺勤旷工必访；职工家庭有困难必访；职工本人或家庭发生大的变故必访；在了解到班组成员有上述情况时，以班组长为代表进行"必访"。(3)"七必谈"：职工思想波动必谈；职工人际关系紧张必谈；职工受到批评必谈；职工工作变动必谈；职工入场必谈；职工完不成任务必谈。

2. 行为看得见

2015 年，当副班长不到两年的叶大鹏被公司任命为带电作业班长。上任的第一个月，他负责组织 750 千伏昭湖线验收工作时，每人每天最多验收 4 千米导线，往往需要四五个小时才能完成，不但对作业人员体能的要求极高，还无形中增加了人员的安全隐患，当时他脑海中突然闪现了一个灵感，在导线上安装"平衡车"，一开始装置使用的效果并不让人满意，"平衡车"只能在地面保持稳定，到了导线上后就非常不稳定，不能保障安全的创新成果没有推广价值。从那以后，他和班组成员开始头脑风暴，尝试多种解决方案，最终走线器诞生了。在实际应用过程中，大家又发现走线器的续航能力较差，班组继续攻关、反复试验，经过一年的时间，团队终于研制出适用于输电线路检修、验收、带电作业等工作的电动走线器，相较传统的人工走线验收方式，走线器可节省 50% 的人员体能，节约 60% 的走线时间，极大地提升了人员走线效率、降低了人员的安全隐患。

3. 安全看得见

2021 年，巡线人员发现宁夏电网特高压 ±1100 千伏吉泉直流导线断股的危机情况，如不及时处理，导线将面临持续散股风险，并影响到特高压直流输电线路的被迫停用，造成不可估量的损失。由于作业点处于海拔 1500 多米的宁南山区，环境复杂，人员车辆难以到达，公司计划在线路不停电情况下，利用直升机投放等电位作业人员精准进入作业位置，在强电场环境下完成消缺作业。面对需要毫厘不能出错的高难度作业，他和班组勇挑重担，提前对每一个动作、每一个步骤精准测算，做足功课，确保万无一失。最终他带领团队，凭借过硬的身体和心理素质，以及精湛的带电

作业技术，在不到 30 分钟的时间内，圆满完成了世界首次 ±1100 千伏电压等级输电线路直升机吊索法带电消除故障作业，保障了特高压线路的安全平稳运行。叶大鹏担任班长 10 年间，带电作业班始终保持安全"零事故"，作业安全率 100%。

4. 品牌看得见

面对带电作业领域日新月异的发展和挑战，他制定班组年度培训计划，通过"班组微课堂"授课、"师带徒"、事故分析、现场教学、触电急救演练等方式促进班组职工互助学习，共同成长。班组着力建造"安全 + 创新"的班组工作品牌，注重"内质外形"建设的教育，加强自身内在的品牌意识、安全意识和创新意识，提倡在安全生产的基础上大力创造和改进实用型生产工具，申请发明专利，完善 QC 创作平台；突出安全生产真抓实干的管理思想，突出科技创新和科技进步。组织班组成员在小发明、小创新的过程中解决了许多实际操作难题。

日常工作中根据班组成员个人特点，设计"五年成长路线图"，每月开展带电作业"理论＋现场"授课，将"传帮带"转换为"知识共享"，带技术的同时带思想，强本领的同时创新工法，着力打造知识型、技能型、创新型带电作业队伍。

5. 绩效看得见

带电班将绩效考核办法进一步细化、量化，从班长、安全员、工作负责人和班组成员的安全生产岗位职责层层制定考核细则，对每个班员的绩效考核中都增加了一条各自应当承担的任务，并逐级签订安全承诺书（责任书），使该项工作落到了实处。新的绩效管理定位为全过程管理，而不仅仅是事后考核。重视绩效沟通和反馈，不搞强行摊派。考核的目的定位为提高员工工作绩效，而非刻意拉开收入差距。评价方法不只定性分析，更多地采用"量表计分"法；在创新思维的引领下，带电作业班大胆提出了工作量（40%）＋工作成果（30%）＋工作能力（20%）＋劳动纪律（10%）的"4321"模型，所谓的工作量就是在担当不同工作任务时起到的作用，而工作成果就是工艺水平的优劣，至于工作能力则表现的是班员对工作任务流程的熟悉程度和技能水平的高低，劳动纪律则是对工作的态度和工作积极性的表现；每次在工作任务完成后，由班委会对本次每人的工作按"4321"法进行考核，并且在每月月末，班组都要进行一次全面的检查和考核，将考核结果在班务会及其纪要中予以公布，让考核不再只是纸面上的考核。

（稿件由叶大鹏提供）

冯敏："五点"班组管理法打造国内一流采掘设备维修电工班组

冯敏，采煤机司机技师、矿井维修电工高级技师，机电高级工程师职称，曾获得陕西省首席技师、陕西省五一劳动奖章、三秦工匠、全国技术能手、山西省煤炭学会千人智库高级专家、全国煤炭青年五四奖章、全国能源化学地质系统大国工匠、全国青年岗位能手、陕西省青年五四奖章、煤炭行业技能大师、陕西省杰出人才"国企工匠"、陕西省技术能手、中央企业青年岗位能手、中央企业技术能手、陕西省带徒名师等荣誉称号，现为陕煤集团神南产业发展公司采掘车间电工班带头人。

1. 文化引领添活力

采掘车间电工班又称"核"电班，核电班，顾名思义就是维修核心设备，掌握核心技术，创造核心价值，这是班组的"三核"理念。班组秉承陕煤集团"奋进者"文化内涵及"勇立潮头、奋勇争先"的陕煤精神，将神南产业"勤"文化贯穿在日常工作中，切实落地"勤学、勤业、勤俭、勤勉"四勤文化，将"勤"大大写在班组里，深深的印在贴心的服务里。班组积极践行"工匠精神"，秉承"敬业 精益 专注 创新"的价值观，传承贯彻集团及公司"兴能强国 智领未来"的使命，坚持"只有掌握核心技术才能独立潮头"的口号，推动实现"打造国内一流综掘设备维修电工班组"的愿景目标。

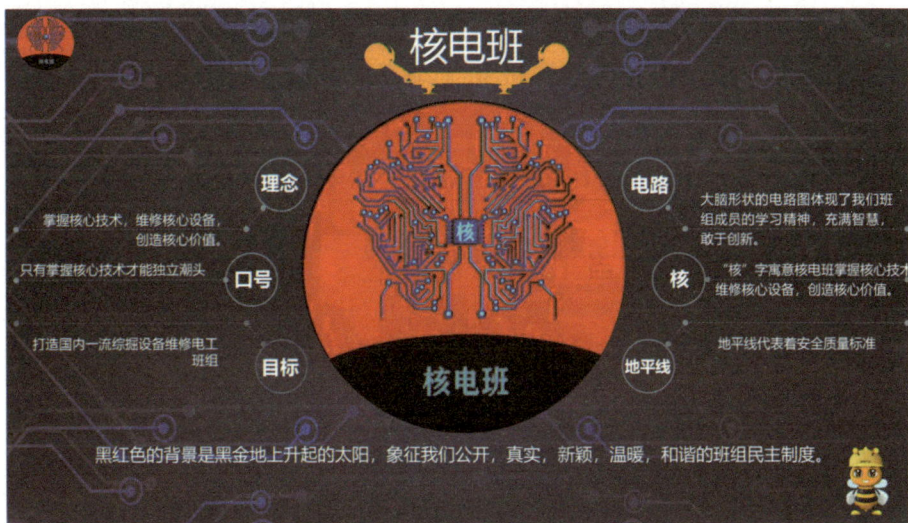

班徽由大脑形状的电路图、核字、地平线、黑红色的背景组成。其中大脑形状的电路图体现了班组成员的学习精神，充满智慧，敢于创新。中心的"核"字寓意核电班的"三核"理念。地平线代表着安全质量标准线。黑红色的背景是黑金地上升起的太阳，象征公开，真实，新颖，温暖，和谐的班组民主管理制度。

2. 创先创优出佳绩

作为班组带头人，冯敏在班组内部提出"大众创新、全员参与"的口号。为了激发创新活力，他起草完善了创新考核制度。组织开展"五小"活动、"三新三小"活动、QC 小组攻关活动等，紧紧围绕制约机电设备维修和生产效率等瓶颈问题，狠抓技术革新、课题攻关等工作，有效激发了班组创新热情。

采掘车间电工班成立十余年来，逐步突破了高端采掘设备维修瓶颈，打破了国外高端采掘设备技术垄断，采煤机遥控器芯片等电气模块的自主维修、调试，模块程序的自主制作等，自主研发能力及创新水平行业领先。冯敏及其团队累计申报专利 30 余项，承担创新项目 300 余项，解决安全生产技术难题 80 项。

3. 安全生产勇担当

冯敏在安全管理中也总结出了自己的一套方法，他以公司"安全五要诀"为抓手，中心"9+12"网格化安全管理体系为指引，从而总结提炼出安全管理"五到位"。即安全培训到位、设备保养到位、危险源辨识到位、隐患排查到位、管理制度到位。安全管理"五到位"的落地，将班组安全管理工作提升到了新高度，近年来无一起安全事故发生。

参加工作以来，冯敏参与检修的综采设备整机及大型部件多达 120 余台套。他结合以赛促干、工时承包等手段，总结"123"生产管理工作法，力求工作安排有计划性、超前性、周密性。即 1 期：结合检修方案、技术交底、安全技术措施等按期完成检修工作；2 禁：严禁设备带病运行、严禁干与工作无关的事；3 保：保作业安全、保过程管控、保设备质量。

4. 苦练内功增素质

冯敏在不断钻研立志当工匠的同时，充分发挥领军人才的传帮带作用。他在班组内部率先提出打造"有担当，有技术，有创新，有活力"的"四有"维修人目标，在实践中不断完善和充实"勤学"实践机制。通过成立班会小讲堂、电工基础提升班、建立故障数据库等，让员工懂结构，会原理，有思路。在他感染下，班组形成比学赶超的良好氛围。

为了充分发挥传帮带作用，冯敏系统总结了自身技术实践中积累的维修经验理念、技术方法，并对采掘车间近 10 年间 2000 余次故障处理大数

据进行梳理归纳，编制形成《冯敏采煤机故障快速处理三步法手册》。涵盖美国 JOY 和德国 EKF 进口采煤机近百种最常见故障现象的快速处理方法，用科学的步骤指导维修，大大提高了职工技能水平，保障了故障排除的精度和效率。

冯敏积极实施公司"核心岗位人才培养计划"，对基层核心岗位人才培养进行了专业划分。将采煤机钳工、采煤机液压系统组装钳工和采煤机电控箱组装电工 3 个工种分为三个小组，实行了理论与实操训练分组承包制。几年来，陆续有 5 名职工晋升为高级技师，有 11 名职工获得中级工职业资格。先后培养出国家级/省级一/二类大赛第一、二、三名各 3 人，获全国技术能手 1 人、陕西省五一劳动奖章 1 人、陕西省技术能手 4 人、榆林市技术状元 1 人、厂矿级岗位能手 30 余人。

同时班组多名成员被榆林职业技术学院、神木职业技术学院、神南产业发展公司神南学院聘为讲师，累计授课 200 余期，培训人员 7000 余人次。

5.精益服务提质量

冯敏对待设备检修质量有着极其谨慎细心的态度，他通过质量文化打造、质量理念渗透、关键工序控制、质量隐患排查等，提出"232"质量管理工作理念。即两提：提高职工质量意识、提高职工技能水平；三抓：严抓现场全方位管控、严抓监理式全过程管控、严抓维修质量溯源追踪；两打造：打造质量文化、打造精品工程。

近年来，班组编写完成质量管理制度、质量管理流程及维修技术标准的制定，建立 18 类采掘设备 291 个质量控制标准，以单项目管理为基础，形成成套化单项目管理技术资料。通过对井下设备运行过程质量在线监测、入井服务质量标准建设及监督评价、厂内维修（项修）设备关键质量控制点（如电性能参数、力矩、温度、震动）实施精准控制，严格验收，保障设备维修质量水平持续提升。

近三年，采掘车间电工班的设备维修出厂合格率百分之百，紧急抢修130多次。为各矿井提供技术支持450余次，解决技术难题300余项。通过长期的故障排查，班组建立了详细的故障数据库，大幅提高了常见故障的处理效率。

在冯敏的带领下，班采掘车间电工班先后获得2021年度全国"安康杯"竞赛优胜班组、2021年榆林市工人先锋号、2022年陕西省"梦桃式"班组、2023年全国煤炭行业质量信得过班组和陕西省质量信得过班组等荣誉。

（稿件由陕煤集团神南产业发展公司冯敏、王得坤提供）

吐尔逊江·吐拉洪：天山深处独库公路上的"护路先锋"

在天山深处独库公路的主动脉上，活跃着一支"护路先锋"——乔尔玛养护站吐尔逊江·吐拉洪班组（以下简称吐尔逊江班组），由劳模、技术骨干和业务能手等 12 名公路养护精英组成。班长吐尔逊江·吐拉洪获 2024 年"全国五一劳动奖章"、自治区"开发建设新疆奖章"。

1.坚持机制创新，赓续红色血脉，提升思想政治工作的深度

（1）加强职工思想引领。以"不忘初心、牢记使命、勇毅担当、强交有我"的红色基因为指引，持续开展学习党的二十大精神、党史教育等活动。坚持"守正"，弘扬天山公路精神；着力"创新"，以党旗领航、党员领队、业绩领跑、服务领先"四领"工作理念凝聚奋斗共识。通过抖音推出"天山公路人"敬业奉献篇，讲好公路故事，让劳模先进、青年典型风采和先进事迹入目入耳，助力劳模精神、劳动精神、工匠精神在一线班组孕育孵化，形成教育常态化。

（2）强化党员示范作用。通过建立"争当优秀党员，争创先锋团队"的党建选树体系，保证红色旗帜立在班组。发挥党员服务作用，强化班组战斗力。成立党员示范岗、党员先锋团队，积极发挥党员先锋模范作用。

（3）唱响新时代宣传思想文化主旋律。吐尔逊江班组组建"红色蜂巢党史教育宣讲队"，坚持把宣传阐释习近平新时代中国特色社会主义思想

和党的二十大精神作为首要任务，以独库公路为主线，将"乔尔玛烈士纪念馆"作为党史学习教育体验式教学点，并与则克台公路文化陈列馆红色教育基地串联成线。创新推出专题讲、微课讲等宣讲模式，开展有温度、接地气的红色宣讲活动，推动红色宣讲有声有色、走深走实，使党史故事和党的创新理论传遍千家万户。自成立以来，"红色蜂巢党史教育宣讲队"年均开展情境体验式教学、红色志愿宣讲 12 余场，覆盖党员干部群众 5000 余人次。"天山精神传薪火　血染独库铸忠诚"的天山公路精神传遍天山南北，激励广大党员群众汲取红色力量，将理论学习成果转化为干事创业的动力。

2. 坚持方法创新，凝聚发展共识，提升公路养护工作的准度

吐尔逊江班组坚持党的领导，开展"党建＋养护"管理模式，创新实施"一路一景"养护作业，建设唐布拉"百里画廊"风景路和独库精品旅游观光路，助推公路养护技术发展；实施"党建＋365 安全行"成就安全生产 3600 日，实现零安全生产责任事故目标；建设"党建＋和谐"新时代公路文明实践活动室，让党建赋能民族团结建设；建设"党建＋健康"阳光健身室，为公路职工健康"加码"；建设"党建＋女职工"工作引领巾帼绽芳华……吐尔逊江班组成为伊犁哈萨克自治州党委新时代文明实践示范点，在天山深处熠熠生辉。

3. 坚持技术创新，孕育奋进动能，促进高质量发展的精度

吐尔逊江班组积极弘扬劳动精神、劳模精神和工匠精神，启动"工匠先'蜂'"培育机制，积极开展"党建＋创新"工作，建立"努尔苏坦·尔四格创新工作室"，实施高级职称人员"1 带 2"（即分局高级职称

人员必须带 2 名徒弟）和工匠人才激励机制，结对师徒 7 对，选树工匠 3 名，6 人通过职业技能考试，人才增长率达 50%，"路肩边坡坯料机""公路桥面液体融雪剂喷洒装置"等 9 项"五小发明"成果实现节能降耗和安全生产创新管理，并荣获自治区总工会"五小发明"奖励，为夯实高质量发展人才支撑提供平台。

4.坚持融合创新，服务中心大局，提升公路服务发展的广度

吐尔逊江班组注重提升公路服务，创新公路服务延伸拓展"公路 +"管理，将公路应急、公路救助纳入公路服务内涵之中；创新实施"党小组 + 保畅攻坚功能"模式，党员先锋奋战节假日，搏击风流雪、鏖战积雪雪崩、清除涎流冰、迎战泥石流；创新实施"公路 + 绿色养护"管理模式，聚焦满足人民美好出行需求，清除大量的公路垃圾……为绿色通行倾尽全力，为绿水青山做好保洁；创新实施"公路 + 尊重生命行动"，组建

"红色蜂巢志愿服务队"，演绎着独库公路上救助生命的义举，风雪中护送牧民孩子们上学的"一路送学行"爱心护送活动，帮扶孤寡老人的"公（路）心关怀行"的爱心捐助活动……切实扛起天山公路人的社会担当。

"吐尔逊江班组"涌现出"开发建设新疆奖章"、2024年"全国五一劳动奖章"获得者吐尔逊江·吐拉洪，在自治区交通运输厅、自治区总工会联合举办的"丝路交通杯"主题劳动和技能竞赛中，涌现出创新创效能手努尔苏坦·尔四格、公路养护赛"优胜选手"许鹏虎，自治区交通运输厅"优秀工会干部"张月玲。在2024年全国引领性、自治区示范性"聚焦总目标　当好主人翁　建功新时代　奋斗强交通"主题劳动和技能竞赛中获先进单位。并多次获伊犁哈萨克自治州党委、尼勒克县委"先进基层党组织"等荣誉。

（稿件由伊犁公路管理局武建霞提供）

刘浩：三效、五心、六理念，打造一流团队

刘浩，获全国技术能手、三秦工匠、陕西省劳动模范、陕西省十大杰出工人等荣誉，国务院政府特殊津贴获得者。西安航天化学动力有限公司五车间刘浩班组，被授予"全国安康杯劳动竞赛优胜班组""全国质量信得过班组""全国安全生产示范岗"中央企业"青年文明号"陕西省"青年安全生产示范岗""陕西省工人先锋号""陕西省劳模示范岗""陕西省示范性劳模和工匠人才创新工作室"等殊荣，首批中国航天科技集团公司"六好班组""航天金牌班组"。

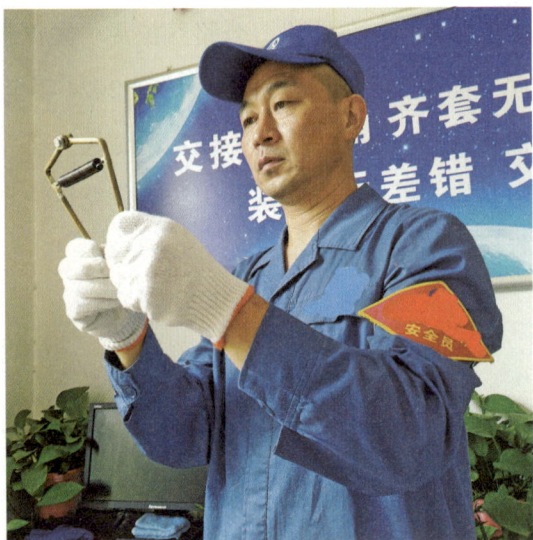

1. "三效"桥梁管理，打好班组基础

一是有效沟通。沟通体现在两个方面，一方面是班组与车间和其他相关处室的沟通。班组及时将车间的管理思路和精神准确地传达到组里，合理安排好工作的轻重缓急，协调好与其他各部门的生产工作关系；班组长

和带班长主动采取各种形式与设计单位、军代表沟通交流，正确领会技术条件和用户关注重点，确保总装过程不出差错。另一方面是班组内员工之间的沟通。班组经常组织一些有利于员工交流的活动，如班组民主生活会、节假日座谈会、宿舍谈心等，提高员工的归属感，确保班组员工思想一致，保证各项管理制度正确执行。

二是有效激励。采取按劳分配，奖优罚劣的双赢策略。提一个合理化建议奖励50元，自己动手加工一个小工装，提高了工效奖励100元，准备工作没有做好罚50元，生产现场的地面上发现一个多余物罚10元等等，钱虽不多，却体现了对工作成绩的肯定及对工作失误的警醒。同时，奖惩的办法不仅停留在物质上，在思想方面也同步进行，对好的做法和创新进行公开表扬，对错误的做法和思想上的疙瘩进行专人谈心，使员工从根本上认识到自己的不足。另外，在奖惩上做到公平公正公开，勇于接受大家监督。物质和精神的有效激励稳定了员工思想、激发了员工潜力、提高了员工干劲。

三是有效学习。打造学习型班组，是刘浩班组孜孜以求的目标。班组为员工提供了多种学习平台，一是定期组织员工学习安全质量管理手册、职业健康安全管理体系等文件；二是通过案例讲解、现场培训、技能比武等方式提高员工学习积极性；三是组织员工撰写技术论文，参加技能人才论文交流；四是召开班组质量分析会，针对工作中出现的问题进行剖析，提出建议和预防措施，将隐患消灭在萌芽状态；五是成立产品攻关改进小组，解决自毁保护、表观质量等难题。

2."五心"人本管理，营造班组和谐

班组独创"五心"管理法，即班务公开阳光操作，让组员顺心；班务管理人人参与，让组员称心；关心、关爱，让组员舒心；安全质量全程受

控，让组员安心；建设特色文化，激发组员热心，节假日一个亲切的微信问候，促进了组员间的沟通、交流与情感联络。不管大家在哪里，充满关爱与叮咛的一条条微信，勾勒出平日里一张张可亲的笑脸，苦累付出成了共同拼搏的珍贵时光，这就是"刘浩班组"里特有的微信文化。"班组是我家，用心呵护靠大家"已经成为全体组员的共同心声。

3. 建立"六种理念"，打造一流团队

第一，安全质量是基础理念

班组针对青工较多的人员结构情况，组织开展了"三比三无"主题实践活动，在员工中积极提倡"安全1+1"活动，每个班次都有一名安全生产帮扶对象，以亲情化的安全理念管理，通过谈心形式向大家传输正确的安全思想，提高其安全意识。开展安全、质量红线管理，摸索总结出面向生产一线班组质量分析会的七种形式，推进开展"焦点访谈"产品质量活动，不断提高员工的安全质量意识。

第二，技术交流促生产理念

搭建员工技术交流平台，促进班组文化的常态机制管理。积极组织劳动竞赛和技术比武活动，详细划分了四个班次及确立四个班次的带班长，结合实际，开展了各班次竞赛和技术比武活动，为各班次成员搭建起交流、沟通、展示才华的平台。为不断提高员工的专业技能水平，班组开展提高型号生产效率、机器人外防热涂层、减少缩孔率、总装产品一次合格率的QC小组活动等。在生产过程中争当无违章班次，开展规范员工操作细节等活动。

第三，树立典型互帮扶理念

坚持评选"优秀员工"活动，不断提高各班次人员的积极性及感悟性，针对各班次特点，选树示范点。在员工中开展"师带徒""传帮带"

和"结对子"的活动，班组通过规范完善各类规章制度，员工之间进行专业技术、岗位技能帮扶，互定目标，共同提升。班组通过总装、喷漆、铅封等技术大比拼，确定喷漆高手、对接能手、水清理干将、试车英雄、铅封王等组内技能人才代表，确定了员工们学习的榜样。

第四，检查改进"三结合"理念

在班组文化建设实施考核过程中，注意实效，坚持做到"三结合"：将定期考核与不定期检查相结合，将班组安全文化等单项考核与班组建设综合管理工作考核相结合，将班组文化建设与企业双文明建设考核相结合，促进班组文化建设水平不断得到提高。

第五，文化到员工、管理到班组理念

创建《新起点》季刊，浓缩员工智慧，发掘员工潜能，让班组文化贴近每个员工的工作和生活，实现文化理念指导员工行为的目的，有力见证了"金牌"班组成长的过程；班组编写员工誓词，铮铮誓言吹响了"安全质量铸精品，精细操作塑品牌，确保重点型号零缺陷交付"的号角；谱写的总装三组之歌——《团队之光》，激情洋溢地渲染了全体员工的工作热情，真正体现了"文化到员工、管理到班组"这一文化理念，诠释了鹰一样的个人，雁一样的团队。

第六，"三个坚持"提升综合能力理念

从2007—2023年，经过17年的班组建设，班组形成了一套自己特色鲜明的班组文化，那就是"严""和"文化。班组持之以恒做到了三个坚持：一是开展17年的班组主题年活动；二是持续开展17年的百件革新工装设计及制作；三是班组创建的"新起点"季度期刊，已出版58期。

（稿件由刘浩提供）

李恒亮：打造"和谐班组"和"本质安全班组"

李恒亮，1996 年参加工作，获山东省劳动模范、潍坊市首席技师、中国华电集团有限公司"劳动模范"等荣誉称号，2018 年担任华电潍坊发电有限公司锅炉队磨煤机班班长以来，在长期实践中总结形成了一套先进班组管理理念和"121"工作法，即以"提升机组设备健康水平"为一个中心，以"打造和谐班组"和"本质安全班组"为两个保障，以"QC 攻关小组"作为一个引领，铸就了磨煤机班组文化之魂，使班组获中国华电集团"五型标杆班组"、中国华电集团"工人先锋号"、山东省"创新型班组"等荣誉称号。

1. 提升设备机组健康水平

近几年因班组人员年龄断层，专业整体技术水平下滑和制粉系统的跑冒滴漏问题频繁，造成职工设备检修维护积极性不足，导致设备健康水平直线下降，李恒亮积极采取措施，保障设备机组健康水平提升。

（1）"传帮带"助力青工成长

李恒亮大力推行"创建学习型组织，争做知识型职工"活动，充分利用好每周一次的培训机会，逐渐摸索出一条卓有成效的班组培训方法，即"没有检修学书本理论，遇到检修进现场实操"模式，把理论知识学习和实物培训相结合，提高了培训效果。同时，坚持"师徒合同"制度，以"单兵教练"的方式传帮带，为青年职工量身定制岗位成才"专属"培训计划。

班组的青年职工小辛，很少能静下心来学习书本理论，反而更喜欢去现场看师傅干活，但这样学知识总是太零散。李恒亮作为他的师傅，发现小辛这个特点之后，便常在工作之余带他去现场，系统性地为他讲解相关知识，帮助他搭建专业知识体系。有了"专属"培训，小辛的专业知识水平提高很快，目前他已熟练掌握所辖设备的原理、构造，能够独立完成传动部件检修，初步具备技术员资格水平。

（2）让每个人都是领军人物

在检修期间，李恒亮通过观察发现，赵师傅负责的设备总是焊接工作完成最出色，但在筒体衬板更换时，都会出点"小毛病"，而高师傅恰恰相反，他负责的设备衬板工作完成又快又好。

于是李恒亮决定大胆创新，打破以磨煤机设备为检修单元的分工模式，转换为更加细化的专业分工，将现有的检修工作分为几个专业技术项目，通过自我报名和评选相结合的方法，因人制宜，确定每个项目的领军人物。且在日常工作中，哪个专业项目有任务，领军人物都要参与，干自己擅长的工作，效率和质量都有所提高。

该工作模式实施后，班组检修工作效率大幅提升，设备缺陷率下降37%，跑冒滴漏现象明显改善，极大程度地保障了设备的安全稳定运行。

2. 打造"和谐班组"和"本质安全班组"

"和谐"和"安全"是班组工作正常运转的两个重要保证，李恒亮通过开展和谐班组、安全班组建设相关活动，增强班组凝聚力，保障班组生产安全。

（1）班组是"战壕"也是"小家"

班组不仅是大家同学习、同劳动、同收获的"战壕"，还是同吃、同住、同生活的"小家"。这一直以来都是李恒亮对于班组的定位。有一年春节，班组工作任务重，大年三十晚上还有师傅工作在生产一线，李恒亮去食堂领了些面粉和韭菜到班上，跟班里的师傅们包了一顿热气腾腾的饺子，一起过了一个别有风味的"团圆年"。

在李恒亮的影响下，班组人员真诚相待，有人家中有事、生病，都会伸出热情的手相助，大家不仅是同一个"战壕"的"战友"，更是同一个"小家"的"家人"，在这里，每个班组成员都能找到幸福感、获得感和归属感。

（2）安全是不可逾越的"红线"

安全生产是红线、是底线、是生命线，这是李恒亮在管理班组日常工作开展时始终坚持的原则。他提炼探索出"五到位"安全自主管理办法，即班前工作安排到位，设备隐患排查到位，安全措施执行到位，日常巡检检查到位，班后工作总结到位。

一次，班里师傅准备攀爬脚手架进行设备检查，为了图省事没有佩戴安全带，李恒亮发现后严厉制止了他："你这是违章行为！安全措施没有执行到位怎么能开展工作！"自知理亏的师傅在李恒亮的监督下立即进行了整改。在当日班后总结会中，李恒亮更是严肃通报了该师傅的违章行为，提醒大家引以为戒，杜绝安全工作执行"偷工减料"。

在"五到位"管理办法下，磨煤机班生产期间，未发生一起安全事故，未造成一起安全事故隐患，获得华电山东公司"本安班组"称号。

3. 以 QC 攻关小组引领

李恒亮以 QC 活动为契机，积极开展创新创效工作，形成了一套行之有效的"发现问题、深入分析、创新优化"的技术创新模式。首次攻克了行业中机位内处理双极动叶可调式轴流风机"动叶漂移"的难题，节省电力成本 400 万余元。多项 QC 成果分别获得中国质量协会 QC 发布一等奖、中电联电力创新一等奖、电力行业质量管理小组交流活动一等奖、中国职工技术协会"特等成果"、全国中央企业"专业级成果"等殊荣。

在 QC 小组的带动下，每个班组成员都熟悉了 QC 活动的方式方法，在各自熟悉的领域开展小发明、小创造。近年来，"五小"活动不仅解决了许多生产当中的实际问题，还成功申报多项国家专利，被中国设备管理协会评选为"创新班组"。

（稿件由华电潍坊发电有限公司李恒亮、商宜婧提供）

杨成：聚焦责任担当、创新创效、梯队培养、技术攻关

杨成，现任上海德福伦新材料科技有限公司机保小组组长。2019 年，以他名字命名的"杨成机电设备技师创新工作室"被上海市总工会授予"上海市技师创新工作室"称号。2021 年，以他名字命名的"杨成劳模创新工作室"又被上海市总工会授予"上海市劳模创新工作室"称号。杨成被授予"中国纺织大工匠""上海市劳动模范""上海市首席技师""上海市技术能手"等称号。

上海德福伦新材料科技有限公司素有"上海科技小巨人"之美称。近年来，杨成带领机保小组，主动融入公司发展战略，不断细化班组管理，总结出"四聚焦"班组管理法，用班组"小细胞"激发企业"大活力"，在班组建设上取得了显著成绩。

1. 聚焦责任担当

杨成认为，要想管理好小组，必须调动全体组员的积极性。组长要想让组员信服，就必须来"真功夫"。因此，大到企业蒸汽管道改造，小到日常的点巡检、现场紧急工作处理，杨成自我要求是"带头干"。

近年来，杨成住在公司，公司生产设备一旦出现维修难题，只要一个电话，他就会迅速赶到生产现场，第一时间对设备故障进行处理解决。一年冬天，公司锅炉蒸汽管道在凌晨 1 点突发蒸汽泄漏，蒸汽压力始终达不

到生产标准，生产被迫停了下来。几个值班的维修工人因不会电焊手足无措，杨成接到电话飞速赶到现场，问明情况拿起焊枪一个人爬上了蒸汽管道，在深夜凛冽的寒风中开始进行点焊，经过 3 个多小时的连续焊接，终于使生产得以恢复正常。这样的紧急维修任务，有时一个故障几十分钟就能修复，有时可能需要从深夜一直忙到第二天中午甚至更晚才能修复。10多年间，杨成以厂为家、枕戈待旦，公司有紧急生产和急难险重的工作，杨成总是带头冲在最前面。组长杨成以责任担当做表率，让机保小组组员们"心服"，组员们都愿意跟着杨成干。

2. 聚焦创新创效

2003 年，上海德福伦公司从浦东杨思镇搬迁至金山枫泾工业园区，设备因搬迁和使用年限带来的维修问题，近年来日渐突显。针对设备管理难度大和检修工作量猛增的情况，杨成带领小组成员创新工作思路，按照"五定"（即定点、定时、定量、定人、定岗）工作方法，注重从润滑、紧固、冷却、清洁等细小环节抓起，对设备进行精细化维护保养，认真检查，及时整改，严禁设备带"病"运转。"五定"工作法的实施，检修工作节奏、检修效率和检修质量都得到稳步提升，设备整体故障率连年下降，2023 年设备完好率达到 99%，4 小时非计划停车出现率为 0，机保小组有效提高了公司设备运行质量和开机率。

3. 聚焦梯队培养

近年来，随着一批老员工的陆续到龄退休，机保小组各岗位技能人才和关键岗位人员培养出现瓶颈和断层，尽管公司通过开展技能晋升通道建设取得了一定的效果，但未能彻底解决人才梯队问题。为加快人才培养，

上海德福伦公司在上海市总工会的支持下，以机保小组组长杨成的名字命名，成立了"杨成劳模创新工作室"和"杨成机电设备技师创新工作室"。杨成作为生产难题项目攻关带头人，聚焦小组技能人才培养，将工作室打造成小组组员技能提升的"练兵场"，开展"师徒结对"，使得一批小改革、小创造、小发明和维修难点课题攻关项目实现突破，在培养组员专业专注、匠人匠心的过程中，营造并实现了"要我学习"向"我要学习"的学习方式和认识的转变，为公司可持续发展培养了一支技术力量。

4. 聚焦技术攻关

2019年上半年，杨成和小组组员在日常巡检工作中发现前纺1号线真空吸料系统易堵塞和打包空压机意外停机现象较多，这一现象引起了组员们的关注。为了保证生产的连续性，降低职工作业强度，杨成带领小组组员查找问题根源、分析原因、制定措施，寻找节能降耗的途径，组员们集思广益，一起研讨交流，最终采取将1号线真空吸料系统加装旋风分离器，解决消声器堵塞、罗茨风机卡死的难题；对打包机清洁专用空压动力装置实施改造，管网压力波动明显降低，空压房内空压机空载率和空压房月均用电量明显降低，空压机不再意外停机。近年来，机保小组主动发现并推动的设备改造和革新项目有 50 多个，均取得了较大成功，为公司节约成本上千万元，生产效率提高 20% 以上。特别是杨成带领班组成员提出实施纯水水膜清洗办法、烘箱技术改造及余热回收利用、4 号线十八辊蒸汽系统改造的研究等技术攻关课题，以课题项目把组员们的创新精神聚起来，当这些项目获得上海市职工合理化建议项目创新奖后，机保小组组员们都开心地笑了，班组的凝聚力更强了。

"在设备维保、技术攻关的道路上，我们挥洒汗水，共克技术难关。征程万里风正劲，重任千钧唯担当，我们要进一步锐意进取、奋勇前进，为企业和行业的高质量发展做出新的贡献，"这是杨成带领机保小组全体组员发出的誓言。

（稿件由上海德福伦新材料科技有限公司提供）

杨玉山：做好服务，带好团队，保障供电

杨玉山，国网瑞金市供电公司沙洲坝供电所所长，江西省劳动模范。在多年的工作实践中，他总结出"抓日常工作管控、网格服务主人制、质效评价数字化、思想聚心提素质"的班组建设思路，成为赣南革命老区的排头兵，带领班组先后获得国网江西省电力公司"先进班组"、国网公司"五星级供电所"、江西省"模范职工小家"、赣州市"工人先锋号""中国最美供电所"等荣誉称号。

1. 奋勇争先做好服务

走进国网瑞金市供电公司沙洲坝供电所，迎面而来的是"红井水"文化长廊和"红井"模型，工作之余，所里的员工都会来看看长廊里的先辈事迹，回忆使命初心。

"我们班组有 19 个人，有一个特点在全国都没有，那就是我们班组的人员全部是红二代，听爷爷讲红色革命故事长大的。"员工小刘自豪地说。

国网瑞金市供电公司沙洲坝供电所就在"红井"旧址旁。为了更好地传承红色基因、赓续红色血脉，2021 年，杨玉山利用驻地丰富的红色资源，建设了一个长达 30 米的文化长廊，每个展板讲述一个苏区革命故事，常常在"红井"旁组织班前、班后会，同时汇编了《先辈的旗帜——我们的红色家谱》书籍，开展"革命故事人人讲"活动，让红色基因流淌在每个人的心中，激励他们走好新时代的长征路。

在红色基因的引领下，杨玉山班组的员工始终以饱满的精神状态和使不完的劲，圆满地完成辖区电力供应工作。

作为"兵头"，杨玉山牢记先辈奋勇精神，时刻走在前，干在先，用实际行动带领整个团队砥砺前进。在"两改一同价"农网改造中，改造线路及测量要钻荆棘、过水塘，当同事说绕过去时，他却毫不犹豫跳进水塘、钻过荆棘，克服一切困难。后经省公司农网改造专家组验收，图实相符，架空线测量数据几乎无误差，绝对在标准控制内，当连验收人员都惊讶数值的准确性时，他拿出了一张张纯手绘的电网线路图，指着那一个个标记点，拍着胸脯说："每一根电杆都摸过。"

2. 推行网格化主人制

"谢谢你们！这么快就安装好了排灌用电，为这片农田灌溉送来了'及时电'！"在沙洲坝镇金星村水口小组排灌站现场，村书记胡爱民感激地说道。这样的高效，缘自杨玉山创新推行的工作方法。

在日常工作中，杨玉山深化网格服务主人制体系建设，推动沙洲坝供电所按照"专业互促、优势互补、合作互助"的原则，建立以 10kV 和 0.4kV 线路为网、低压配电变台及用户网点的服务网格，并将服务网格全面嵌入属地政府社区、行政村网格，推动供电所网格化服务精准高效融入政府网格，实现客户诉求在网格中响应、用电问题在网格中化解、服务质效在网格中提升、电力担当在网格中彰显。每个网格配备 2 名及以上网格员，履行"客户、设备、数据、建设"四位一体的"主人"职责，简称"四主人制"，通过做好多方位客户服务、专业流程确保设备管理、以数据管理推广数字化及开展线上化作业、统筹做好项目建设管理，实现"边界清晰、责任明确"网格化班组管理，为覆盖范围内的 2.56 万户提供了高质量用电服务。

3. 传帮带搭建好团队

"一毕业就来到了沙洲坝供电所，工作、生活……很多都跟学习时的理论不同，幸亏杨所长的亲切指导，让我早早就安下心来，踏踏实实做事，认认真真学本领！"20 出头的新员工宁亮说道。

"一花独放不是春，百花齐放春满园，"杨玉山始终牢记作为一名共产党员的根本，要服务好用电客户，首先要服务好员工，提升班组员工供电服务技能，大力推动师带徒"传、帮、带"学习，将自己多年的知识和经验积累倾囊相授。近年来，他以"劳模创新工作室"为领衔，实训教育基地为平台，以供电所班组实用知识和技能为重点，本着"干什么学什么，缺什么补什么"，学以致用的原则，坚持"技能实训 + 微讲堂交流"，教导员工要具备系统化思维，细致认真开展具体工作。他还利用双休日为班组成员及公司员工培训"应知应会、核心能力认证和技能实操"30 多期，经他指点和帮教的有超过百名农电工取得技师职称。

劳模创新工作室是技术成果和人才的"孵化器"。杨玉山牵头组建班组创新创效攻关团队，致力于解决生产、营销、经营管理实践中的技术难题，提出创新创效建议方案，被公司采纳并获得奖励的就多达13项。"电杆二次运输装置的研制与运用"获江西省电力公司创新创效立项，2022年获评赣州市实用"五小"发明"先进操作法""解决无信号区域远程用电采集"项目获得江西省电力公司创新创效三等奖，并获得2023年江西省职工"五小"活动优秀成果三等奖。

近年来，劳模创新工作室把创新活动与职工素质提升活动紧密结合，培养和促进青年职工成长成才。充分发挥劳模在提升员工技能素质和创新创优方面的辐射作用，工作室成员有1人评为省劳模，1人评为赣州市劳模，有2人选拔为公司领导，多人成为公司各部门负责人或业务骨干。

（稿件由杨玉山提供）

杨金朋：深耕焊接一线，发挥"劳模工匠"引领效应

　　杨金朋，现任中国运载火箭技术研究院泰安航天特种车有限公司车架车身车间焊接车架二班班长，是深耕焊接一线的产业工人代表，山东省、泰安市第十二次党代会代表，齐鲁工匠、齐鲁首席技师，中国航天科技集团航天技术能手、劳动模范，齐鲁工匠创新工作室领衔人。杨金朋带领班组先后荣获"山东省质量信得过班组"、"山东省青年安全生产示范岗"、"中国航天工业质量信得过班组"、中国航天科技集团"六好班组"、中国运载火箭技术研究院"长征班组"等称号。杨金朋带领平均年龄只有 36

岁的 12 名组员，肩负重任，制作的多型特种车多次参加国家重大阅兵任务及型号发射任务，为载人航天、国防建设等国家重特大工程的实施做出了突出贡献。杨金朋作为班组带头人，始终坚持基础管理、安全质量、成本控制、攻关创新、任务完成及团队建设"六好班组"的工作方法，总结形成了多个班组特色管理方法，成效显著。

1. 以制度夯实班组基础管理

"火车跑得快，全靠车头带。"杨金朋在班组中推行"五大员"管理制度，制度内容涵盖员工考核、质量、安全、任务、成本、民主交流、培训等，明确分工，责任到人，借助科学化、信息化、集成化手段，从任务管理、设施管理、安全管理、创新管理等方面，实行全面系统把控，并辅之以奖惩、激励措施，建立起完善的基础管理工作。同时，杨金朋持续完善班组管理绩效考核制度，以绩效考核推进班组和谐竞争，充分激发和调动班组成员的积极性及主动性。

在班组工作中，杨金朋注重发挥工匠劳模引领示范作用，在班组中开展思想政治、航天文化、企业文化、操作技能等各项教育培训和学习活动，提升班组成员的个人管理水平与工作能力，鼓励党员同志做"有困难党员先上"的先锋力量，鼓励群众组员向党员学习，主动作为，变"要我做"为"我要做"，在班组内形成了"敢打硬仗、能打胜仗"的文化氛围。

2. 安全管理"五字诀"

杨金朋带领班组坚持"安全第一"的核心价值观，把安全生产作为班组的"生命线"，在安全生产的探索与实践中形成了班组安全管理"五字诀"，即：一"备"，是指安全准备，做好班组成员的安全技能、安全意识等方面的培训，作业前的安全提醒，对作业相互关系、作业现场环境和设备设施确认、劳动防护用品穿戴是否符合要求等安全准备及确认工作；二"查"，是指安全检查，是监督检查安全的手段，分为班前检查、班中巡查、班后检查；三"记"，是指安全记录，完善班组台账、安全培训记录、安全检查记录、应急演练记录等，便于分析处理，积累经验，掌握安全生产规律及安全措施的有效性；四"改"，是指安全整改，对检查中发现的各类安全隐患做到及时整改；五"严"，是指严格管理，对发现的隐患和违章行为严肃对待，严格按照要求整改，严格落实完成整改情况，严格制止不安全行为，做到奖罚分明。

焊接车架二班通过推行和运用安全管理"五字诀"，班组安全管理水平得到有效提升，班组 2012 年成立至今，实现连续安全生产超 4200 天，被认定为"山东省青年安全生产示范岗"。

3. "三四五"质量管理法

杨金朋带领班组坚持推行"零缺陷""一次把事情做对"的工作理念，对完成车型中出现的常见问题和典型问题进行汇总形成案例集，在生产实践中探索形成了焊接车架二班"三四五"质量管理法，即"三按""四防""五巩固"。"三按"是指严格执行"三按生产""三检制度"和"三不放过"原则，是班组保证一次把事情做对的基础；"四防"是防思想麻痹、防有章不循、防重复发生、防无据可查，是班组提升技术水平的手段；"五巩固"是指班组不断巩固完善制度、技能、流程、过程控制、经验成果，是保障班组能力、质量管理不断提升的有效方法。

班长杨金朋组织组员开展质量警示录、质量管理等学习培训活动，提升组员的质量意识，开展 QC 质量公关、质量劳动竞赛等活动，严格班组质量管控措施。2022 年，焊接车架二班被授予"山东省信得过班组"称号。

4. 发挥好"劳模工匠"引领效应

杨金朋带领焊接车架二班以"齐鲁工匠"创新工作室为创新平台，鼓励组员创新创效，在技术研发和创新上取得显著成绩。设计制作的整体定位工装实现了定位焊接、夹紧及位置度检测功能，成功地解决了工装支撑定位精度及焊后变形量大的生产难题，保证了工装接口位置度的一致性，有效提高了产品一次交检合格率，为该车型的后续量产打下了良好的基础；设计制作的可调式卡兰、杠杆式卡兰等通用工装，彻底解决了焊接过程中尺寸精度不受控的难题；自制车架由年产200台提升至483台。

5年来，杨金朋带领组员先后优化改进生产工艺150多项，提报各级创新成果70余项，多项创新成果在公司内被推广应用，取得了良好的经济效益和社会效益。

（稿件由泰安航天特种有限公司杨金朋，山东省国防机械电子工会委员会尹向群提供）

何玉宝：推行"六提升"班组建设，实现矿井"一通三防"长治久安

何玉宝，开滦股份范各庄矿通风区通风队测风班组长，2007 年获全国"五一劳动奖章"，2014 年获得 4 项国家实用新型专利，2022 年何玉宝获得第八批煤炭行业技能大师称号，他所在的班组获范矿公司 2023 年第 2 季度"优秀班组"。何玉宝自 2020 年担任测风班组长以来，有力推行"六提升"班组建设，保持并连续实现矿井"一通三防"长治久安。

1. 提升政治引领

一是主观上围绕工作，上下一致。二是客观上根据实际，锁定目标。三是措施上优中选优，安全高效。四是思想上克服畏难情绪，坚定目标。五是站位高远，大局为重。六是瞄准方向，锚定前行。七是觉悟要高，政治坚定。比如 2023 年 12 月，何玉宝班组的两名负责生产区域通风系统和瓦斯检查的工友因为家中父母得病需要照顾，和工作产生冲突。何玉宝及时和他们进行谈心、沟通，同时协调班次、分担一部分工作，让两名工友工作和照顾长辈两不误。

2. 提升技能升级

一是线下课堂面授，传道授业。二是线上交流切磋，答疑解惑。三是

横向对外交流，学习借鉴。四是纵向现场对标，对号入座。五是进行技术比武，检验所学。六是进行岗位描述，手指口述。七是进行现场实训，安全确认。八是进行导师带徒，共同进步。比如何玉宝从井下通风系统、通风设施、瓦斯检查和治理、配风、调风等都做出翔实的讲解和交流。何玉宝所带的徒弟中有 5 人晋升瓦斯检查工高级技师，有 7 人晋升瓦斯检查工技师，有 3 人在集团公司技能大赛中获得前 10 名，有 12 人晋升瓦斯检查工高级工。

3. 提升安全系数

一是熟悉现场，心中有数。二是深入现场，盯在重点。三是勤查细验，明察秋毫。四是掌握变化，做出调整。五是风险识别，防患未然。六是隐患排查，积极整改。比如范矿公司井下的 3X51、3X21 采煤工作面预计瓦斯浓度较大，除了安排专职瓦斯检查工进行专盯和加强检查，通过调整通风设施加大风量。在风排瓦斯的基础上，何玉宝采用"风＋抽"的方法，即安设井下移动瓦斯抽放泵站对这两个工作面进行大功率（200m/min）瓦斯抽放。2551N、2525NS 采煤工作面在回采过程中出现一氧化碳显现的情况，何玉宝采用"调压法"控制采空区的一氧化碳浓度。以上方法得到实施后，消除了安全隐患，提升了安全系数。

4. 提升创新创效

一是勘查现场，掌握资料。二是提出整改，优化方案。三是进行对比，优劣分析。四是准备材料，储备物资。五是组织人力，进行实践。六是效果检验，总结经验。七是进行创新创造联盟，交流心得体会。比如 2023 年 7 月，范矿公司井下的 3591S 风道进入掘进阶段。面临的困境是只有 2500 回风石门一个回风通路，而且它的回风能力有限。何玉宝采用了"比翼齐飞双回风通路"方法。即拆掉 2500 回风石门 9S 南川的两道风门，在 2591 上山 9S 南回风川交界点以下构建两道永久风门，形成双回风通路之势，有效缓解了回风压力，保证了掘进工作面正常开工。

5. 提升应变处置

一是外出学习，掌握技能。二是选择部位，具体应用。三是进行预判，可行论证。四是模拟演练，反复纠偏。五是组织实施，优劣评判。六是根据实际，是否改进。七是信息反馈，注入内容。比如范矿公司井下 2431 上山下部的永久调节挡风墙的调节窗口原来是固定的调节口，当 3451 采面、3475 回风绕道掘进工作面往大增加风量时需要人工去拆调节口，费时费力。何玉宝采用"智能百叶窗"调控法，即采用大口径的智能调节百叶窗后，就可以在井上进行所需风量的调节。还比如何玉宝采用"智能风机调风"法对井下 3223 风道掘进工作面局部通风机的主、副风机采用 2×45 千瓦时智能风机，即根据瓦斯浓度和所需风量进行掘进工作面的风量调节，比原来只有单、双机风量调节有效多了。

6. 提升化解能力

一是列举问题清单，纵横到边。二是查缺补漏，力求全面。三是风险隐患，对应处理。四是现场摸排，勘察查验。五是应对处置，针对性强。六是落实兑现，检验效果。比如针对 3521S 采面风道绕道既要供人通行，又要切断风流，更为关键的是还要单轨吊自如运输。何玉宝采用"电风联动单轨吊气动风门法"，实现了上述要求。3593—3595 上山上部小川由于工程安排，需要在此小川构建永久挡风墙。由于预计巷道压力较大，对挡风墙会造成损坏，何玉宝采用"夹层泡沫砖法"。即在挡风墙的中部采用泡沫砖进行夹层，很大程度地减少了巷道压力对永久挡风墙的损坏。

（稿件由何玉宝提供）

张华：构建管理严、风气正、技术硬、责任强的和谐班组

张华，先后获得"国务院政府特殊津贴""上海工匠""中国石化名匠"等荣誉称号，1993 年开始担任中国石化上海高桥石油化工有限公司 #2 催化裂化装置的班长。

1. 班组长的品德

俗话说："火车跑得快，全靠车头带，"班组长高尚的品德是管理班组的基石。班组长要做到心不邪，眼不瞎，耳不偏；要顾全大局，团结协作；要恪尽职守，敢管善管；要有爱岗敬业，极端负责的精神；要不断提高自身的素质，树立自己的威信，做到堂堂正正做人，光明磊落处事。班组长要发挥"将"的作用，做到身先士卒、以身作则。通过注意平常的一些小事，在组员中树立良好的个人形象，有困难时要挺身而出，有生产任务时要以身作则。班组长以自己的行动来影响、感化自己组内的人员，使自己能够被尊重、被接受、被认可。这样班组就形成了以班组长为核心的会集点，班组长有了强大的号召力。

拿张华的话讲就是，班长在班组中做到"三个必到"：一是最危险的时候他必到，比如发生危险介质泄漏时，张华必定冲在最前面，直面危险、排除安全隐患；二是活最重的时候他必到，比如开停工切换汽封时需要开关大量阀门时，他肯定带头啃硬骨头，个人全程开关阀门100余道；三是活最脏的时候他必到，例如装置停工检修期间工人需要清洗大型机组润滑油箱时，他身先士卒揉面粉、钻油箱、清油腻。

2. 班组长的过硬技能

俗话说"技术是硬道理"，班组长如果拥有过硬的技能，那么他在生产装置发生异常工况和事故时能临危不惧，让生产装置转危为安，所以班长在技术技能上必须成为班组的主心骨。张华经常说："操作工是养兵千日用兵一时的职业，当装置发生异常工况和事故时，你若能力挽狂澜、转危为安，那么你的技能就达到天花板了。"例如，他的班组中发生油浆泵预热线被磨穿的异常工况，350℃的高温油浆从泄漏点喷出，大概率会自燃发生火灾事故，高超的职业素养造就了张华良好的心理素质，他临危不惧、泰然自若、指挥若定，"外操 A 岗用蒸汽保护漏点防止油浆自燃、外操 B 岗切换油浆泵、内操降低处理量……"，一条条操作指令有条不紊地从他口中发出，一场火灾事故被消灭在萌芽状态中，高温油浆泄漏风险被处置完成后，班组成员们看张华的眼神里充满了敬佩与感激。

3. 班组长的管理模式

严格管理和班组和谐并不冲突，在班组自主管理中张华用"严格 + 真情 + 凝聚力"的管理模式，科学地管理班组。公平公正的自主考核，才能创建出真正意义上的和谐班组。错要罚，好要奖，对于工作表现突出班员班组对他们进行了奖励，对他们的工作业绩给予了肯定，做到奖惩结合。这样在班组内自然而然就形成一种积极向上的良好氛围。

班组成员的地位是平等的，班组长在发布工作指令时要多采取引导的方式，尽量避免强硬的命令式口吻，并注意语调和口气，张华经常用："请帮一下忙，好吗？""你有空吗？"等语言，从而使组员乐于接受并完成生产任务，组员完成工作后给予表扬和安慰，例如："辛苦你了""喝口茶""你休息一会儿"等语言，使组员感受到完成工作后的被认可。班组长尊重班组内每一位组员，班组长也会得到全班组员的尊重和爱戴。这样为顺利开展班组工作奠定了基础。

张华通过组织班组旅游、文体、聚餐等多元化活动，为班组长与组员、组员和组员之间构建了相互沟通的平台，班组成员之间增加了了解，学会了换位思考，从而达到了消除隔阂、解决矛盾、增进友谊目的，为日后的班组创建工作清除了绊脚石，构建了管理严、风气正、技术硬、责任强的和谐班组。

4.班组长的创新

班组长要善于观察与思考，通过"发现问题、分析问题、解决问题"来实现技术及技能创新，做班组技术创新的领头羊。记得有一年全厂大面积停电，造成 #2 催化装置的粗汽油泵停运，继而引发高压串低压飞车事故，虽然没有发生最可怕的人身伤亡及火灾爆炸事故，但是当时情况极其危险。单位通知张华到装置抢险，他看到现场危险的现状，觉得发生过的危险，一定要从技术层面解决，让发生过的事故不再发生。于是张华创新的火花被点燃，他通过离心泵起停运型号着手，结合 DCS 系统编程"粗汽油泵停运防止高压串低压联锁保护程序"，杜绝了此类事故的发生，所以张华的技术创新源自对炼化行业的敬畏。

5.班组长的传帮带

班组长要将班组成员都看成自己的徒弟，不分彼此、不分年龄，悉心带教。师傅向组员传授技能时必须知无不言、言无不尽，必须问一答十，毫无保留地将自己的操作经验传授给组员。当然带教过程需要因人而异，带教切入点不要生搬硬套。例如张华发现班内以为某年轻员工比较懒散，他就主动与该员工聊他感兴趣的游戏，并主动向他学习如何玩游戏，想做到共情共鸣，然后他再主动以教他技术为交换，一步步引导他从不爱学技术到自己主动学习技术，现在他已经成为能独当一面的高级技师了。迄今张华已经带出高级技师 11 人、技师 20 余人，可谓桃李满装置。用他的话讲："我的孩子是我生命的延续；我的徒弟是我技术生命的延续。"

（稿件由张华提供）

陈其亮：铸匠心、干在前、采好油、强管理

陈其亮，先后获得全国五一劳动奖章、中石油集团公司技能专家等荣誉称号。2019 年，新疆油田公司命名"陈其亮班"成立，班组用创新的勇气，想在前、多采油；用铸匠心的骨气，干在前、采好油，总结出班组"七亮"管理法。

1. 亮身份

陈其亮班组的党员事事起模范带头作用，坚持吃苦吃在前，工作做在前，责任担在前。2020 年到 2022 年底，特殊情况下的特殊管理，需要用最少的人封闭在岗位，完成所有的生产任务。班组的党员、骨干在那个特殊时期常说的一句话就是"我留在班组封闭管理，保证完成各项生产任务"，坚定的眼神、平淡的话语，班组 6 名员工完成了百天的岗位坚守，无一人在封闭期间提前回家，用最少的人、采最多的油，出色地完成了各项工作，连续两年获得油田公司示范班组、五型优秀班组称号。

2. 亮内容

"周刚你等会儿，这个取样器先别扔，我看一下，陈其亮看到员工正准备将旧的取样器进行报废处理时说道，你看，这个旧的里面螺丝松动了，我们一起修理下，一会儿你再装上试试。"在油田生产中，陈其亮和

他的班组总在想如何"少花钱、多采油"，切实提升油田现场生产管理水平和降低消耗成本。在陈其亮班组哪位员工有困难，班长都会在第一时间想办法帮助班员解决问题，班组长带领大家脚踏实地，做具体事，干实在事，敢于亮清承诺，坚决践行承诺。

3.亮标准

"停！停！标准要求先断电，你为什么不先断电？这样操作会发生事故的，你会受到伤害的，你知道吗？这样，你休息一会儿，看我给你操作一遍。"原来是陈其亮在巡检时发现一名员工没有按操作标准操作，非常严厉的在批评员工。"站在我身边，看着我操作一次，先用试电笔验电，然后站侧面断电，记住了吗？"陈其亮边说边做，"那你再做一次，我看着，直到合格为止。"陈其亮再次要求道，并看着员工做到合格。在陈其亮班组员工执行标准操作是落实安全的准则，"高高兴兴来上班、平平安安回家去"更是陈其亮对班员最大的希望和祝福。班组连续 14 年安全生产无事故。

4. 亮职责

"看，这个月我的考核分又加分了，因为上次巡检我发现设备隐患及时上报，班组也及时对我的行为进行了奖励。"员工张宏高兴地对班组员工说道。"为了进一步夯实工作责任，陈其亮班组细化岗位职责，明确分工，实行"日积分、周汇总、月评选"制度及双向激励考核机制，干与不干、干好干坏、干多干少"三个不一样"切实打破绩效考核"大锅饭"，员工工作方向明确，极大地提高了员工的主人翁意识和工作自主性。2020年班组荣获油田公司"自主化班组"称号。

5. 亮实绩

2022 年初春的一个晨会上，班长陈其亮按照作业区规定，对大家下达了没证今年必须考过的通知。陈其亮知道石建利多次考证未通过，对此有点犯怵，于是会后专门叫住他，鼓励他现在学来得及，并安排副班长沙桂玲工作之余对他进行一对一辅导，不论是理论知识，还是实际操作，沙桂玲带着石建利每天学习一小时，风雨无阻，班长陈其亮还不时对他进行指导，考查他的学习成果，最终在厂里举行的抽考中，石建利获得了优异的成绩，并顺利通过。班组技师、高级技师达到 6 人。

6. 亮新招

在陈其亮班组流行着这样一句话，"创新无大小、管用是个宝"。"真倒霉，你们看我身上，刚才去井上换盘根。盘根盒压芯坏了，我去换盘根泚了我一身油，费时又费力，还耽误了产量，各位大拿，有没有好办法啊。"更换一个盘根盒压芯，需要专业作业队配合进行更换，更换时间长不说，还延误生产时效，耽误产量。听到了员工的诉求，陈其亮带领班组成员通过认真研究、反复试验，将整圆分成半圆、两边加上螺丝固定的方法，研制出了新型的"盘根盒压芯"，更换时间由 45 分钟缩短到 10 分钟，班组员工可以自行更换，而这一个新压芯的加工费用仅有 150 元，为企业年节约费用上万元。

7. 亮团结

陈其亮是"冷脸"的严师，但也是暖心的家长。"生日快乐！"白合提尔先是一愣，而后瞬间红了眼眶，陈其亮微笑着对他说："我今天下班早，想到是你的生日，就让食堂给你做了拌面，你是寿星，应该吃长寿面。"这时，班员把买好的生日礼物放到他面前，齐声对他说："生日快乐"。白合提尔热泪盈眶，不住地对大家点头说谢谢。现在的白合提尔工作认真负责，在岗位上早已能独当一面。回想起过去，他说："陈其亮是班长，但更像哥哥，他就是我的家人。这个班，就是我的家！"陈其亮班组是个家、我在班组等大家！

（稿件由陈其亮提供）

周耀斌："五点"班组管理法，形成了
具有自身特点的班组管理实践

上海市质量监督检验技术研究院周耀斌创新工作室班组主要专注生命健康和生物医药产业的检测及检测方法研究，工作室领衔人周耀斌，获全国技术能手、全国科普工作先进工作者、上海工匠、上海市五一劳动奖章等荣誉，享受国务院政府特殊津贴。近年来，工作室获省部级科技进步奖5项、上海市标准化成果奖等学术奖项，获"中国长三角地区劳模工匠创新工作室""上海市技能大师工作室""上海市职业教育技能大师工作室"等称号，班组秉承"创新、创造、创效"的核心理念，坚持"深入、跨前、持久服务"的方针，形成了具有自身特点的班组管理实践。

1. 建机制

建立人才培养机制、人才培养保障机制和人才成长激励机制，根据工作室的特点从履职履责和服务企业2个层面培育有使命感、责任感与奋斗精神的新时代检验员，在工作室班组层面通过"走出去、请进来"方式，和市级、国家级大师工作室建立交流机制，促进工作室成员管理水平和技能提升；和每个工作室成员签订协议、师徒帮带、名师带徒、参加各类技能竞赛、现场教学帮带等工作机制，促进了班组成员的自主学习、自主提升、自主成长和班组的良性发展。

通过机制建立，工作室累计为单位输送中层管理干部10人，培养出教授级高级工程师 2 人、高级工程师 9 人、工程师多人；培养高级技师 2 人、技师 1 人；培养"上海工匠""质检工匠""质检青年工匠"共计 6 人，探索出了一条建设管理干部"蓄水池"、工匠人才"孵化器"之路。

2. 搭平台

工作室成员积极参与职业道德实践活动，加强政治思想学习，提高理论水平。注重政治思想理论学习，以"树行业新风""行工匠精神"为岗位思想理论学习目标，以班组集中学习、现场实践、考核比武等多种学习形式为载体，以创建红旗文明岗、文明班组建设为抓手，有力促进了工作室各项工作的全面开展。

在技能提升方面，工作室安排员工参加各类仪器培训全面提升技术骨干在攻关及科研项目中的参与度与主导地位，加强对外交流与合作，积极参加国内外能力验证、实验室间比对、盲样考核，工作室团队多次组织实施职工技能大比武，参加第三届"匠心传承杯"药学（中药）职业技能大赛，以赛促学，带教的成员均在比赛中斩获奖项，工作室团队先后取得国家授权专利 5 项，工作室成员在国内外核心期刊上发表论文 100 多篇，其中有的影响因子达到了 8.8。

3. 攻关创新

某中药企业最初需求是"提高假药辨别力"。通过深入调研发现，该企业主要受限于现有技术手段，无法辨别"龙骨"假药。为此，工作室联合上海化工研究院稳定同位素研究所、中国科学院上海质谱中心、外资技术中心等机构同行，聚力问题攻坚，最终通过综合运用红外光谱、电镜扫描并结合稳定同位素技术、多学科交叉、统计建模等技术手段帮助该企业

解决了辨药难题。

上海奥宝卡生物科技公司主要销售的保健产品是辅酶 Q10，其主成分为泛醇，在线上发现许多假冒产品。工作室在帮助该企业开发并建立泛醇内部新检测方法的基础上，对 10 多家假冒产品进行检测并出具报告，确保相关平台关闭、假冒产品及时下架，有力地维护了该企业的利益和消费者的合法权益。

工作室以企业或政府监管需求为导向带领工作室团队主持省部级及市局级科技攻关项目 30 多项，主持的多项攻关项目达到国际先进水平，国内领先或先进水平。主持制定 ISO/NP23772 肉与肉制品中氯霉素含量测定的国际标准；先后主持制定国家标准、行业标准的制订修订工作 20 多项，填补国内标准空白，支撑政府监管。

4. 践行初心使命

近年来，工作室在应对"三聚氰胺""塑化剂""冒牌假奶粉""减肥糖非法添加西药"等食品安全突发事件中，在奥运会、世博会、世游赛等国内外重大活动的食品安全保障工作中，做出了突出的贡献，产生了良好的经济效益和社会效益。

2022年上海疫情防控期间，为落实疫情早发现、早报告、早隔离、早治疗的"四早"措施，上海医疗机构急需大量治疗用中药汤剂及中药预防汤剂。周耀斌带领着工作室团队组成工作专班，吃泡面打地铺，克服困难，对上海雷允上、万仕诚、余天成、德华国药等多家中药企业所生产的中药不分昼夜地进行质量检测。经一个多月的闭环工作，团队共为上海9家中药抗疫企业的400多批次中药进行了检测，技术指标近40项，相关检测参数9600余个，同时为9家中药抗疫企业减免检测费用近20万元。

5. 建团队

工作室依托上海市总工会科普平台，通过全国总工会中工云课堂、技能强国——全国产业工人学习社区、上海电视台看看新闻直播间"质问"等栏目开展公益讲座，针对职工最关心的日常食品安全问题，带去实用科学的食品健康辅导，组织工作室专业讲师开展食品安全科普讲座，让科普工作深入群众，满足不同群体个性化的需求，围绕食品营养成分、有害物质、标签标识解析、法律法规解读等内容，输出专业知识，深入开展特色科普工作。

借助新媒体手段，面向广大社会民众、中小学生、高校和企业开展形式丰富的科普宣讲，向社会传递质量声音，提升质量安全意识，促进质量科普工作高质量发展。

（稿件由上海市质量监督检验技术研究院周耀斌、吴迪提供）

孟大鹏：一心为乘客、责任勇担当的公交好司机

北京公交集团第二客运分公司 41 路第四班组组长孟大鹏，是全国"五一劳动奖章"获得者、北京市劳动模范、全国劳动模范。自 2016 年班组成立以来，孟大鹏就扛起了 41 路第四班组的旗帜，带领 10 名组员以"三优先原则"——安全意识优先、服务质量优先、担当奉献优先，作为班组建设与管理的奠基石，不断提升车厢服务质量，赢得了百姓的一致赞誉。

1. 筑牢安全意识，保障乘客平安出行

孟大鹏所带领的班组，多年来执行班组成员一年一轮换的机制。而往往分到该班组的成员不是新上岗的职工，就是在驾驶技能、车辆服务方面需要培训提升的新司机。拥有 14 年驾龄的孟大鹏深知安全是车辆运营的底线、红线，因此在班组管理中，安全是他每天挂在嘴边最多的一词。孟大鹏的班组是早班班型。早班车既带着一天的朝气，也带着一日的忙碌。"稳"字当头的早班车，迎着东升的朝阳，见证着城市从宁静走向喧嚣，而"稳"字背后就是安全第一。为确保一日的出车安全，孟大鹏总是在头班车发车前就早早来到了车队，对运营车辆进行技术安全检查，对当日的天气和路况进行信息整理编辑。班组工作的微信群每天收到的第一条信息往往是当日运营的安全提示。特殊天气里，孟大鹏更是在班组发车前，面对面对司机进行安全叮嘱和重点路段的安全提示。哪个路段有积水积雪、哪个时间点的路口人流激增、哪个站台的车道容易有并行车辆插入等各类安全隐患早已烂熟于心，而一个"碎叨嘴"却为安全驾驶奠定了坚实的保障。工作之后，孟大鹏会对一天的行车进行复盘，并在定期召开的班组例会上组织大家共同探讨，交流驾驶经验。

2. 提升服务质量，满足乘客多样需求

现如今的公交车辆均以"无人售票"的形式服务百姓，驾驶员不仅担负着安全驾驶的职责，提高车厢服务水平也是对驾驶员提出的新要求。为此，孟大鹏在班组建设上依托"创新工作室"的平台带领班组成员，联合创新工作室共同开展车辆服务创新工作，《四十一工作法》就是班组现行的车厢服务的汇集。针对不同时间段、不同群体的乘客的服务标准都能在

这本工作法中找到答案。公交车进出站对于老百姓乘坐公交车是再熟悉不过的场景，但是对于驾驶员的行车技术要求却非常高。班组中的新司机虽然在岗前接受过专业培训和上路实操，但是对于独立定岗后的日常工作，孟大鹏还是放不下心。尤其是新司机可能不太注意靠边停车的宽度，而恰如其分的宽度对于中老年乘客来说意义非常大，贴得近一点可能就安全一点，方便一点；要是离站台远一点、宽一点，尤其是老年人可能就得走一两步才能走到站台或登上车辆。为此，针对这项操作，孟大鹏不仅在会议室为新司机进行理论分析，更是在站台上带领新司机进行实地考察。而这看似微乎其微的小举措，却换来了乘客对41路早班车的一致好评。刘海月作为41路第四班组的成员，同样也是孟大鹏一手带起来的徒弟，在某日早班出车回来后，兴奋地找到孟大鹏道：刚才末站收车时，有位老太太在缓慢下车时对我说了一句"你这位师傅开车开得稳，开得好，服务态度好。"让孟大鹏觉得辛勤的付出是值得的。

3. 勇于担当奉献，积极践行国企使命

作为一名北京市劳动模范，孟大鹏深知肩上的责任重大。班组成员也为能有这么一位班组长带领团队感到自豪。以"劳动精神、劳模精神、工匠精神"为引领，班组成员在完成好各自本职工作、努力提升个人技能水平外，还积极参与到首都各类政治保障任务和志愿服务中，努力践行大型国企的使命与担当。41路公交车往返于金蝉西路南口与东单路口南，途经4个公园、10所医院，全程跨越3座立交桥、经过65个红绿灯，共设38站。这些数据在孟大鹏创新工作室里被清晰地展示在线路沙盘上。每逢首都重大政治活动期间，孟大鹏都会带领班组成员开展专题教育与学习，在分公司运营调度、安全服务等专业的指导下，对保障期间可能遇到的各种情况进行研判。孟大鹏经常告诫班组成员，行驶在长安街上，我们不仅代

表着北京公交的形象，更要向全国人民和世界友人展现出咱们首都北京的形象。无论冬夏，41路公交车总是以整洁、平稳的形象出现在百姓的眼里，又不知疲倦地护送每一位乘客安全到达自己的目的。工作之内的8小时，班组成员兢兢业业；工作之余，班组成员无私奉献。每月11日的"排队日""礼让斑马线"的活动日、法治宣传日等时期，总能见到班组成员的身影。走进社区宣讲新时代劳模精神、劳动精神、工匠精神，走进学校宣讲交通安全常识，班组成员们把工作中的感悟带到了百姓身边，用生动的语言和实际的行动践行着"一心为乘客，服务最光荣，真情献社会，责任勇担当"的企业理念，让更多的百姓认识了北京公交，也体现了一名普通公交车驾驶员的社会价值。

（稿件由北京公交集团第二客运分公司李响提供）

席小军：创新驱动提质增效，以"家"文化凝心聚力

席小军，陕西汽车控股集团有限公司汽车装备制造厂铣磨班班组长，坚守基层一线岗位 27 年如一日，他是陕汽集团民品车国产化进程中高精尖零部件试制加工的探路人和领军人，先后荣获"全国技术能手"，全国机械行业工匠，陕西省劳动模范，三秦工匠，陕西省优秀共产党员，陕西省带徒名师等荣誉。班组通过创新驱动与阶梯式人才培养相结合的家文化建设模式，培养出的班组人员思维活跃，凝聚力强，具有较强的现场问

题解决能力，班组先后荣获省市公司"质量信得过班组"及"五型班组"称号。

1. 创新驱动

（1）带着班组每一位成员在不断创新中提高收入

席小军为了让员工有更好的发展机会，提升员工的收入，实施热压模具管理创新思路，班组成立：QC质量攻关小组、IE工业工程攻关项目、五小新创新团队等技术技能攻关组织，提升员工创新攻关能力同时获得相应的项目奖励；鼓励员工加入职工创新工作室、积极向党组织靠拢、社团活动等以提升员工的综合素质；根据班组的具体工作性质按计划发展培养员工多技能学习，为了班组乃至于车间在任务不均衡或缺岗的时候及时顶岗，即通过创新管理驱动员工创新热情，同时也能提升员工的收入。

（2）培养班组每一位成员都具备敢打敢拼的创新能力

席小军为了提升班组的团队创新能力，带领班组主动认领并且积极完成车间具有挑战性的任务，并以老带新、以强带弱培养员工创新思维，比如：主动认领车间揭榜挂帅的军民品车型关键任务试制加工及换型换代项目、技改技措方面项目实施工作等，都有较好创新过程和完成业绩，通过项目的参与，使员工的质量管控能力、操作能力、创新能力、总结提炼能力等方面有了快速提升。

（3）带着班组每一位成员都在团队工作创新中提升双效

席小军根据班组人员特点，把班组人员分成 4 个小组，把相关联的工作任务按项目进行开展，使得各小组之间形成既有比拼又有协作的工作机制，小组之间能力强的师傅做加工工艺分析、制作相关工装辅具等，尽量让复杂的工作简单化，让年轻员工掌握这些创新的方法所带来的优越感，创新思维得到启发，加上每一次项目创新成果的总结，使他们很快就动脑动手参与创新工作，最终达到提升双效的目的。

2.阶梯式人才

（1）带着班组每一位成员都能始终跟着团队一起成长。

班组长要考虑的是不要让任何一个队员掉队，要像自己亲人一样去爱护他们。2010年9月，班组来了一位叫作王进（化名）的新员工，一开始就经常迟到早退，上班时间不是闲聊就是玩手机，身边的同事们都感觉"孺子不可教也"。作为班组长的席小军却深知"不能像他们这样想"，就开始重点关注他，引导他养习惯、学知识、精技能，给他"小恩小惠"——带些早点啊、电动车带着上下班啊、周末叫他一起吃个家常便饭啊等，这些看起来是小事，但是很快取得了他的信任。工作中席小军手把手反复地教授其业务，分析如何规避各种风险，力争让他每天掌握一种工件加工方面的技能，下班后要求他把学习的好方法记录下来，以备后续查阅参考。通过工作生活上的帮助，使王进很快树立了正确的人生观，综合技能飞速猛进，几次技能比武成绩都名列前茅，目前已荣获省技术能手称号及五一劳动奖章。

（2）让班组每一位成员都在成长过程中始终认可团队

席小军结合公司员工职业生涯发展相关政策，制定出有自己班组特色的《员工成长成才策划书》，人手一册，从学徒到高级主任技师八个阶梯式阶段，结合工作实际列举需要学习掌握考核的相关专业理论及技能知识，并按规定参加政府认定部门考试，各阶段以个人总结出的创新成果、先进操作法、专利、论文等作为车间级、公司级、市级、省级、国家级荣誉的评选推荐依据，员工获得成就的同时班组也会获得相应的成绩。

3. "家" 文化建设

（1）让班组每一位成员都有与团队同心同德、同舟共济的情怀

席小军班组的"家"文化，即班组利用周末、节假日等大家闲余时间，定期组织一些有策划的家庭聚会或出外游玩活动，特别邀请员工的另一半及孩子或父母参与，通过这些活动让员工之间、孩子之间、父母之间都互相深入交流，大家有困难，员工与家属之间共同想办法解决，像帮助照顾父母、接送孩子、跑路跑腿等，慢慢地员工之间，家属之间便形成了一种谁家有困难就主动帮扶的默契感，工作中的困难也会迎刃而解。

（2）培养班组每一位成员做不计较个人得失，顾全大局的人

班组长要培养每一位队员学会"吃亏"，作为班组长要率先垂范。为什么吃亏要加双引号？其实看似吃亏，实则不然，因为"吃亏"可以给你工作及生活带来更大的收获，比如班组难干任务的"吃亏"可以锻炼你的创新创造能力、利益分配上的"吃亏"可以赢得别人对你的信任，那么在班组长的这种行为引领下，大家的凝聚力，向心力就会加强，久而久之班组和谐氛围就会逐渐形成，和谐而凝聚力强的班组，自然战斗力也就强了。

（稿件由陕西汽车控股集团有限公司席小军、贾阳提供）

章美华：推行"三抓四会五查六针对"管理法提质增效

章美华，浙江金梭纺织有限公司原织造甲班班长，现任织造甲班生产总监。她带领的织造甲班荣获"全国纺织工业先进集体""赵梦桃小组式全国纺织先进班组"等荣誉称号。章美华20多年扎根一线，是公司生产的"多面手"，多年来荣获"全国五一劳动奖章""中国纺织大工匠""全国纺织行业操作能手""浙江省'百千万'高技能领军人才培养工程第二层次'拔尖技能人才'""金华市劳动模范"、中国棉纺织行业"传承大工匠"、首届"八婺金匠"等荣誉称号。章美华在多年的实践中，带领织造甲班总结出了"三抓四会五查六针对"管理法，在企业其他工段班组中被推广。

1. 多学多练"比着干"

章美华于1998年入职浙江金梭纺织有限公司，进厂之初，章美华与三位年轻人一起被企业选送到国内一家纺织厂分别学习机修和挡车，她的任务是学穿综，学习期两个月。要在两个月时间里熟练掌握穿综技术，学习任务不轻。可是小个子的章美华却多了一份执念：她想把所有工种都学会，然后回到企业再传授给其他员工，因为企业太需要技术人才了。

在短期内尽可能多掌握纺织操作技术，怎么办？章美华咬咬牙，愣是把每天8小时的工作学习时间，用成了18个小时，她严格要求自己上午

学穿综、下午学检验、夜间学挡车，她"纠缠"着各位师傅给自己答疑解惑，在其他人休息的时候，章美华一遍遍地不断练习操作。凭借一股拼劲和更多的努力，章美华学习结束回到企业，交出了一份令公司领导满意的答卷。

一线工人的工资是按产质量考核的，要不断把产质量提上去，就必须努力工作，别人工作 8 小时，章美华就工作 10 小时，每月她拿到的工资都比别人多。章美华工作上的拼劲儿，激发和带动了班组其他组员，大家你争我赶，比生产、比产量、比操作、比质量……一时间，甲班职工"争上游"的风气就在全公司内传开了。说起过往的这些经历，章美华和甲班员工们都是满脸笑意。

2."三抓四会五查六针对"班组管理法

章美华带领甲班员工在生产实践中，总结出一套行之有效的"三抓四会五查六针对"班组管理法。

"三抓四会五查六针对"管理法即：产量管理三抓：一抓班前准备开机率，二抓班中巡查织疵率，三抓班后设备检修率；质量管理四会：一是开好生产计划布置会，二是开好生产过程分析会，三是开好生产总结分享会，四是开好生产提升动员会；效率管理五查：一查生产期间员工心理动态情况，二查员工各项生产指标完成情况，三查生产设备使用和保养情况，四查工、夹、量具使用和保管情况，五查清洁生产安全制度落实情况；创新来源六针对：一针对生产技术关键节点进行突破，二针对生产薄弱环节进行攻关，三针对新产品设备适应力进行匹配，四针对降低生产成本进行挖掘，五针对生产工艺改进进行改良，六针对生产设备现状进行优化。

"企业工作每项都是'实'的，来不得半点儿'虚'。我们要把提高效率、提升质量、工作创新实实在在落到生产一线工作中，更要落实到每一位员工，企业提质增效才能真正落地。"章美华说。

近年来，章美华带领甲班职工认真推行"三抓四会五查六针对"管理法，在此基础上，为有效控制停车挡及其他长疵点的产生，章美华在甲班进一步推行了"员工结对制"。这个"结对"与以往结对不同的是，生产中无论何种原因，员工需要离岗的（如用餐、喝水、如厕或其他事宜等），必须要有一位员工与其结对，在他（她）不在岗期间须有效地帮其照看机台，而本机台的产质量绩效都与员工相挂钩。此外，为解决员工交接班时段易产生织疵的问题，章美华对交接班管理进行了优化完善，要求倒班员工做好衔接，提前 20 分钟上班完成交接，延迟 20 分钟下班确保交接正常，这 40 分钟时间，让员工充分而有效地落实"三抓五查工作"。

"三抓四会五查六针对"管理法推行后，甲班产量上去了，织机效率由原来的 90% 提升到了 94%，质量一等品率也在原来 97.8% 的基础上提升到了 98.4%，甲班员工的绩效收益也有了很大的提高。

在金梭公司，织造是生产员工最密集的生产单元，为避免违章作业出现织机伤人，养成安全生产的好习惯，章美华经常教育和告诫甲班员工，"到企业工作挣钱，是为了改善自己的生活条件，提升生活质量，促进家庭美满，如果因为工作安全疏忽造成自身伤害甚至落下残疾，那工作就失去了意义，家庭也无幸福可言"。为强化甲班员工的安全生产意识，章美华在甲班组织并推行了"百日安全季赛"工作，以班组为单位成立督查组，每周执行巡查，小到涉及员工健康的耳塞佩戴，大至设备运转检修保养、员工操作规程执行等，让每位员工都参与到督查和巡查中。多年来，织造甲班安全事故率由 20 年前的每年五六起，降低到连续多年安全无事故。

织造甲班近年来涌现出 30 多名优秀技能人才，其中员工李晓锋获浙江省"五一劳动奖章"，赵婷获"八婺杰出金匠"称号，王纯平荣获"全国纺织行业技术能手"称号。如今，从章美华带领的织造甲班已经先后走出了 3 位厂长、6 名车间主管以及 20 多位优秀班组长。

（稿件由浙江金梭纺织有限公司提供）

韩文文：用"五点"班组管理法带领北京南站京铁爱心服务组做好暖心服务

　　韩文文，现任中国铁路北京局集团有限公司北京南站京铁爱心服务组班组长，曾获得北京市劳动模范、全国铁路向上向善好青年、全国铁路青年志愿者优秀个人奖、全国铁路青年科技创新奖、中国铁路北京局集团有限公司"三八"红旗手、北京南站优秀共产党员等荣誉称号。北京南站京铁爱心服务组曾被授予全国工人先锋号、全国五一巾帼标兵岗、全国五一巾帼文明岗、全国铁路党内优质品牌、北京市青年文明号、首都学雷锋志愿服务示范岗等荣誉。

1. 不忘初心传匠心

北京南站京铁爱心服务组前身是"润秋服务组",成立于 2010 年 11 月,是以全国劳动模范张润秋的名字命名的。服务组坚持"人生因服务而美丽,服务因用心而精彩"服务理念,为广大旅客提供爱心服务。目前,服务组共有职工 24 名,其中共产党员 5 名,共青团员 9 名,管辖范围为北京南站京铁爱心服务区、军人候车区、儿童娱乐区、母婴候车室。主要针对军人、老年人、残疾人、病人、孕妇、儿童等行动困难且有需求的重点旅客进行帮扶,提供解答问询、专区候车、专人引导、轮椅接送站等服务,确保重点旅客上车有人送、车上有人管、到站有人接的一帮到底爱心服务。

韩文文作为服务组第三代传承人,始终秉承"人民铁路为人民"服务宗旨,传承全国劳动模范张润秋"三勤、三到""六式六心"服务法、第二任班组长北京市劳动模范郝秀冉预约式服务方法,在此基础上进行创新,对老、幼、病、残、孕等重点旅客细致分类,形成"一登记、二确认、三核实、四叮嘱、五服务"的"私人定制"服务,成为北京南站高质量服务重点旅客的妙招。

2. 苦练技能成达人

过硬的技术业务是管理好班组最大的底气。韩文文把专业知识作为班组管理基础,主动学英语、练口语,背规章、学急救,精准回复旅客问询,考取心肺复苏、创伤救护两项急救资格证。她服务完一天的旅客就需要走三万多步,下班后已经精疲力尽,但每天晚上背规章都到凌晨一两点,付出就会有回报,在北京南站技术比武中获得第 1 名的好成绩。

为规范班组管理，她把班组管理与现场需求结合，根据旅客问询，手绘《北京南站导航图》，将车站购票、检票、办理临时证件和重点设备设施进行绘制，建立了《回头客基本情况信息库》等登记制度，有效提升了班组工作效率。

3. 用心服务赢赞扬

韩文文在班组管理中，注重搜集旅客反馈意见，通过长期积累旅客问询多、关注多的铁路知识，制作旅客出行手册，为旅客出行提供便利。她要求班组成员注重梳理总结服务过程中旅客提出的新需求，每周召开碰头会研究解决问题，提升服务旅客质量。经过长时间的总结梳理，形成了服务旅客的大数据，能够更好的掌握大多数重点旅客的实际需求，根据这些需求在爱心服务区增加坐垫，为旅客提供更加舒适候车环境，为身体虚弱旅客免费提供暖手宝，使用过的旅客惊讶的说："没想到你们连这个都有，真的是太贴心了。"

韩文文和班组姐妹们的用心服务也换来了旅客的真心对待。有一次韩文文盯岗时，遇到两位去合肥南站的老人，老人担心错过列车，早早来到车站，整个上午都在重点旅客候车区。老人目睹韩文文和班组姐妹们忙碌的工作状态，中午1点为班组送来饺子。握着韩文文的手说道："姑娘，工作再忙你们也要按时吃饭、多喝水。"

4. 攻坚克难展风采

韩文文在服务组工作13年，遇到很多盲人旅客，她发现有的盲人会对导盲杖引导存在抵触，就结合盲人旅客需求，反复试验发明了"盲人引导器"'，在第17届北京市发明创新大赛中荣获入围奖。作为京铁爱心服务组班组长，韩文文为了更好的带好班组和服务好广大旅客，创新了很多服务旅客的举措，为旅客提供《便民出行手册》，将日常旅客经常询问和关注的内容进行编制，以不同颜色区分篇章内容，有爱心服务篇、车票篇、高架候车篇、快速进站厅篇、关爱老人篇和交通出行篇等 6 部分内容；提供"换乘便民彩条"，用不同颜色区分北京南站去往北京各大火车站详细交通方式，以及各大火车站的服务热线，便于转乘旅客出行；免费提供"爱心行李牌"，车站人多行李容易拿错，实现有效区分，方便旅客查找行李；在京铁爱心服务区配备了工具箱、提供爱心布袋、爱心百宝箱、暖手宝。很多旅客在使用过服务组的这些新装备后，都纷纷竖起大拇指。

5. 无私奉献传帮带

作为京铁爱心服务组班组长，韩文文利用多年服务旅客的经验，积极发挥"传帮带"的作用，为班组职工讲解服务知识和服务技巧，不断提升大家的服务水平。服务组先后与中国残联、经济日报社、上海客运段何颖服务研讨组、民航华北管局北京女子塔台、北京城市学院等进行共建，锤炼服务技能，组织服务组成员与中国肢协重塑未来活动组委会工作人员一起，为来京接受治疗的残疾朋友们提供爱心服务。

韩文文在班组管理中追求精细化服务，把服务方法和技能传授给班组职工，她带头总结推广服务工作方法，梳理归纳了《重点旅客服务流程》等内容，有效提高了服务旅客的质量。

（稿件由中国铁路北京局集团有限公司北京南站韩文文、庄新明、张润秋提供）

舒畅：抓技能、抓提高、抓落实、抓关键、抓突破、抓根本促班组建设

舒畅，现任安徽华茂集团"舒畅班组"班长。舒畅先后获得"中国纺织大工匠""中国棉纺织行业传承大工匠""设备工程大工匠""安徽省五一劳动奖章"等荣誉称号，2021年当选中共安庆市党代表。他在岗位工作中总结出"六抓工作法"，在企业实践中带动和影响了一批员工成为技能型人才。

舒畅带领的"舒畅班组"，成立于2012年，现有组员13名，平均年龄41岁，该班组是企业学习型班组的标杆，为实现科技华茂起到了排头兵作用。先后被授予"全国纺织行业创新型班组""郝建秀小组式全国纺织先进班组""中国质量信得过班组""赵梦桃小组式全国纺织先进班组""安徽省劳模创新工作室"。舒畅在华茂集团已经工作了35年，他热爱企业、热爱岗位，全身心投入所热爱的工作中。舒畅带领班组组员，紧紧围绕公司发展目标，夯实精益管理，聚焦技术难点重点，聚焦节能降耗，以创新为引领，逐步形成以"六抓工作法"为特色的班组管理品牌。

1. 火车跑得快，全靠车头带

舒畅作为班组的领头人，始终坚持学中干、干中学。他参加工作时是中技学历，面对企业自动化的电气设备，舒畅凭借顽强的毅力，自学取得了电子大专和纺织本科的文凭，他目前精研机械、电子、纺织、自动化、

计算机等多项专业，是一名跨专业的复合型人才。

勤奋的学习，刻苦的钻研，使舒畅练就了过硬的技术。一次，七分厂进口细纱机频繁出现故障，该机器主机是日本的，辅机却是印度的，设备厂家相互推诿，导致问题一直没有解决。舒畅经过细心不懈的检查，终于发现问题的症结并彻底解决。

集团潜山分厂前期络筒工序出现了奇怪的现象，多台机器电路板连续烧坏，影响生产。舒畅带领组员从集团本部赶赴 70 公里外的潜山分厂。他和组员们趴在络筒设备旁仔细查找问题，经现场测试，电源高次谐波严重超标，另外功率因数也不高。最终，通过增加消除谐波装置，有效地降低了高次谐波的污染，所有络筒机也恢复正常工作了，而且设备功率因数也提高到 0.98。华茂集团领导得知后，将舒畅团队摸索出的创新装置改造 30 套在集团应用，每年可节约费用 540 万元。华茂集团当年荣获中国纺织工业联合会颁发的"卓越能效奖"。

每次集团组织电气"会诊"，舒畅边查找故障，边向电工们传授电气维修技巧。同事们都说舒畅像生产线上的"电气医生"，能通过"望、闻、问、切"准确诊断设备故障所在。

2. "六抓工作法"促班组建设

舒畅和组员们每天和"电老虎"打交道，足迹遍布三个工业园、一个工业城的十几个子公司（分厂），是庞大的电气设备安全运转的"守护者"。在多年的工作实践中，舒畅总结了班组建设"六抓工作法"，即"抓技能、抓提高、抓落实、抓关键、抓突破、抓根本"。

舒畅带领组员们定期开展培训活动，与其他公司开展培训活动所不同的是，舒畅组织的班组培训学习，讲师定岗不定人，是根据生产实际需要，自制教材，从电气安装到电气维修、从弱点焊接到工控软件编制，自制教材内容通俗易懂、系统全面，定期检验学习成果。他们在班组培训中引入定期考试的机制，在每一个阶段学习结束运用考试来检验组员的学习成效，查找不足之处，为更好地开展工作提供了指导。舒畅经常因地制宜展开现场教学，将生产问题变成培训课题，将工作现场变成培训现场。

在生产过程中，如西方国家封锁芯片一样，纺织进口工控系统也是关键的"卡点"。国外设备厂家拒绝提供相关的核心技术，不惜代价，层层加密。面对核心技术永远买不来、讨不来的现实，舒畅带领组员们将进口工控系统列为攻关目标。截至2023年，舒畅和组员们已先后攻克了30多项进口工控系统难题，从程序攻关到自主编译，打破了国外技术垄断。

瞄定目标不放松。舒畅30多年根植在生产一线，学以致用，不断解决生产难题，他带领组员每年维修变频器、PLC、触摸屏和工业计算机达上百台次，为企业节约了大量的维修资金。此外，他们还发现各工序纱支品种不同，纺机的吹吸风电机有一定的节能空间，便有针对性地编制了

PLC 软件，适合于吹吸风定向定位节能控制，节能率在 50% 左右，该创新项目已获国家发明专利授权。

舒畅说，舒畅班组的格言是"舒畅工作！舒畅学习！"自舒畅班组成立以来，他们开展小改小革 456 项，获公司一等奖 44 项、二等奖 62 项、三等奖 46 项，获 2 项安徽省科技成果。目前申报国家专利 55 项，已获得 8 项国家发明专利、32 项国家实用新型专利和 2 项国家外观专利授权。舒畅和他带领的"舒畅班组"成为解决生产一线技术难题的"攻关站"，推动技术创新的"孵化器"，培养职业技能人才的"练兵场"。

小小班组人才辈出。如今，舒畅班组里已经走出了华茂道德标兵、生产标兵、安庆市三八红旗手、全国优秀 QC 奖获得者、安徽省"十大能工巧匠"、安徽省五一劳动奖章获得者、全国人大代表以及两位"中国纺织大工匠"等一大批先进人物。

（稿件由安徽华茂集团有限公司提供）

滕官洋：将班组管理理念融入劳模创新工作室的产品开发和技术革新中，推进创新创造成果转化

滕官洋，现为中国石化仪征化纤有限责任公司"滕官洋劳模创新工作室"领头人。他先后被授予"中国纺织大工匠""江苏省五一劳动奖章""江苏省首席技师""扬州市首席技师""中国石化技术能手"等称号。"滕官洋劳模创新工作室"成立于2019年5月，工作室现有成员32人，累计申报142项课题，完成创新成果14项，解决生产难题6个，推广操作法3个，开发新产品2个，创经济效益8400多万元。2023年获得中国石化职工示范型工作室。

1. 用户需求就是生产调度令——产销研"联合攻关"

滕官洋常说，"客户的需求就是调度令，用户满意就是我们的最大动力"。"滕官洋劳模创新工作室"成员囊括生产、销售、研发多个岗位，产销研紧密一体，让工作室上接市场、下接现场，打通了产品开发的"最后一公里"。多年来，"滕官洋劳模工作室"始终把质量攻关放在首位，用实际行动践行"每一根丝都是承诺"的质量方针。

某细旦品种的短纤用于生产高端织物面料，生头困难、丝结多、缠辊多，开发初期困难重重。滕官洋带领团队用了3年多的时间，创新操作思路，联合前道工序优化原料质量指标，联合设备人员进行设备改造，联合工艺技术人员进行参数优化，组织对缠辊、生头等原因逐一开展排查，有

针对性地进行试验改进，总结出"上油适中、张力稳定、布丝合理、倍率最优、规范操作"等有效措施，形成了"细旦短纤维生产运行控制操作法"。

采用新的操作法，操作人员由原 3 人／班减少至 2 人／班，大大提高了劳动生产率，并为企业创造了显著的经济效益。"细旦短纤维生产运行控制操作法"被评为 2017 年度江苏省职工"十大先进操作法"。

在"联合攻关"创新法的作用下，2022 年以来，滕官洋所在运行部每年生产"植绒"1000 多吨，同比产量增加五倍，增效 100 多万元。

2. 客户的要求就是标准——用户需求催生新品牌

水刺短纤用于手术服、湿巾、医用口罩等水刺无纺布的制造，是仪化公司最早开发出的品种。随着下游用户设备升级，原有水刺产品已不能满足高纺速设备的使用。为了了解客户需求，确定攻关方向，滕官洋工作室成员先后走访浙江、江苏、安徽、山东地区等多个重要生产厂家，行程近万里，深入了解市场环境及下道用户的实际情况，现场了解客户的生产工艺。回来后，滕官洋组织工作室成员进行多轮攻关，优化前、后纺工艺、调整纤维的卷曲和上油效果，成功摸索出高速水刺专用涤纶短纤的生产工艺，提出高速水刺专用涤纶短纤的品质内控指标等要求，满足了下游产品开发的需要。一个重要用户为表示对产品的满意和工作室攻关的肯定，给公司送来了锦旗。"高速纺水刺专用短纤维产品开发"项目荣获仪征化纤公司科技进步三等奖。如今，水刺产品已经成为仪化公司涤纶短纤维主打产品。

工作室成员在一次走访中发现，用户喜欢对仪化不同规格的产品进行混纺，以达到更好的蓬松效果。发现客户这一情况后，滕官洋和工作室成员们认为，可以开发出一种专用牌号的产品，重点提高纤维的蓬松性、回弹性。经过反复研讨之后，决定采用直接纺路线，通过调整生产工艺，反复攻关，上百次试验，最终开发出了满足客户需要的蓬松度较高、滑爽性良好的专用产品，该专用料的销量也由初期2000余吨/年增加到现在10000余吨/年，实现了企业与客户的互惠共赢。

3. 事上练——产品、人才"双丰收"

科技是第一生产力，人才是第一资源。滕官洋在率先垂范的同时，高度重视事业传承和人才培养，主动让年轻同志挑大梁，鼓励和支持成员大胆创新，勇挑重担，不断培养新生力量。

卷绕是纺丝生产的重要工序，受聚酯原料、纺程、成型和上油等工艺因素影响，丝束在卷绕牵引辊上张力不匀，原丝生产会不稳定，进而影响后道工序的生产稳定运行。为解决这个技术难题，滕官洋鼓励工作室成员居发勇牵头成立攻关组，并组织骨干参与，一同帮助其解决困难。通过上万次压丝技术的试验，居发勇实现了涤纶有光缝纫线压丝生头技术的突破。在此基础上，滕官洋工作室又全力支持居发勇攻关组从固定网络生头跨越到移动网络生头，帮助其实现设备安装、网络器调试、维护以及操作技术的传授等全面推广服务，生头缠辊减少了 73%。"涤纶短纤维卷绕网络器压丝生头技术"获得江苏省科学技术三等奖，是全省为数不多的一线职工获奖项目。

滕官洋把班组管理理念融入劳模创新工作室的产品开发和技术革新中，推进创新创效成果转化为客户满意的首选独选产品。如今，滕官洋工作室成了人才培养、创优争先的平台，先后培养了技术人才 13 名，技能晋升人数 9 名。目前，滕官洋和"滕官洋劳模创新工作室"的管理方法，已经被中国石化仪征化纤公司在全集团进行推广。

（稿件由中国石化仪征化纤公司党委宣传部提供）

王伟：用创新创效、项目轮值、精益管理、推进安全、公开评议、荣誉点赞、学习分享打造特色班组

王伟，2004 年 7 月参加工作，先后荣获全国电力行业技术能手、河北省突出贡献技师、河北省十大金牌工人、河北省五一劳动奖章、国家电网公司劳动模范等荣誉称号，自 2008 年 2 月至 2017 年 9 月担任国网冀北电力有限公司唐山供电公司二次检修班班长，班组先后荣获"国家电网公司工人先锋号"和"中央企业学习型红旗班组"等荣誉称号。

1. 完善创新活力机制，推动班组创新创效

班组依托班长王伟的劳模创新工作室，始终坚持"以发现问题引导创新，以解决问题推进创新"的思想，积极引领员工从解决生产经营存在的实际问题入手，针对工作中遇到的重点难点，运用创新思维加以突破和攻关。开创"七个一"创新活动流程和"七步走"的创新推广法，使创新效率大大提高。截至目前，共完成创新成果 291 项，获得国家专利 84 项，14 项成果荣获省部级以上技术成果奖，46 项技术革新获河北省优秀质量管理成果奖，创造直接经济效益达 3672 万元。其中"零资金"自主设计开发的"电力生产管理 AI 辅助系统"，针对班组平时检修工作中流程烦琐、资料繁杂等痛点问题，利用 RPA 等流程自动化技术、深度学习等人工智能技术代替人工操作、记忆，不仅显著提升了设备检修工作效率，减轻了基层班组的工作负担。工作室先后荣获国网冀北电力有限公司创新工作室示范点、

唐山市技能大师工作室、河北省劳模和工匠人才创新工作室荣誉称号。

2. 创项目轮值机制，夯实班组基础管理

对现有班组制度细化、整合，进行了四次大规模修订，最终确定了14项班组三级管理制度和44项三级技术标准，使每一项指标都符合实际工作要求，可操作、可执行、可量化、可检查，最大限度地优化了班组工作。班组还健全、规范标准化体系，编写"标准化二次安全措施库"，按照专业分工和设备分界，梳理出8大类48小类作业项目，建立了全过程管理的"项目班长"制，实施A、B岗互换的管理新模式，实现了各项工作从明确目标、过程管理、检查改进到创新提高的全过程控制，为班组建设和现场作业打下坚实的基础。

3. 借力课题摘牌机制，落实精益管理要求

针对工作中遇到的重点难点建立问题库，实施课题摘牌机制，积极引领员工从解决生产经营存在的实际问题入手，运用创新思维加以突破和攻关。严格执行周报、月报、季报制度，及时对工作完成进度及完成质量进行评价。组织班组开展精益化管理讨论和培训，对日常工作中出现的问题进行专题分析，改进短板，提高工作水平。班组员工必须按照岗位职责、技术标准和工作流程进行工作，各项工作都要做到凡事有人负责、凡事有章可循、凡事有据可查、凡事有人监督。

4. 落实责任链锁机制，推进本质安全建设

一是设定设备"零故障"目标。班组确定预防为主的工作方针，坚持

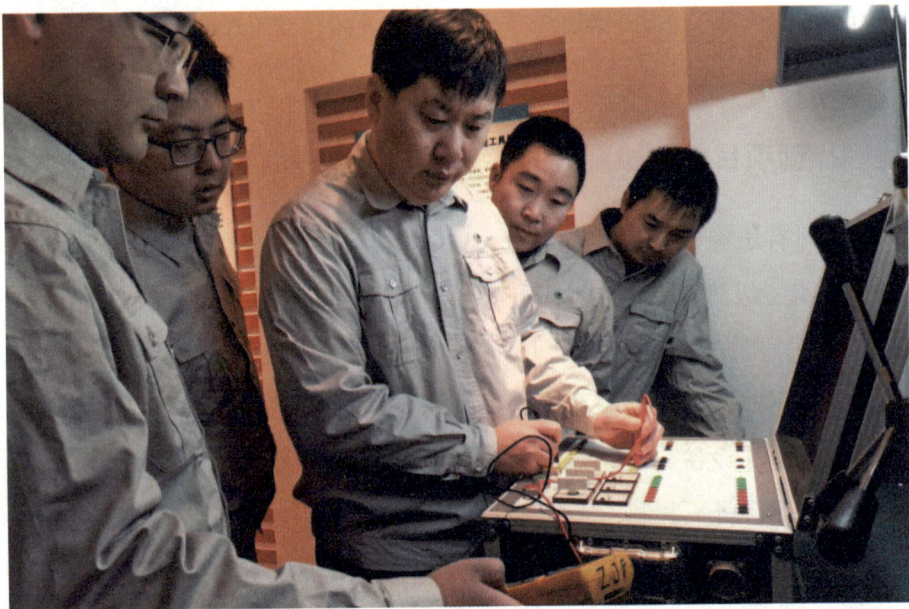

全员参与，对运行设备进行分类管理。根据设备运行状况，科学制定巡检周期，进行状态检修，缺陷处理，逐步实现设备的规范化管理。二是确定"零缺陷"质量目标。利用每周安全日活动时间，在班组内部认真开展零缺陷管理培训，结合班组实际，确定切实可行的质量管理目标，通过建立绩效考核和奖惩机制，激励班组员工严把工作质量关。

5. 共创公开评议机制，实现班组民主管理

民主管理是班组建设的重要前提和基础。班组始终坚持以"服务企业发展、维护职工权益"为主线，将不断增强班组员工"我靠企业发展"的归属感和认同感，以及"企业靠我发展"的责任感和主人翁意识，作为工作的出发点和落脚点。紧紧围绕"程序科学、信息公开、决策民主"，按照"双路径、三保障"的职工民主管理体系的有关要求，坚持班组民主管理"四项公开"（考勤公开大家看、任务公开大家干、绩效公开大家管、

评先公开大家选）。

6.建立荣誉点赞机制，促进班组文化落地

坚持日常检查考评与激励点赞机制并行，针对日常工作开展了"创新之星""绩效之星""授课之星"等点赞评选活动，同时班组将个人的业绩与绩效考核、年度评比相挂钩，进一步完善一线班组绩效考核模式，推进一线员工工时积分同价计酬机制。

群策群力打造负有班组特色的LOGO标识，增强了团队凝聚力和执行力。开展"小班组、大作为"主题沙龙活动，进一步汇聚出自觉践行"同一使命、同一梦想"的热情与积极性。积极探索和大力推动卓越文化在班组中的落地实践，通过开展"班、校、家"文化建设，积极打造"高效的班组、成长的学校、和谐的家园"，有序推进文化共建、文明共促。

7.形成学习分享机制，推进班组跨越发展

一是注重理论培训与技能实训的有机融合，开设"职工大讲堂""安全大讲堂"，结合班组当前重点工作，因地制宜组织业务学习，开展继电保护标准化作业等现场观摩演示。二是发挥班组"名师"作用，收徒结对，带领青年员工钻技术、破难题、搞创新、攻难关，帮助设计职业生涯规划，建立绩效管理体系和岗位动态管理机制。开展一对一、一对多等形式的"传帮带"导师带徒，着力提高一线职工技术素质，持续完善技能人才梯队。三是大力倡导"多读书、读好书"的良好习惯，班组员工坚持每天读书一小时、每周分享一本书，在班组内部自发组织读书沙龙交流20余次。

（稿件由唐山供电公司王伟、高浩提供）

石臣：创新管理，"传、帮、带"提高班组整体生产工作水平

石臣，大连重工装备集团有限公司起重机电焊班班长，曾获大连市"劳动模范""企业优秀班组长标兵""新时代最美职工"等荣誉称号，班组被大连市旅顺口区评为星耀滨城"三星团队"，多次荣获集团公司"标兵班组""先进党小组"等荣誉称号。

1.创新班组管理模式

班组是企业最基本的生产单位，也是企业安全管理的最终落脚点。班组建设好比一滴水，能折射企业本身优劣；班组各项工作是否做好，关系到企业的发展是否可持续。石臣用其班组建设成果诠释了稳定和创新的班组是奠定企业安全生产、经济发展的坚实基础的重要因素之一。

（1）开展多样化班前会

班前会是班组建设的特别重要工作之一，开好班前会不仅可以让职工及时了解工作重点和现场情况，避免工作的盲目性，保障安全作业。同时班前会时间短、针对性强、内容集中，也是整顿工作纪律，进行安全教育，提高工作效率的有效形式。在集团公司班前会体系框架下，石臣结合多年开展班前会的经验让每位班组成员都能够深刻地体会到早班会的重要性，从以前的早班会单一形式到现在多样化班前会，从以前"六必讲"到现在"三讲""三检"，从以前只重视班前会到现在关注班前会前、班前会

中、班前会后，更多对细节的关注和模式上的"小创新"，让他带领班组的班前会组织模式成为集团公司班组班前会样板，并进行了全集团推广巡回宣讲。

（2）落实班组自主管理

班组的自主管理就是按照企业文化的要求，自觉地执行企业的规章制度，间接激发班组员工的积极性、荣誉感、创造性。石臣成为班组长后，为了加强班组建设，抓好班组安全管理，实现班组工作的科学化、民主化、制度化、规范化，切实增强班组的凝聚力、执行力和战斗力，结合生产实际情况，牵头编制了《班组自主管理手册》（以下简称"《手册》"）。石臣牵头编制的《手册》分别从班组概况、班组责任分工、班组基础管理、班组队伍建设、班组管理制度、班组技术要点及流程、班组经验固化七大部分25项内容进行制定。

2. 推动精益创新进阶

（1）深耕技术创新成果

石臣先后发明了"卷筒两端法兰自动化焊接法"等10余项先进操作法，完成了"完成智能焊接机器人优化改进"等15项攻关课题。并且石臣申请了"QJ43-QJ120轨道翻转工装"专利，他肯钻研，积极提出合理化建议，"激光跟踪焊缝埋弧自动焊优化""主梁烤火移动工装优化"等，实现综合创效460余万元。近几年，石臣以劳模工作室和其班组为基础，在某军工项目中参与并实现了合同签订到交付用户仅用103天生产过程，创造国内同类产品出产新纪录；在另一个重点军工项目中，针对该产品各类焊接难题，石臣与其班组细化多种操作方案，焊接质量一次交检合格率99%以上，助力了项目的顺利实施。在公司智能焊接生产线应用过程中，石臣成立了智能化机器人课题专项攻关小组，他总结提炼出针对主梁

筋板、台车的智能焊接操作法，产品合格率达到 90% 以上，提高工作效率 50%，年节约焊接成本近 80 万元。石臣在智能焊接方面废寝忘食地学习、练习，他很快就将技能传授给新人，培养他们成为企业里最年轻最优秀的智能焊接操作者。

（2）发掘改善创效潜力

石臣具有强烈的成本管控和精益管理意识。在日常生产工作中带领班组应用多项课题攻关改善成果，如孔洞箱梁腰缝自动焊接法等，提升整体产品在焊接过程的效率；同时为了防止班组人员操作不便导致烫伤、割伤等，石臣带领班组主动改革改善工具、工装，如自制槽钢样板、自制改善组焊小件磁力工装等，经过安全、工艺部门的评审初步达到了预期的改善效果，在广大一线员工中取得了良好的声誉。他累计改善工作难题 10 余项，小改小革 40 余项，在石臣的带动下同时涌现出一大批工作认真责任心强的员工，为车间班组攻克多种操作难点，仅在改善提案这一项内容中累计创效 300 余万元。

3.带领班组成员共同进步

（1）增强班组学习力

作为一名产业工人、一名劳动模范，他全身心地无私奉献着自己的智慧和汗水，石臣始终牢记"我的岗位我负责，尽心尽责干生产"的宗旨，把业务学习放在自身建设的首位，在要求自己进步的同时，还不忘带动身边的班组成员共同进步。到目前为止，铆焊班涌现出多起好人好事，共评选出公司级先进个人8人次。

（2）开展"传、帮、带"以点带面

曾经刚入厂由老师傅带着的"小徒弟"现在已经成了"车间老手""公司劳模"。曾经王涛师傅的谆谆教导，让石臣更加坚定地要把"传、帮、带"成为一种习惯、一种传承。近五年，石臣累计培养徒弟焊工11人，铆工7人；其中有1人取得高级技师等级证书，3人取得技师等级证书，7人取得高级工等级证书，11人取得AWS焊工资格证书，并且全部成为班组的生产骨干，提高了班组的整体生产工作水平。

（稿件由大连重工装备集团有限公司石臣、郦宇提供）

司亚东：职工舒心、工作尽心、企业放心的管理模式，实现班组工作的全面优化和提升

司亚东，国网辽宁省电力有限公司北票市供电分公司计量班班长，先后获国家电网有限公司劳动模范、国网工匠、十佳服务之星，全国电力行业技术能手、百名电力工匠、辽宁省五一劳动奖章、辽宁省突出贡献高技能人才等荣誉称号，也是中国工会十八大代表。他担任计量班班长以来，总结提炼出"三心管理模式"，即"职工舒心""工作尽心"和"企业放心"，强调在管理中注重各维度的协同和整合，以实现班组工作的全面优化和提升。班组获"全国工人先锋号""辽宁省质量信得过班组"和"安康杯优胜班组"等称号。

1. 打造职工温馨小家

班组是企业的最基层组织，是公司"卓越辽电三年工程"目标完成的前沿阵地。司亚东常说"班组管理是企业管理的基础，而班组成员是企业经营活动的直接参与者，因此，大家相处融洽，氛围宽松，职工舒心工作，显得尤为重要"，在班组中，他要求员工精益求精提高素质，同时着重营造"小家"服从"大家"，"大家"与"小家"共荣的班组和谐氛围，使班组成员们在工作的同时也能感受到家的温馨，进一步加强大家的思想定力，培养职工爱岗敬业、自主创新的主人翁精神，立足岗位、奉献企业的唯旗誓夺精神，始终保持争先进位的劲头，让大家以积极乐观的心态投

入每一天的工作中。

"群雁翱翔，要靠头雁领航。"班组长的模范带头作用具有很强的感召力，司亚东身为班组长，切身做到从尊重、理解、关心员工入手，缩小与员工之间的情感距离，多多关心员工，试着去发现每一位员工的长处，合理安排工作。同时他也不断提高自身的素质，在工作中以身作则，严于律己，要求员工做到的自己先做到、做好。

2.精益化管理

为了进一步加强班组建设，深化班组精益化管理，在司亚东的带领下班组开始将对标工作放到重点，同时在工余时间向其他先进班组借鉴学习，总结经验，比学赶超，经常组织开展"对照先进找差距"活动。为增强大家的竞争意识，他将班组对标的指标分解落实到个人，让每一个人承担每一项指标，使大家快速成长起来。同时立足现有岗位，不断增强大家的学习能力，定期组织开展业务技能培训及考核，对每个人的工作情况进行跟踪观察，以便及时发现不足并及时改正，让每一个人都能全身心地投入到工作当中。在班组员工的共同努力下，率先完成智能表推广工作任务，为省内第一家实现抄表成功率百分百的县级供电公司。在完成工作的基础上司亚东意识到要提高大家的创新能力，使每一位职工都能保持争先创新的劲头，带动全班加入创新工作中。全力实现队伍各项能力的提高，提炼总结出独具特色的班组文化，努力打造出一个"全面发展型"班组。班组员工工作尽心尽力，实现了个人成长与企业发展的双丰收。

建立健全班组管理制度并严格落实，定期召开班组会议，并将会议内容落实到班组工作中，完善班组记录等各项资料，实现班组管理的科学化、规范化和标准化，努力夯实班组管理基础，推动班组管理朝着"建章立制，规范行为，科学管理"的方向深化和发展，为公司实现"六个确保"做出应有的贡献。

3. 夯实班组管理基础

在完成工作的基础上，班组的健康发展也尤为重要。司亚东结合计量班的工作特点，在班组建设方式及员工需求的基础上强化了"提高班组员工廉洁从业意识"和"规范廉洁从业行为"，结合班组学习，班务会和日常班组活动，积极开展"守纪律、讲规矩"廉洁规范活动，通过学习规章制度、警示教育等一系列活动来提高大家的廉洁从业意识。同时也要求班组成员规范自身的行为，为此定时开展"是否按规定装设电能计量装置""是否按规定轮换和更换计量装置"等自检活动，让大家养成严格执行各项规章制度的良好习惯。

班组培训是班组管理的基础，为提升团队技术技能水平，司亚东坚持每周对员工的思想教育、业务技能以及安全知识进行培训，并将每次的培训内容落实到班组培训记录中，形成颇具特色的班组培训文化。时刻为职工着想，用良好的行为带好班组，创造和谐气氛，保持高度的事业心和强烈的责任感，做好班组的思想政治工作以及其他管理工作，严格按照规章制度和劳动纪律办事，做到奖罚分明，让领导放心。

国网辽宁省电力有限公司北票市供电分公司计量班通过实施"三心管理模式"，实现了班组工作的全面优化和提升，员工以更加饱满的精神状态，更加高昂的工作激情，把各项工作抓实、抓细、抓出成效，为企业高质量发展做出应有的贡献。

（稿件由司亚东提供）

伏惠：把控细节、明确规范、树牢精益理念，提质增效

伏惠，通用技术沈阳机床配套事业部电装车间专机工段长，曾荣获沈阳机床劳动模范、沈阳市铁西区劳动模范、沈阳市五一巾帼标兵等荣誉称号。她从事生产一线工作 10 多年，带领工段员工提质量、提效率、降费用，出色完成多项重大型项目电气柜的配套工作。

1. 勤记录、善整理，把控质量细节

专机班组是一个"特别"的班组，几乎是清一色的女员工，堪称"巾帼班组"。伏惠与班组成员主要负责专机类产品电气柜的配套以及电缆制作工作。别看这个班组是"娘子军"，但是工作起来却一点也不含糊。

"做高品质产品是我们的职责，也是我们作为产业工人的光荣。"在伏惠看来，质量是产品的生命。熟悉伏惠的人都知道她有个宝贝，是一本 50 多页的大厚本，现场发现的问题，临时想到的事情都记在上面。她从大厚本子中梳理出 54 项涉及 6S 管理、精益改善和质量提升的问题，一项一项整改，做好一项划掉一项，目前这些问题都得到解决。伏惠还会同班组长定期走访主机客户，夯实生产计划的同时了解客户对电气柜产品质量、交付等方面的需求，在持续提升产品质量的基础上不断拓展客户增值服务维度，致力为主机客户提供高质量的产品和服务，全力配合主机企业完成生产任务。

2021 年，伏惠组织员工开展"降低电气柜配线线号松动故障率"QC 项目攻关，她作为项目的主力军冲锋在前，从前期报告，到用户现场调研产品使用情况，再到逐条分析排找故障原因、研究解决办法，她列出日程单和计划表，逐项推进，最终实现了电气柜配线线号松动故障率降低到 1% 的目标，该 QC 项目在通用技术集团首届评比中获得特等奖。

2. 定标准、划区域，明确管理规范

专机班组坚持"质量为王"的理念，确定了提高产量、质量不打折目标，提升全员质量意识，并开展车间每季度、工段每月度的质量培训工作，班组利用每天"早班会"通报前一天出现的质量问题，将问题责任落实到具体责任人，形成人人关心质量、人人重视质量的浓厚氛围。

2022 年，伏惠带领电装车间专机工段全面推行 6S 管理，结合工作实

际，制定了《专机工段 6S 清扫标准》和《专机工段 6S 检查记录表》，标准有图示有要求，检查有对照有记录，"工作台上标件盒内物料摆放整齐，不能多种物料混放""物料架上电缆摆放整齐，无杂物，无其他非生产相关物品""成品区蓝色分线桶摆放整齐并在置框内""打号机定期保养，机身干净整洁"，每一名员工、每一个区域、每一道工序、每一个细节都体现出 6S 管理在车间的运行和推广，减少了因为环境因素带来的干扰作用，保证高效的工作状态。

伏惠秉承"质量是干出来的不是检出来"的原则，组织班组成员共同优化生产流程，将生产流程分出三大项工序，做出产品质量"自检自控表"，每个工序关键点一目了然。该班组在专机产品每道工序增设产品自检卡，要求员工完成本工序作业内容后根据自检卡上的项目和标准进行自检，实行员工自检自控、班组长过程检查、试验员通电试验、检查员出厂前检查的质量管理模式，全部自检通过后才能转到下一道工序，对标对表抓质量，自检自控保交付，产品质量显著提升。

3. 抓创新、广纳言，树牢精益理念

伏惠带领班组成员在专机班组由点及面、循序渐进展开"发现浪费、消除浪费"活动，员工们面对面"找茬"、实打实"揭短"，共同发现浪费、消除浪费，降低制造成本，提升运营质量。该活动在专机班组参与度高、可行性强，很多棘手问题在班组成员的共同推动下迎刃而解。班组采纳了员工王慧丽提出的建议，购买扁平电缆专用压接工具替代虎钳压接，自检合格率达到 100%；钳工丁佩雨利用现场闲置线棒自制拧脚踏开关接头工具，方便快捷、质量稳定，使连接电气柜电缆的工作效率提升50%……活动中，该班组共识别浪费问题 18 项，涉及浪费点 21 个，确定可实施 17 项，已完成 14 项，消除浪费点 15 个。

在专机班组生产现场，一根长 40 米的软管横亘在电缆组作业区域的地面上，员工佟阳要把相应长度的电缆穿入其中，只见她动作娴熟地进行一番"神操作"，在软管管壁的内外侧分别放置一块磁铁，内侧的磁铁缠绕一条引线，拉动外侧磁铁，引线轻松穿过软管，电缆也随之穿过，用时不到两分半就搞定了这项本该需要花费大量时间才能完成的工作，而且屡试不爽。

"当前，生产任务饱满，我们工段将开展一项员工技能提升行动，培养员工一专多能，提高劳动效率。同时，继续完善"自检自控表"，抓质量不放松，保持产品 100% 交检合格率，努力将外部反馈率降至极限。"立足起点，伏惠对完成新目标信心满满。

（稿件由通用技术沈阳机床配套事业部苏晓晖、马莉莉提供）

李巧：市政铁军的战斗者，社会大爱的传播者

李巧，现任青岛公用事业集团市政管理有限公司市政养护作业队网格班长，先后荣获"山东好人"、青岛市"三八红旗手"、青岛市"劳动模范"、青岛市"优秀共产党员"、"青岛市文明市民"、"奋斗十三五·最美新区人"等一系列荣誉称号。

1. 市政铁军的战斗者

李巧班组负责的是西海岸新区机关办公中心、创业广场、市民文化广场等重要行政办公区域，面积近百万平方米，人员密集度高、工作业务量大、常态化维护特别困难。虽然困难重重，但是办法总比困难多，说干就干！公司党委在班组成立了党支部，充分发挥一线党员引领示范作用，首先在没有绘图软件、缺少档案资料的情况下，对各种设施进行徒步核实清点，历时 1 个月手绘了设施分布图百余张。按照排查情况，制定养护方案，为提升整体景观效果打下了坚实的基础。待春暖花开旅游旺季来临的时候，垃圾量也成倍递增，班组守护在"城市会客厅"，加班加点做好保洁养护，迎接四方来客。

班组经常昼夜奋战，以年均修剪绿篱数万平、补植苗木近万株、补植草坪万余平的"三个数万"，改造了辖区环境，提升了景观效果，为市民休闲娱乐提供了优美的公共场所。冬季来临，李巧带领工友们到凤凰岛中学、长江路中心幼儿园、育英小学等学校开展了校园苗木公益修剪活动，

累计修剪乔木 5 万余株、灌木 24 万余平方米——让上学的孩子们更多地感受校园之美、环境之美、社会之美。在一次绿化公益修剪活动中，班组一名环卫工人正在示范修剪，一名小学生拉着班主任的手过来说，老师，这是我的亲爷爷，他在为我们做好事呢。一种自豪感洋溢在小朋友的脸上，也荡漾在班组所有环卫工人的心上……

2021 年组建李巧创新工作室，参加创新创效专项竞赛 3 项，4 人分获不同工种一等奖和二等奖；开展道路清扫和绿化养护岗位职工练兵 2 次，4 人成功晋级技师岗位。开展"五小"等技术创新活动，其中对打药泵药液喷洒系统进行改装，雾化效果好，节约药液 30% 以上，已累计工作超过 1000 小时无维修，打药泵使用寿命延长 50% 以上；草坪修剪草叶碎屑无臭发酵堆肥技术，采用草叶肥料追肥可节约成品有机肥约 30%，该项技术获得公用集团金点子评选三等奖。

2.城市真情的受益者

因为很多环卫工人都来自内陆贫困地区，家庭都存在着这样或那样的困难，他们在这里生活都非常节约，力争把省下的钱寄回老家或者支援儿女。面对这样一个群体，负责人李巧时时关注着每一个成员，留意他们穿衣、吃饭、住房，对每个人家住哪里、家里什么情况、有什么难处等了如指掌，并在随后适时逐步实施帮扶救助。李巧一是联系恒丰银行等单位和上百位爱心人士为环卫工人捐赠了14000多件衣物，每到换季，都要提前准备，根据需求寻找合适的募捐物品；二是坚持逢年过节就安排孩子给环卫工人送水饺、送生活必需品，送上对他们的关爱；三是建立关爱环卫工人微信群，多种渠道宣传和争取大量的爱心捐赠；四是组织成立一枝一叶公益服务社，先后联合嘉里植物油、春天大药房等开展了一系列爱心活动。以上举措保证了捐助的持续性、常态化，让更多的爱化作温暖的源泉，滋润环卫工人的心田……

2011年4月，班组成员陈运汉与老伴贺春秀从湖北农村来到新区投奔儿子，负责新区机关办公中心周边绿化苗木的病虫害防治、修剪和广场保洁工作。因为新区社会各界都在关爱环卫工人，这让陈运汉和老伴切身感受到新区大家庭的温暖，他们渐渐地爱上了这份工作，爱上了这片土地，不再把自己当成一名外来务工人员。尤其2019年老两口告别了租住的平房小屋，搬进了有厨房、淋浴间，配套一应俱全的免费环卫公寓，更加坚定了老两口在新区安家的念头。他们的儿子升职调到广西总部，并在那儿给老两口安排了住房，但老两口动情地讲道：我们是新新区人了，我们爱上了这个工作、这个地方，我们不走了。老人最终选择留在新区安了家。现在陈运汉和老伴每天以更大的热情做好保洁工作，陈大爷说："新区就是我的家，这个广场就是自家的院子，天天迎来送往，客人这么多，一定要收拾得干干净净。"

3. 社会大爱的传播者

助人乃快乐之本。在团队建设过程中，团队始终把价值观的引领放在首位，引导大家尊老爱幼，助人为乐。当得知新区宝山镇居民范宝霞因爱人车祸去世，靠做豆腐独自拉扯两个孩子的困难情况后，团队果断向她伸出援助之手。一方面，团队负责人李巧积极联系爱心企业和身边的朋友购买她家的豆腐，从最开始的每月购买1次，慢慢地发展成现在每周购买1次；另一方面，团队将平时养护作业修剪的树枝积累起来给她送去用作加工豆腐的柴火，降低她的生产成本。据不完全统计，仅通过李巧班组，两年多来已销售爱心豆腐2万多斤，支援柴火2万多斤。除了对范宝霞的援助，疫情防控期间，环卫工人们还自发集资近万元为疫情防控奉献爱心，为此，区慈善总会专门制作了荣誉证书颁发到环卫工人手中。

（稿件由青岛公用事业集团市政管理有限公司孙红提供）

陈强：践行"乘客至上，服务为本"的宗旨，
竭诚为民服务，争当好司机

陈强，中共党员，1992 年 7 月参加工作，现任哈尔滨交通集团公共交通有限公司 3 车队 2058 车组特级车长（车组组长），曾多次获得黑龙江省"志愿服务优秀个人"、哈尔滨市公交行业"服务标兵"及公交公司"最美员工"等荣誉称号，连续两年被评为黑龙江省交通广播"爱心送考优秀驾驶员"，2022 年荣获哈尔滨市第三十八届劳动模范称号。

1. 发挥劳模作用，传承优秀车组

哈尔滨交通集团公共交通有限公司 3 车队 2058 车组（2058 系运营车辆自编号）始建于 20 世纪 70 年代，由第一代创始人全国劳动模范王永华组建。40 多年来，车组用实际行动诠释了"奉献社会，一心一意为乘客服务"的精神，多次荣获省市及全国劳模集体荣誉称号。几十年间 3 车队更换了数代车辆，但 2058 车组却从未更改过编码，它是哈尔滨市唯一换车不换号的公交运营车辆，同时车组还培养出吕郁、李敏杰、王秀琴、谭湘、孔令杰等省市级劳动模范。如今的 2058 车组在新一代班组长陈强手中继续传承。陈强同志是一名"70 后"，是 2058 车组的同龄人。自 1998 年 7 月加入中国共产党以来，他始终将党的宗旨铭记于心，以实际行动践行"乘客至上，服务为本"的工作理念。工作中他用 20 年如一日的坚守和奉献，书写着不平凡的事迹。他没有惊天动地的成绩，却以安全行车

百万公里无事故的记录，诠释着他对公交事业的忠诚与执着，在公交战线上，他用自己的辛勤付出和不懈努力，树立了新时代公交班组长的良好形象，成了广大市民心中的平民英雄。

2. 坚守党员初心，竭诚为民服务

作为一名共产党员，陈强深知自己肩负的责任和使命。他时刻保持清醒的头脑，确保行车安全，竭诚为乘客服务，把温暖送到每一位乘客的心中。他熟悉 3 车队途经的每一个站点、街道、商店、学校和企事业单位，以便为乘客提供准确的路线指导。他总结出的"五心"服务法，即对待所有的乘客都要耐心、对待老年人要关心、对待小孩要细心、对待外地客人要热心、对待残障人士要有爱心，不仅提升了优质服务的内涵，也让乘客们感受到了家的温暖。

2020 年深秋，他在驾驶车辆运营时，突然车厢有乘客呼喊"有人发病了"，他立即将车停靠路边，到车厢查看情况，只见一名 40 多岁的女乘客浑身抽搐、倒在地上、口吐白沫，他立即拨打 120 求救，并与乘客一起将病人放平，待 120 赶到后将病人接往医院救治。事后，病人家属来到车队为他送上一面锦旗，对他表达感谢。

2023 年春节前的一个晚上，陈强在发末班车路上拉了一位穿着朴素、大约有 70 多岁的老大爷，当车到终点站时，老人仍没有下车。经过询问，得知大爷是从乡下来儿子家过年的，下了长途车后上错了公交车，经过了几个小时之后就迷路了。当时已经是晚上 10 点多了，看到焦急又难过的老人，陈强主动耐心地询问大爷孩子家的地址和电话，并承诺一定帮助大爷找到家。经过多方寻找，当陈强辗转将老人送到亲人身边的时候，已经接近凌晨。老人激动地流下了泪水，老人的儿子连声道谢并要求给予陈强物质感谢，都被他婉言谢绝了。

在日常工作中，陈强总是面带微笑，热情周到地为乘客服务。他时刻关注乘客的需求和感受，尽心尽力为他们提供优质服务。当遇到老年乘客或行动不便的乘客时，他总是主动上前搀扶，帮助他们上下车；当遇到外地乘客询问路线时，他总是耐心解答，为他们提供准确的路线指导。他的这些举动，让乘客们感受到了一名优秀公交驾驶员的温暖和关怀。

3. 热心公益事业，帮扶困难群众

除了做好本职工作外，陈强还积极参与公益活动，勇于承担公交驾驶员的社会责任。他利用休息时间自发组织成立爱心服务队，带领队员们到市内繁华街道和站台义务疏导车辆，维护交通秩序。他还与一些困难家庭结成了帮扶对子，定期前往帮助他们解决生活上的困难，在一定程度上提升了优质服务的内涵。情系群众，播撒大爱。每到节假日或每有休息时间都会到帮扶对象的家中进行义务劳动，帮助残障人士修剪指甲、洗头、理

发、整理床铺、打扫卫生等，跟他们聊家常，了解和关心他们的身体情况。这些公益活动不仅展现了新时代公交驾驶员的良好形象，也传递了社会的正能量。

4. 参与冰雪旅游，助力家乡发展

2023年冬季正值哈尔滨旅游文化的火爆，五湖四海的游客来到哈尔滨，体验黑龙江的冰雪文化。冰雪季期间，陈强主动请战打造东北特色主题车厢，车厢内营造东北气氛，悬挂东北农作物特产，加上雪人装束和语音播报哈尔滨的美食美景，让游客们仿佛身临其境，更能够直观地感受到东北农家气息，充分体现哈尔滨国有公交公司让这个冬季乘坐公交车有温度、有热度，让哈尔滨国有公交擦亮冰雪这块金牌，也真正地树立和展示了国有公交的形象和风采。

平凡的岗位也能创造出非凡的业绩。如果说城市道路是城市的动脉，那么城市公交就是动脉中流动的血液，陈强作为国有公交驾驶员和班组长，他用自己的行动践行着"乘客至上，服务为本"的宗旨，为乘客提供宾至如归的服务。

（稿件由哈尔滨交通集团公共交通有限公司李喜同提供）

陈云姣：勇于担当、以身示范，是公交 18 路的"贴心大姐"

陈云姣，青岛市西海岸新区公交 18 路驾驶员班长，是青岛市第十三次党代会代表，曾获全国感动交通年度人物、山东省巾帼建功十大标兵、山东省诚信服务标兵、青岛市劳动模范等荣誉。

作为公交 18 路的驾驶员班长，陈云姣坚持勇于担当、以身示范，创新服务、锐意进取，德善引领、无私奉献，激发团队活力，带领班组成员共同进步，陈云姣班组曾获评山东省"安康杯"竞赛优胜班组、班组考核成绩在所在分公司连续 10 年排名第一。陈云姣带领班组与线路成员率先发起"爱心妈妈"志愿服务团队，获评"青岛市学雷锋志愿服务最佳志愿

服务组织"。2017 年，在班组成员以及线路成员共同努力下，公交 18 路获评"全国巾帼文明岗"。

1. 勇于担当，以身示范

陈云姣作为一名共产党员，她牢记初心使命，时刻以优秀的共产党员的标准严格要求自己，履行党员职责，将车厢打造成流动的党代表工作室，宣讲党的知识，听取群众的意见，在岗位上认真践行"为人民服务"的宗旨。发挥示范带动作用，她耐心细致的服务得到乘客们的认可和表扬，年均接到表扬电话 200 余起，收到锦旗 30 余面。从业 14 年来，陈云姣累计安全行车超 43 万公里，保持零事故和零投诉。

担任线路班组长 10 余年，陈云姣带领 11 名同事不断加强政治学习，提高政治思想水平，积极参加各项政治学习，动员班组成员向党组织靠拢，班组整体工作的积极性、主动性和责任感显著提升，成为真情巴士集团的标杆班组。班组成员各项工作均表现出色，连续 3 年获评真情巴士集团"先进班组"。

2. 创新服务，锐意进取

恪守"安全第一"的工作原则。为了确保班组成员安全行车，陈云姣班组半个月开一次班组例会，坚持每日微信叮嘱、电话提醒，强化班组成员工作责任意识。她常与班组成员说："安全行车是公交的生命线。""安全意识决定安全行动，方向盘在我们手中，只要我们用心就能保证安全。我们要学会自我管理，养成自警、自省、自励的自我管理模式。"在长期的工作中，陈云姣总结了班组安全生产工作法："慢、看、静、思、备"，班组成员认真落实，连续两年未发生责任事故。

丰富乘客体验，提供暖心服务。陈云姣班组全部由女性驾驶员组成，她们认真学习"全国五一劳动奖章"获得者于义睦的工作方式方法，结合女性驾驶员的性格优势创新车厢服务，总结凝练形成巾帼 18 路行为"四个统一"、工作"五个一样"、行车"三稳三让三先"等一系列创新服务举措，擦亮"巾帼专线"服务特色。在陈云姣的带领下，她们率先创立"首站式站立服务"和文明手势语，每一位班组成员都常年坚持每一天都用热情的服务和温暖的笑容迎接每一位乘客。此外，班组成员代表还积极策划拍摄安全服务教育模拟视频，以温馨独特的念白方式将工作经验分享给班组成员、公司其他驾驶员，共同进步、提高服务水平。

3. 德善引领，无私奉献

在真情巴士"德立道，善行远"的企业核心价值观引领下，陈云姣班组坚持立足岗位，奉献社会。

2005 年 2 月，在班组长陈云姣的带领下，陈云姣班组率先发起"爱心妈妈"志愿服务团队，常年开展爱心护学、春蕾女童资助、空巢老人帮扶、义务理发等志愿服务活动，累计帮扶 5 位春蕾女童和 15 位空巢老人，帮助春蕾女童小佳慧的事迹被改编为微电影《绽放》，荣获全国妇联"十大暖心故事"。2021 年 2 月，中央电视台《中国新闻》"新春走基层"栏目播出了 18 路公交上的"娘子军"典型事迹。截至 2024 年 3 月，陈云姣班组成员在车厢内外发生的暖心事迹和志愿活动事迹已被闪电新闻、大众日报、青岛日报等 80 余家官方媒体报道 200 余次。

德善利他方能行稳致远，陈云姣深知："无论从事什么工作，都要怀揣德善利他之心，这也是真情巴士长期以来倡导的企业文化。"作为一名公交驾驶员，她始终为乘客着想，悉心照顾、暖心问候，收获的乘客点赞和认可成为她前行的动力；在斑马线前，她礼让行人，行人点赞或弯腰致谢的回应，温暖了她的内心，也坚定了她坚持善良的信念；作为志愿者，她积极带领同事们扶危济困、帮助孩童、关照特需，收获的社会称赞不仅是对她个人付出的认可，更激发了她持续奉献社会的源源动力；作为班组长，她更是悉心关照班组成员，倾听她们的心声，解决她们的困难，成为班组成员心中的 "贴心大姐"。陈云姣用实际行动诠释了德善利他的真谛，她的善行不仅温暖了他人，也让她自己、她的班组行得更稳、走得更远。

陈云姣作为新时代优秀班组长的代表，展现了优秀班组管理的特色和优良传统。她的故事告诉我们，优秀的班组长不仅是生产任务的执行者，更是团队精神的塑造者和企业文化的传承者。在新时代的征程中，我们需要更多像陈云姣这样的优秀班组长，为企业的发展注入新的活力和动力。

（稿件由陈云姣提供）

赵达："六点"班组管理法，有效提升生产管理水平

赵达，先后获得"全国技术能手""全国优秀共青团员""全国百姓学习之星""长春市特级劳动模范"等荣誉称号，2019 年担任中国一汽集团红旗制造中心长青厂区涂装车间设备维修班长后，赵达凭借其深厚的专业知识和领导才能，创立并推行了以其命名的"赵达班组管理法"，该法广受认可，有效提升了生产管理水平。班组荣获"全国机械工业优秀质量管理小组成果一等奖""中国机械工业科学技术奖"等荣誉。

1. 预防管理

赵达班组通过聚焦设备预防管理，全员参与设备绿化：少修——开线条件梳理，对开线条件确认时序图内容进行梳理，保证设备开班可动率100%；快修——故障拉通，对历史故障进行故障拉通，设备风险识别46项，编制应急预案7份，组织开展故障演练22次；会修——规范作业标准，强化训练，设备作业指导书梳理196份，已培训完成。全年可动率达成98.5%，完成98%的年度目标。设备质量提升，结合工位绿化，课题识别3项，有效降低闪干针孔、烘干油污、固化剂结晶等质量缺陷。数字化设备状态监控，利用自主开发设备远程监控功能，实现车间无人值守，可保证设备报警5分钟内到场处理。

2. 攻坚克难

在赵达的领导下，班组成员们始终坚守着这样的理念：无论面对多么琐碎的问题，都不容忽视，因为往往就是这些小问题，积累起来便会影响整个生产线的效率。有一次，生产线上的推进设备发生了故障，本应由机械自动完成的工作，不得不转为人工操作。8名工友在高温高湿的环境中，手工推车以维持生产，不出半小时，每个人的工作服都被汗水浸透。赵达看着辛勤工作的同事们，他深知，这样的情况既不经济也不安全，必须找到一种改进的方法。于是，赵达开始钻研程序代码，寻找突破口。经过不断的努力和尝试，他终于找到了解决方案：通过修改程序代码，让一台驱动器能够同时控制两台推进设备，从而取代了繁重的人工推车工作。这一创新不仅解决了当下的问题，更为班组带来了长远的利益。这个小故事展现了赵达对待工作的态度和方法。他从不放过任何一个细节，始终坚信通过不断的小改善，可以带来整体的大提升。正是这种精神，让赵达班组在中国一汽集团中脱颖而出，成为一个高效、创新、团结的模范班组。

3.创新驱动

赵达班组通过设备启停精细化管理，非生产自动设备的手自动切换管理，有效降低基础能源消耗，同时形成执行标准并横展，实现全年降本金额约30万元；备件降本方面，高温链条油、高温润滑脂、立体库防滑垫、燃烧器过滤棉等15类备件大众对标，全年降本金额约12万元。修旧利废方面，利用自制备件、购买最小维修单元等方式，自主修复设备21台套，节约成本约25万元。

4.数智引领

赵达班组积极推进设备工作台系统全员推进应用，优化点检、保养流程，提升设备点检效率80%，实现故障自动填报，MTTR降低4分钟，实现自动完成备件补库，缩短人工工时20分钟/天。学习应用先进数智化手段与工具，依据数智化产品思维，完成高价值、可横展数智化产品6项，一种节约喷涂机器人油漆耗量的AI控制方法、入口视觉校验作业指示出口工艺完整性校验数智化车身防错系统、设备故障钉钉推送智能报警机器人系统等，解决了车身信息错误导致的质量问题，节省成本32万元/年，提升维修效率13%。

5.人才育成

赵达班组注重员工的培训和发展，通过可维持生产的状态、异常应对等方法应用在管理过程中，提升现场管理能力。维修培训阵地自主搭建，应用利旧设备、损坏恢复设备，建设培训阵地，依据不同人员多元化培训课程选择培训设备。开发专项培训教材，形成四级员工能力模型，已全员达成中级以上水平。

6. 五维同步

　　赵达班组通过创立并精心实施"赵达五维同步班组管理法"，进一步提升了团队的生产管理水平。此管理法包括五个核心维度，旨在全面提升班组的协作效率与生产质量。一是同步规划与目标设定：班组与赵达共同制定了清晰、可量化的年度与月度生产目标，并通过每日启动会议确保每位成员对当日的重点任务和目标有明确了解。二是同步质量与维护管理：实施了设备的预防性维护计划，并定期检查以减少故障。此外，班组每周举行一次质量小组会议，集中讨论和解决过去一周内的质量问题。三是同步培训与技能提升：构建了一个详细的技能矩阵，用以明确每位员工的技能水平及提升需求，并据此进行定期的培训，不断提升团队的专业技能。四是同步沟通与协作：鼓励班组成员参与交叉培训和职能互换，增强团队的整体协作能力。同时，通过每月的回顾与反馈会议，分享学习经验并讨论工作流程的潜在改进点。五是同步创新与持续改进：建立了班组内的创新提案系统，鼓励员工提出改进设备效率和产品质量的创新想法，并从中选取高价值项目组成专项团队进行实施，推动持续改进。

（稿件由中国一汽集团齐嵩宇、赵达提供）

赵锋：以勤奋、精进、传承，实现了工匠精神的延续和传承

中原石油热力分公司天津项目部热力分公司天津项目部热电检修班主要负责天保热电厂2个变电站、42个配电室、30多台大型电器设备的检修、维保工作。班组长赵锋先后取得国家专利4项、厅局级成果11项，2022年被授予中原油田"劳动模范"。

1. 以勤奋铸就工匠梦想，在保障国家能源中执着专注

该班组的大部分员工在"石油庄园"中长大，从小听着"铁人"王进喜的故事，唱着《我为祖国献石油》，从儿时就对石油事业有着向往和追求。他们的班组长赵锋，1990年从技工学校毕业参加工作，就扎根在石油一线岗位，立志成为一名工匠，立足岗位为祖国献石油。为尽快提升理论知识和实际操作技能，他上班跟着师傅学，下班抱着书本啃，三十年来如一日，潜心学习打磨电工技术，日复一日、年复一年技术日渐成熟，逐渐成为行业里的翘楚。2019年，为了全力降低油田原油盈亏平衡点，赵锋和他的成员积极走出石油庄园，先后转战河北、陕西、天津等地，不管环境多么恶劣，都没能阻止他们拓市场、争效益的脚步。这么多年来，他们一直在生产一线，日复一日和电气设备、电路打交道，他们从未感到乏味、枯燥，在他看来，适合自己的就是最好的，一定要做"有价值的工人"。因为对工作的热爱和强烈的使命感，在为甲方服务的过程中，他们无数次

装配、调试、维修、保养的各类电气设备，没有一套因质量发生问题，他用实际行动诠释了新时代工匠的执着、专注，充分展示了石油工人特别能吃苦、特别能战斗的精神风貌，在外部市场让"中原服务"的旗帜高高飘扬，为打造千万吨级一流油气公司，全力保障国家能源安全贡献了力量。

2. 以创新彰显工匠本色，在助力高质量发展中精益求精

当前，"中原服务"正在全国各地遍地开花。作为一名工匠，不断提升品牌价值，是他们一直的追求，为此他们不断擦亮创新底色本色，筑牢高质量发展的技术支撑。他们的第一次创新是在寒冷的冬季，天津空港热电厂的两台 25 兆瓦发电机组是该厂的核心电力供应设备，在为天津空港经济区 60 余家企业、近 3 万户居民提供采暖热源的同时，也为经济区内

90 余家企业提供生产用蒸汽。就是这两台如此重要的设备，却存在着让甲方头疼至极的运行难题。发电机组的 4 台轴加风机切换时，备用机在启动过程中经常发生跳闸，仅冬季高位运行期间就出现了 6 次故障。电机损毁、更换配件不但经济损失巨大，更是给机组安全运行带来了重重隐患，而大家却苦于找不到"症结"所在。赵锋和他的团队多次深入现场检查，经过排查，他们发现是蒸发的水汽进入电机内部导致绕组绝缘性能下降，造成电流击穿损毁故障。他们反复在图纸上描绘设备改造示意图，自己动手加工制作凝水切断装置，反复到现场试装，并在机壳上方加装了冷凝水外排管道。他们的改造立竿见影，轴加风机去年供暖季没有再出现一次跳闸和电机损毁故障，创效近百万元，令甲方赞叹不已。经过不断努力，赵锋和他的班组先后有 19 项创新成果在油田和甲方推广应用，累计创效1200 万元。

3. 以传承发扬工匠精神，在助力产业工人队伍建设上追求卓越

做为一名工匠，不仅自己能力水平高，更要发挥"匠带兵"作用，传承和发扬好工匠精神，做好"传、帮、带"，让更多的人成为工匠。为了发挥技术工人的作用，他一手组建了技师攻关队，围绕生产运行中的技术难点，同心同力集智攻关，在刚刚过去的 2023 年，他的攻关团队先后有 5项技术成果获得油田和热力分公司的职工创新创效成果奖，3 项成果荣获油田技师协会技术难题攻关一、二等奖，技师们的技术先导作用得到了淋漓尽致的发挥，也在班组内营造了浓厚的学习研讨氛围。赵锋还特别关注班组内青工的成长，对青工采取"按需施教"，开展"教你所需，传你所想"的员工素质提升培训，采取"一对一"带、"手把手"教的方式，依据热电厂各类电力设施的运行特点，把握设备季节性维修实际，倾囊传授

自己的经验和技术。在热电厂 29 兆瓦大网循环泵变频维修、25 兆瓦轴加风机电机维护等重要设备检维修现场，总能看到赵锋带领大家现场教学、耐心示范的身影。在他的带领下，他们的团队学教氛围特别浓厚，帮助 50 余人次取得了更高一级的技术等级，6 名徒弟成为技师和高级技师，实现了工匠精神的延续和传承。

作为一名新时代的工匠，赵锋和他的班组，坚持敬业、精益、专注、创新，搏击市场，直面挑战，做到没有最好、只有更好，努力完成生产经营任务，肩负起新时代油田高质量发展的责任，在端牢能源饭碗上再立新功、再创佳绩。

（稿件由中原石油热力分公司天津项目部徐玉芹提供）

赵霞："三个打造"班组管理法传承弘扬"郭玉凤班"的精神

"郭玉凤班"是淮安市市政设施养护中心的一个下水道班组，是以该班第一任班长郭玉凤的名字命名的，老班长郭玉凤退休后，赵霞作为继任者，带领全班成员坚守在淮安主城区下水道疏浚工作第一线，她们辛勤的付出得到社会各界的高度肯定和赞扬。老班长郭玉凤先后获得"全国五一巾帼标兵""全省建设系统精神文明建设先进工作者""省十佳文明职工""省十佳服务标兵""省劳动模范"等诸多荣誉。接任者赵霞也先后荣获"江苏省文明职工""江苏省五一劳动奖章""江苏省住房和城乡建设系统劳动模范"等荣誉称号。"郭玉凤班"获"全国工人先锋号""全国五一巾帼标兵岗"等荣誉称号。

1. 打造"爱岗敬业"班组

"郭玉凤班"主要负责淮安市清江浦区近 20 条主次干道的下水道疏浚工作。这个不到 10 人的班组，数十年如一日地清理着下水道里的污秽和垃圾。一个铁钩，一个竹片，一把长镐，一柄小勺，一部疏通车，这些简单的器材，成为他们"治疗"城市"肠梗阻"有效的工具。

下水道疏浚属于苦脏累险工作，没有一种精神支撑是不可能做好的。"郭玉凤班"凭借"宁可脏一人、服务千万家"的优良传统和服务理念，带领班组成员日复一日，年复一年地坚守在这一平凡的岗位上，长期风吹日晒的露天作业，使得他们的皮肤变得粗糙，嗓音变得沙哑，很多人双手还患上了神经性皮炎，但依然坚守岗位，将"郭玉凤班"打造成一个"爱岗敬业"班组。2015年2月，老班长郭玉凤光荣退休，赵霞被推选为"郭玉凤班"第二任班长，赵霞说："作为班长，我不仅要自己带头干好，还要全力以赴地把班组带好，'郭玉凤班'是先进典型，我作为第二任班长，绝不能让这块金字招牌失色。"

说得好不如做得好，汛期时每每暴风雨来袭，赵霞便带领班组成员冲在防汛抢险第一线，为了及时排涝，她经常主动顶着暴风雨站在揭开的井盖旁，提醒行人、车辆注意避让，直到积水消退才离开。防汛值班期间，职工们一般会分成早、晚两班轮流值守，而赵霞却总是坚持两班都到岗。

2. 打造"为民情怀"班组

疏浚下水道看上去简单，但疏浚工作大多在管道中进行，眼睛无法看到，靠的是经验和手上的感觉。

"郭玉凤班"的每个人都是下水道疏浚工作的行家里手，竹片在他们手中就像一条蛇那样无比灵活，没有他们解决不了的问题。"闭上眼睛，我们都能知道下水道出水口位置，管径多大、什么地方会积水，揭开井盖听声音就能判断出管道是否畅通，看漂浮物就晓得出水口水位的高差。"现任班长赵霞说，下水道堵塞问题几乎没有她们解决不了的。

工作技能过硬，"郭玉凤班"对待群众却充满柔情。全班职工每年都利用节假日义务为社区、学校、群众、孤寡老人服务。家住清江浦区新民西路小街巷6号的孙老师家下水道建在房屋下面，每遇暴雨下水道就像"喷泉"，污水夹杂着油渍、粪便漂浮到院子里，并漫入家中。"郭玉凤班"了解孙老师的困难后，主动把孙老师家列为她们义务服务的对象，义务为孙老师家疏通下水道。多年来，"郭玉凤班"已疏通的下水道近7000

公里，清掏的排水井达60多万座，参加防汛抢险400多次，义务为学校、部队、孤寡老人等服务300多次，我们每条道路、每座窨井、每个社区都烙下了他们无私奉献的足迹。

位于清江浦区引河路社区的面粉厂宿舍，是一个改制企业的生活大院，基础条件差，再加上地势低洼，经常出现下水道漫溢现象，居民深受其困。那一年，接到宿舍居民求助电话，"郭玉凤班"当天就赶了过去，更换破损窨井盖、疏通下水管道、清掏沉淀井……给"千疮百孔"的路面动起了"手术"。近30条巷道、逾200个窨井，她们疏浚9天，终于让这个堵了多年的老旧生活大院"通了气"。居民肖大妈感激不已："这下不怕污水倒流到屋里去了！"

3. 打造"乐观向上"班组

"下水道疏通是个良心活，少通一米没人知道，少扒一勺也没人看得出，但我们凭的是良心。"这是老班长郭玉凤工作中经常挂在嘴边的话。

下水道疏浚工作既苦又脏，工作环境也时常让人难以忍受，接任班长赵霞总是经常开导组员"别以为咱们的工作只有苦，其实我们的苦中有很多别人体会不到的乐趣呢！"

脸上溅了淤泥，她们说是抹了祛斑霜；

夏天烈日暴晒，她们说是补钙；

巡查管道，她们说是"一日游"；

中秋前夜修补窨井盖，她们说是"发月饼"；

哪家的下水道堵了，她们说是给它开个刀或搭个"桥"；

路边的树荫，她们说是"避暑山庄"；

窨井里热得像蒸笼，她们说是洗免费桑拿；

一句句自创的"行话"，让下水道疏浚这一无比平凡、枯燥的工作充

满了豪情与欢声笑语。

多年来，"郭玉凤班"先后荣获"第三批江苏省学雷锋活动示范点"、"江苏省学雷锋活动示范点""江苏省十佳模范职工小家""江苏省工人先锋号""江苏省践行周恩来精神模范团队""全国五一巾帼标兵岗""全国工人先锋号""江苏省建设系统工人先锋号""全国妇女创先争优先进集体""全国职工职业道德建设标兵单位"等荣誉称号。

"下水道虽然不起眼，却和市民日常生活息息相关，我们一定会发扬老班长郭玉凤真诚为民的工作作风，用自己精心的工作，让群众放心。"赵霞说。

（稿件由淮安市市政设施养护中心范丽娟提供）

覃启铭：重视人才培养、过程管控、科技创新，打造技术精湛的电气试验专业队伍

覃启铭，国网芜湖供电公司变电检修中心电气试验班班长，市级技能大师工作室负责人，先后获得全国高科技企业优秀班组长、安徽省技能大奖、芜湖市五一劳动奖章、安徽电力工匠等 10 余项荣誉。自担任班组长以来，他秉承"以实干为抓手，以创新为动力"的理念，打造了一支技术精湛、敢于担当的电气试验专业队伍，提升了班组的核心竞争力，为芜湖电网的稳定运行提供了坚强保障。

1. 重视人才培育

覃启铭所在电气试验班组主要负责芜湖地区 60 余座变电站设备停电试验、带电检测等工作，专业性很强，对电网的安全运行起着至关重要的作用，这让他时刻感到电气试验人员责任的重大。他认为，电气试验人员就像电网医生，必须要有精湛的专业技能，才能灵敏地发现设备隐患，保证电网设备安全。

为此，他提出班组要从"学习型"向"专家型"转变，着力打造一支"专家型"精兵队伍。他提出"三个深入"：深入开展设备工作原理、试验原理学习，深入开展设备典型故障案例学习，深入开展电气试验核心业务，致力于提升班组技能水平。他将班组培训"碎片化"，鼓励员工当讲师，开展现场实操、集体小课堂等多种形式的专业培训，筑牢员工技能基

础；他将专项技能培训"竞赛化"，引导员工主动介入各类工程建设项目，学完就练、练完就考、考完复盘，提升员工核心本领。班组"比学赶超"学习氛围浓厚，涌现了多名能打硬仗、有担当的专家。2019年，220千伏港西变电站主变压器突发危急缺陷，班组成员李卓、赵君成连夜开展诊断试验，准确分析故障原因为有载调压开关C相第8分接触头部位接触不良，避免了主变压器损毁。2021年，河南郑州遭受特大暴雨灾害，班组成员马良强、刘明被省公司选中支援保电，他们在抢修现场凭借出色的专业技能，7天内快速恢复4个小区7100余户居民的供电，得到上级公司和地方居民的高度肯定。班组员工的转型，使得"专家型"班组建设也有了明显成效。2023年，班组关键业务自主实施能力覆盖率100%，走在全省班组的前列，班组参与的220千伏繁南变电站主变压器有载开关修理工程获省公司级生产技改大修自主实施优秀示范项目。

2.重视过程管控

安全生产责任重大，容不得半点懈怠。电气试验班作为生产一线班组，需要经常和高电压打交道，工作安全风险很高，稍有不慎，就可能出现人身伤亡事故。

覃启铭始终坚持安全生产是第一要务，他严管计划，加强作业组织管理，杜绝无计划作业；他严管人员，加强安全意识教育，杜绝违章作业；他严管现场，加强班组长到岗到位监督，杜绝漏管失控。他针对工作的风险性，总结分析了本专业的三大风险：人身触电、高处坠落、感应电伤人，并制定了相应的安全管控措施。2018年，某公司开展线路参数测试工作，线路感应电伤害造成2人死亡。由于班组每年需承担60多条线路的一次核相或线路参数测试工作，为使该项工作安全平稳开展，他牵头制定线路一次核相、工频参数测试典型检修方案，凝练提出"四个务必"：试验前务必测量线路感应电压、试验接线务必在线路两端接地的条件下进行、试验全过程务必使用安全工器具、试验人员务必与引线保持安全距离，有效防范了线路感应电伤害风险，其工作方法在芜湖一市四区县得到推广。多年来，班组的自主安全管控水平走在公司前列，2021年获省公司"安全先进班组"荣誉称号。

3.重视科技创新

近年来，国家电网有限公司深化科技体制机制创新，鼓励员工创新创效，助力公司高质量发展。覃启铭充分认识到创新对于安全生产的重要性，他认为，工作中要大胆创新"亮点"，要积极挖掘身边的"小改小革"，通过"小"创新实现"大"作为。

为此，他围绕工作中的难点、痛点，以技能大师工作室为载体开展头脑风暴等集体活动，带动班组强化创新意识，增强创新本领。他积极打造学习交流平台，使班员不断学习新知识新技术，开拓创新思路，同时组织班组每年参与 QC、科技项目等各类创新活动，激发员工创新内驱力。为了明确科技课题思路，他提出"三找法"：从抱怨中找改进、从隐患中找痛点、从经验中找方法，激发班组创新活力。为了争取高质量的科技成果，他广泛缔结科技同盟，与高校院所、创新企业等科研团队建立沟通机制，拓展对外合作。在他的努力带动下，班组的创新氛围浓厚，创新工作成效明显。2021 年，班组开展"便携式避雷器运行状态检测装置的研制"项目，提高了避雷器带电检测作业的工作效率，降低了作业人员的安全风险，获安徽省质量管理小组一等质量技术成果奖。2022 年，班组采用 GIS 同频同相交流耐压试验技术，实现芜湖电网首次对 GIS 进行不停电交流耐压试验突破，为电网的可靠运行增添新的技术支撑。

电气试验班在覃启铭的带领下，凝聚团结、奋进合力，各项工作取得了较好的成绩。2023 年，班组获评国家电网有限公司全业务核心班组建设"标杆班组"、国网安徽省电力有限公司"工人先锋号"荣誉称号，正为公司的高质量跨越式发展持续做出贡献。

（稿件由覃启铭提供）

管萍：重安全、抓培养、提技能、明分工，提升班组核心竞争力

管萍，青岛四三零八机械厂水雷班第 11 任班长，水雷班曾获"全国工人先锋号""全国质量信得过班组"等荣誉称号，管萍是"青岛市五一劳动奖章"获得者，她带领班组连续 4 年荣获"青岛市优秀质量管理小组"称号。

1. 夯实安全管理基础

为强化安全，管萍以班组长为中心，设置横向以各型号负责人为主，纵向以安全管理员为主的安全管理模式，开展安全生产检查、事故隐患排查等相关工作，每日班前会进行安全生产交底，每周组织班组成员开展安全隐患排查，累计排查隐患几十余项，班组近年来无安全事故发生。

同时，她还利用班前会、主题班会等形式，结合日常重点修理任务，将安全事故典型案例、安全操作规程及相关管理规定进行培训宣贯，并利用抽查提问、知识竞赛等形式，强化学习效果，让职工形成安全隐患排查意识，防患于未然。

2. 抓培养提技能

人才是保证装备修理质量的基石，为实现人员技能的有效提升，管萍

同志以"技能型"班组创建活动为契机，加强人员培训及考核工作，把班组人才培养的目标定位于培养和造就维修保障复合型队伍，充分发挥本单位装备技术骨干的模范带头作用，制定人员培养规划，采取以老带新"结对子"、典型示范、现场观摩、授课辅导等方式，确保各专业保障人员在掌握各型装备本专业修理技能的基础上，学习掌握其余专业结构组成、功能原理、常见故障排查方法，通过心贴心地教、面对面地讲、实打实地带，充分发扬"传、帮、带"精神，实现班组人员培训覆盖率100%、考核通过率100%，切实抓好业务技能培训，不断增强人员的专业技能水平，满足装备保障复合型人才队伍建设需求。

新型装备列装后，技术保障能力建设不能一蹴而就。因此，装备保障人才培养一定要具备超前意识，班组利用走访调研、跟产培训等多种方式同各装备承研、承制单位建立起常态化沟通渠道。发挥班组成员专业特长，在承研、承制单位设备、工装具配置的基础上，结合多年装备保障经

验，以 QC 活动、"五小"创新活动及能力提升工作为平台，优化在修装备修理工艺流程，进行工装革新、工艺方法改进，研制某水雷系留分离装置气密工装、目标探测器支撑座等自制工装具 30 余套。通过研制工装具、完善技术文件、组织班组成员技能培训，使班组具备某水雷两型保险器自主修理能力、某声诱饵动力推进段外液压检查自主修理能力的同时，优化某水雷全功能检查修理流程，通过研制集成化检测设备取代通过 4 块数字万用表对全功能检查过程中 9 路输出信号的监测，有效提高了工作效率，也提升了班组成员整体技术能力。

3. 细化岗位职责分工

近几年，修理任务翻倍式加重，给班组带来了新的机遇和挑战，为满足修理需求，管萍打破原有班组长—型号负责人—修理人员管理模式，细化人员分工，以装备修理流程为基础，根据装备结构特点，组建起电气、保险器、火工、小部件及总体修理小组，依据人员技能水平、修理经验，选取各小组领工人员，各领工人员对本小组生产进度、质量、安全负管理责任，并同当月绩效相挂钩，对班组成员的日常表现起到极大激励作用。

班组始终秉持"质量就是生命"的理念，为确保修理质量，在海军保障企业中率先推行"读卡制"，结合装备修理特点，班组设计了部件装配卡、维修操作卡、监督检验卡。装备的总体结构复杂，装配质量直接关乎装备作战性能，为确保零部件装配准确，班组设计了部件装配卡，按装配顺序刻模摆放，对容易出现问题的点进行提醒，消除了"漏"装的风险。将修理工艺进行提炼，编制了维修操作卡。通过读卡操作，避免人员凭经验修理，消除"忘"工序的隐患。将检验标准进行提炼，编制了监督检验卡，通过自读自检的方式对检测结果进行确认和验收，避免"错"指标的问题。通过开展读卡制活动，达到了"读懂内涵、卡住错漏、制在必胜"的效果。

"一花独放不是春，百花齐放春满园。""用成果证明自己"是管萍同志度量自己的标杆，她正满怀信心与斗志，带领水雷专业修理人员一如既往、齐心努力，劈波斩浪、奋勇前行，为提升班组核心竞争力不断奋斗，为助力海军装备保障事业只争朝夕。

（稿件由青岛四三零八机械厂王森、山东省国防机械电子工会委员会尹向群提供）

（五）

王升: 用"超级自由人"培养法激发
班组成员的潜力和活力

　　王升，山东钢铁股份有限公司莱芜分公司特钢事业部转炉车间精炼班班长，在他的带领下，班组以打造"学习型＋精益型"双型班组为愿景，通过不断的探索与实践，成功构建了一套独具特色的人才培养与提升管理体系——《"超级自由人"培养法》，极大地激发了班组成员的潜力和活力。精炼班先后荣获"全国工人先锋号""全国机械冶金建材行业创新百强班

组""全国冶金行业十大班组创新工作室"等称号，连续三年荣获"山钢股份莱芜分公司 5A 级学习型班组"称号。

1. 一前提、两抓手

班组以安全为前提，通过抓实效率提升与产品质量稳定两个抓手，全面提高班组绩效。

（1）夯实安全基础。精炼炉冶炼过程中涉及煤气、熔融金属吊运、盛钢容器三大危险源，作业环境复杂，操作种类多样。为保证安全生产，精炼班组严格落实"风险分级管控，隐患排查治理"的理念，2023 年消除安全隐患 2631 项，实施现场安全改善 1076 项，多次获得特钢事业部"隐患排查治理先进班组"荣誉称号。

（2）提升生产效率。王升提出将精炼跨 6 部钢包车进行中心轴线对整，减少行车的非必要动作，钢包运转由 23min 降至 14min；实现转炉工序一周达产，两个月达产达效，三个月达产创效。

（3）保障质量稳定。精炼班组时刻牢记"质量是你我的饭碗"，积极践行"想都是问题，做才是答案""工作不争第一就是标准不高"等理念，坚持"高"的意识和"严细实快"的工作作风，千方百计提升钢水纯净度，全面把控钢水质量。王升带领骨干多次到先进企业对标交流，学习先进管理方法和流程工艺，寻找短板，改进不足，重点围绕 RH 工艺开展优化提升，实现了 RH 真空处理试验氮气代替氩气一次试产成功，提高了钢水洁净度。同时，通过生产工艺改造，精炼炉出钢温度较调整前降低 25℃、冶炼电耗降低 17kwh/t，打赢了质量、成本的"翻身仗"。

2. 全员创新创效

（1）发动全员改善。现场是实施创新改善的最佳土壤，班组依托公司"全员改善创新"平台，树立"问题就是资源"的理念，发动全员发现改善现场问题，打造形成"发现问题——制定措施——改善提升"的闭环流程。转炉精炼下料系统中的分料器，控制着两座精炼炉的合金下料，前期生产过程中经常出现卡料（每班出现4—5次），严重影响生产节奏，影响钢水窄成分的控制稳定性。王升带领班组骨干对现场设备进行观察，剖析问题根源，先后采取调整液压杆伸缩距离、开启方向等方法，卡料问题得到彻底解决。

（2）持续改善提升。持续创新改善已成为班组的工作习惯，在一次现场工作写实时，看着周转跨来回运转的钢包车，王升变换思维的提出将翻板去掉改成来回开动的布料小车形式，彻底解决了卡料问题，班组成员为这位刨根问底的班长竖起了大拇指，这一改造也荣获公司全员改善"黄金一等"提案。

3. 打造班组"超级自由人"

（1）培养"一岗多能"型员工。2023年，特钢100吨转炉热试投产，100吨电炉作业人员和部分单位分流人员投入到了紧张有序的热试中。由于人员水平参差不齐，给班组生产带来了一定影响。为此，王升带领班组实行"超级自由人"管理法，通过"多面手"培养和"星级评价"体系，培养所有员工适应本职岗位，使班组成员做到"精一行、会多行"，做到"一岗多能"。

（2）为员工搭建优质平台。通过"多面手"管理法星级评价制度，四个小班都培养出一名优秀职工，该职工具备班长能力，且可独立操作达 30 天以上，成为超级自由人。超级自由人的成功培养，顺利实现了生产和人员轮转，为想干事、能干事、干成事的员工提供了优质平台。

4. 创新"四学"培养模式

在"超级自由人"管理法的基础上，王升带领班组坚持坐下学、干中学、教中学和研中学的培养模式，培育出一支既具备深厚理论基础又拥有卓越实践能力的精英团队，为企业的持续创新和高效运营提供坚实的人才支撑。

（1）坐下学：通过深入研习专业领域的知识体系、安全规范、先进理念、改善案例以及标准化的操作流程，系统性地提升成员的理论素养，构筑坚实的知识基础。

（2）干中学：在充满活力的实际生产环境中，激励成员主动探索、勇于实践，将所学理论知识与实际操作紧密结合，通过亲身体验将知识转化为得心应手的技能。

（3）教中学：选拔拥有丰富经验的资深员工担任指导老师，不仅在思想政治层面提供引导，更在业务技术方面进行深入指导，确保成员在专业成长的道路上快速而稳健地前行。

（4）研中学：鼓励成员积极参与技术攻关、科技创新以及全员改善项目，通过参与和深入研究，不断提升自身的理论深度与实践广度，培养创新思维和解决问题的能力。

（稿件由山东钢铁股份有限公司莱芜分公司王升、高翠萍提供）

王晨阳：“123 工作法”为核电站安全稳定运行提供强力支撑

作为中核北方核燃料元件有限公司一名“90 后”青年班组长，王晨阳怀揣“用匠心守初心、用平凡铸不凡”的工匠精神，用实干砥砺青春，用担当践行使命，先后获得内蒙古自治区技术能手、中核集团公司技术能手、中核集团公司建言献策二等奖等荣誉，带领班组斩获全国“安康杯”竞赛优胜班组、内蒙古自治区工人先锋号等称号。凭借多年探索和实践，王晨阳总结出了“123 工作法”，即“紧盯 1 个目标、强化 2 个培训、采取 3 个措施”，获得多项专利及科研奖项，保障了核电燃料元件的制造质量，为核电站安全稳定运行提供了强力支撑。

1. 代代相传

安全是核工业的生命线，核燃料元件质量是核电站第一道安全屏障，棒束自动组装班组作为重水堆核燃料元件整体制造最后一道关键工艺，其质量决定着元件所在运行堆的安全。王晨阳是一名核三代，核工业人为国奉献的品质自幼就牢牢扎根在他心中，强烈的使命感和责任感造就了他工作的态度，专注产品品质，事事精益求精，一心一意致力于打造重水堆核燃料元件质量品牌。

期间，王晨阳亲身见证过燃料棒束堆内连续运行 48 个月零破损的"高光时刻"，同时，班组作为燃料元件整体制造最后一道关卡，也曾面临多次急难险重的挑战。"从前辈手中接过接力棒后，我工作从来都是如履薄冰。"王晨阳说道。为此，他紧盯"燃料棒束零破损"这个目标，坚持质量不为产量让步、质量不为速度让步、质量不为效益让步，在生产线全面自动化改造后，端塞焊工序成品率、棒束组装成品率一直在 99% 以上，处于国际领先水平。

2. 躬行实践

要确保达成"燃料棒束零破损"目标，王晨阳表示，改变思维才能改变行为，改变行为才能改变结果。改变思维就是更换头脑中的知识体系，他强化了两个方面的培训：一是强化定期集中培训，开展技能提升课堂，聘请外部专家为组员讲授知识、答疑解惑，由主操手录制各个工序操作视频，进行多角度、分段式的细致演示及讲解。二是强化日常微培训，开设"产品质量我控制""焊接工序我知道"的微培训课堂，进行全员知识点和经验启示的问答，实行班前会每日一题制度，强制养成标准化作业的习惯。

思维的改变，让班组成员学会了电阻焊接、WTC 控制器编程等方面的知识和技能，也让他们在实践中发现问题的次数变得越来越多，遇到的问题越来越复杂。于是，王晨阳下定决心对整个工序全面梳理，重点采取三个措施：一是摸清问题底数，实现清单化管理。他带着组员从人、机、料、法、环等多方面入手，对影响端塞焊接质量的各个环节进行全面系统的排查，建立整体"问题清单"，理清思路、防止重复。二是问题分级分类，实施重点突破。他对着清单分析质量问题风险点，建立了"影响端塞焊接质量 TOP10""端塞焊接质量保障事项 TOP10"，对重点问题逐个突破，提高了端塞焊前坡口的洁净度，降低了金相检测的不合格概率，保证了端塞焊接质量。三是上追溯、下延伸，排查贯穿始终。实践发现焊接质量受到上下工序、原材料等方面的影响，他组织组员通过开展 QC 活动，利用 PDCA 循环优化了检测方式，完善了检测数据库，保证了产品的外观质量。

3. 上下求索

为了能够让"123 工作法"落地生根，王晨阳向上"吸取阳光"，充分协调上级部门给他提意见、想办法、抓落实，向下"扎根大地"，成立专项小组，组成"最强大脑"，开展头脑风暴，掀起一股钻研热潮。方法应用期间，他带领专项小组完成了双工位端塞焊机研制工作，打破了国外技术垄断，实现了重水堆核燃料元件生产线关键设备的国产化，弥补国内压力电阻对焊技术空白，在软件方面，掌握了编程语言，用在棒束全线的生产管理及整条棒束自动线改进提升上，保证了整条生产线的稳定运行。

在"123 工作法"的推动下，班组就像是"动车组"，每节车厢都在发挥源源不断的动力。年轻人积极"走出去"，从调研国内厂家、改进电极加工工艺、实现国产电极坯料制备到开展非标备件国产化试验，实现电极坯料国内采购、自主加工，使年轻人能大展身手；老师傅主动"'挑'起来"，"空气压差计应该更换为指针式""全自动端板焊机小备件使用优化存储方式"等一条条有针对性的合理化建议的提出，让老师傅们全面分享经验。在王晨阳的带领下，班组展现新的活力，为车间和分厂解决了一个又一个"卡脖子"问题，让棒束自动组装生产线的运行更加高效安全。

（稿件由中核北方核燃料元件有限公司李巍提供）

方军：强化班组建设，提升归属感，发挥团队"聚合"作用，屡创佳绩

方军，2012 年参加工作，在担任青海宜化 PVC 运行一班班长期间，他创新班组管理，推进党建进班组，班组共有职工 35 名，已有 12 名职工向党组织递交了入党申请书，积极向党组织靠拢。班组严格落实各项规章制度，以制度、审核评价为抓手，不断强化班组建设；以"贴民心、听民意、解民忧"让班组职工暖心、安心又顺心，努力营造平安共建、和谐共享的良好氛围，提升职工的归属感和安全感，充分发挥了团队的"聚合"作用，在 2020、2021 年度被评为集团优秀班组荣誉称号，在 2022 年 4 月份被评为青海省"青海高原工人先锋号"荣誉称号。

一是通过推进一岗一策"四化"在班组进行责任划分，落实专业管理，"指标研判清单化"由生产主办负责，"点检巡检轨迹化"由设备主办负责，"非常规作业标准化"由班长负责，"应急处置卡片化"由安全主办负责。

二是通过推进"指标研判清单化"在班组落地。落实指标研判（HZPO 分析）清单到岗位。分厂厂长亲自组织分厂、工段及各班组岗位主操对聚合岗位 6 个公司级工艺指标、13 个分厂级工艺指标、34 个班组级工艺指标，进行逐一研判，对指标的偏离原因、后果、纠偏措施进行研判并形成清单，到班组到岗位。如聚合釜温度指标，因偏离原因、纠偏措施分析不全面，导致在以往的操作中，总是不能对症处置，出现超指标情况；在经过指标 HZPO 分析后，由以前的三方面原因延伸到现在的 5 方面

原因及对应措施，让岗位职工在出现指标偏离时能有针对性地进行准确迅速处理。通过指标研判清单化进班组以来，班组的聚合釜温度指标合格率由以前的 90% 提升到现在 98.5%。

三是推进指标研判结果能掌握。利用班前一小时理论培训、班中点滴培训、现场实操培训、月度复证考试等方式，让岗位职工能充分掌握指标研判清单内容。

四是推进"点检巡检轨迹化"在班组落地。通过巡检路线规范，从重大危险源、重点管控部位、重点关注设备等方面，规范制定岗位的巡检路线以及巡检内容，巡检路线的设定听取了各班组巡检工的充分建议，保证了巡检路线设置的科学合理。

落实巡检要求制定。结合岗位点巡检区域、部位、设备等性质特点，各巡检点位落实分级执行，例如聚合一楼、压缩机房等为 A 级点检，1 小时 / 次；汽提塔一楼、助剂冷库等为 B 级点检，2 小时 / 次；循环水泵房，助剂一楼等为 C 级点检，4 小时 / 次；凉水塔、单体槽四楼为 D 级点检，每班 / 次；通过点检分级既抓住了点巡检重点部位，又满足了各点检部位全覆盖，对巡检工也不会因巡检疲劳，而降低了巡检质量。

对每个巡检点需巡检内容结合工艺特点、设备特点、历史问题汇总等综合评估，制定有针对性的巡检排查内容，要求清晰明确。

点巡检过程中，要对现场各风险点的风险管控措施是否有效重点检查（例如检测探头、安全设施等方面是否完好），对现场排查出的隐患通过汇报、登记、处理、验收四个环节确保巡检管理闭环；有了固化的巡检流程，岗位巡检人员对标落实，进一步将"双预防"在班组落地。

完善巡检工具配备。巡检人员必须按照该岗位特点，佩带指定的巡检工器具，并确保工器具完好齐全，才能完成相关巡检点数据的监测和巡检作业的落实。

制定巡检管理抓手。落实班干部巡查，压实班干部责任。要求"一长

四办"每班对现场至少有1—2次巡查，按照每班12小时，平均每2小时就会有班干部在现场巡查一次，班后要在班组群中通报巡查情况。

落实制度考核，压实职工责任。将点巡检工作纳入个人安全积分管理中，凡是因为巡检不按时、不认真、不到位等问题被查到，都将按照"典型违章"和"个人安全积分"落实兑现。

五是推进"非常规作业标准化"在班组落地。对作业内容分级，聚合岗位梳理非常规作业28项。班组按照作业风险系数高低，划分为三个等级：A级2项、B级5项、C级21项。对现场管理分级，根据作业风险系数高低，现场管控责任人级别也不同。

A级，作业时必须通知岗位技术员现场指挥。B级，作业时必须通知班长现场指挥。C级，作业时必须通知安全主办现场指挥。

对作业现场管控，作业前首先由对应负责人进行风险研判和安全交底，确认安全措施的落实，并落实作业过程管理。

落实作业管理抓手，所有的非常规作业都必须按"非常规作业标准要求和步骤"严格执行，对执行不到位的按班组"典型违章"考核，并扣除相应的个人安全积分。

六是推进"应急处置卡片化"在班组落地。将应急处置卡片进岗位到现场，聚合岗位8个处置处置卡，干燥岗位3个处置处置卡，将所有应急处置卡片放置相应岗位操作室和相应现场。强化日常应急处置培训，每个夜班第一个班进行应急处置卡抽查提问，对岗位上已具备操作能力但回答不正确的进行考核；班组对应急内容进行事故模拟，通过突发事件的桌面演练，切实提升班员应急处理能力。

七是推进岗位职工现场实操盲演。班中不打招呼、不提前通知，每轮班由班长随机启动应急场景演练，通过频繁拉练，让班组职工时刻绷紧"安全弦"，不断提高班组职工应急能力水平。

（稿件由方军提供）

艾庭婷：打造安全型、学习型、效益型、和谐型班组，争创一流

艾庭婷，是湖北楚星化工股份有限公司氯碱分厂运行一班的大班长，也是四个运行大班唯一的一名女班长。班组在艾庭婷班长的带领下，多次获得分厂"争创一流先进班组"、公司和宜化集团"五型班组"荣誉称号，2021 年度获得湖北省"工人先锋号"荣誉称号。

1. 强基固本，打造安全型班组

自艾庭婷进入班组以来，抓细节，促规范，强管理，号召班组全员围绕"安全零伤害、环保零事故、质量零投诉"的目标，大力开展安全生产标准化建设，对班组五大员的工作，结合"一长四办"履职清单，梳理并形成固定工作轨迹，定期检查，使班组每一项工作落实落地。但由于班组人员多，区域广，涉及岗位工艺复杂等因素，为强化日常安全管理，班长艾庭婷每天随身携带一个小本，上面密密麻麻地记着每一天的工作，她利用班前会对四大主办部署每天工作任务，班中再忙，一定会抽出时间检查公布任务完成情况，并在班组微信群落实奖惩，将工作形成闭环。经过一段时间后，班组的执行力整体都提升了。2021 年 8 月的一天，聚合釜加料过程中釜盖泄漏，艾庭婷第一时间组织班员果断处置终止反应，避免了单体槽泄漏造成的一系列安全事故，在事故处理完后又组织班员进行安全教育、隐患排查并在班后开会总结。在会上，班员在艾庭婷的引导下，纷

纷就这起突发事件畅所欲言，一起总结提炼出检维修作业"三不和三到位""反三违激励"班组安全管理经验。其中"三不和三到位"："不盲目检修、不盲目追求进度、班长不到现场不作业；安全教育做到位、风险隐患排查到位、作业人员行为管控到位"在分厂得到全面推广。2021年至今，班组未发生一起安全、环保、质量事件。

2. 技能为要，打造学习型班组

聚合包装是产品的最后一站，艾庭婷作为一名老班长，在PVC全自动包装线升级改造期间，她主动请缨，克服困难，每天在现场全程参与全自动包装线全线安装监护、现场清收、物资整理等工作，跟随厂家技术人员学习掌握操作技能、维护保养及注意事项，并主动承担现场实操培训的负责工作。在艾庭婷班长手把手地教导和耐心讲解下，大家从最开始的不适应到后面的主动练手，都很快掌握了包装线操作技能、维护保养等事项。包装线顺利投运后，大家的工作效率更高了，环境更好了，劳动强度更低了，劳动生产率的提升实现年创效70余万元。班组致力于打造学习型班组，每天利用"微课堂"进行培训，每班一题一考，考学并用，奖惩公示，对错题进行汇总后，用班会的时间再次进行培训，经过持续的坚持，班组全员除新工外，均获得最高技能津贴。2023年12月，班组聚合中控工高克兰获得宜昌市第八届"技能状元"大赛化工总控工技能状元。

3. 降本增效，打造效益型班组

根据降本增效目标任务，班长艾庭婷把各项工作细化分解到个人，确保"千斤重担人人挑，人人身上有指标"。每天由生产主办对产量消耗结果公示演排，每轮夜班由设备主办对设备设施用电量进行统计，前后对比

分析，各岗位员工根据昼夜温差情况合理启停运转设备，多措并举，实现PVC耗电下降约50度/吨。2023年，为了攻克吨折百碱耗电长期居高不下的难题，艾庭婷班长勇于接棒，成立氯碱一班攻关小组，利用休息时间带领班员查找现场设备问题、对比工艺数据，与工段技术员学习交流，并组织烧碱岗位人员对月数据进行分析，在班中强化烧碱岗位巡检，对隐患排查频次和范围及时调整，通过排查后终于找准问题，配合工段利用大修机会对氯氢处理岗位氢泵进行工艺改造，改造投运后，折百碱耗电下降约14度/吨，年创效50余万元。同时在推动分厂5S目视化管理中，艾庭婷班长组织班组积极建言献策提合理化建议，并发扬不怕苦、不怕累、不怕脏的良好作风，自动自发利用休息时间组织班员对区域管道、设备本体、栏杆进行刷漆防腐，让厂房旧貌换新颜，实现自主创效。

4.用心关爱，打造和谐型班组

氯碱运行一班班组全员平均年龄 35 岁，其中"90 后"14 人。班长艾庭婷却是一个"80 后"，她深知和年轻人交流，要用年轻人的思维。在日常工作之余，她积极组织各类活动，既有年轻人爱玩的游戏比赛、真人 CS 对战，也有中年人爱好的郊外踏青赏花、野炊等，还有班中的大姐姐们给小年轻的终身大事出谋划策、牵线搭桥，班组的氛围和谐，亲如家人。2022 年的一天，班组成员小张的父亲突发疾病，被送至市人民医院急救，但他家里没有人，而他当时在上班，接到医院电话瞬间浑身颤抖冒汗，艾庭婷知道后立即开车送他到医院，并协助小张处理医院事宜，父亲得到了很好的治疗。在班组中，艾庭婷总是鼓励班员积极参加公司各种竞赛，对获奖人员在班组竞赛积分里进行加分，激发班组内在动力，提升班组个人成就感、荣誉感，近年来班组员工荣获多项公司及外部荣誉。2023 年 5 月班员熊其乐、赵连三及袁鹏剪辑制作的安全宣教小视频在公司评比中分别荣获一、二、三等奖；2023 年 6 月，聚合中控主操高克兰参加公司安全知识竞赛获得第一名；2023 年 11 月，班员高克兰、章宇、王艳华参加公司消防比武获得单项心肺复苏第一，团体第三的好成绩。

（稿件由艾庭婷提供）

叶玮："五微"班组管理法，凝心聚力出佳绩

叶玮，三峡卷烟厂卷包车间生产甲班轮班长兼任党支部书记。班组先后获得湖北中烟"红旗班组"、湖北省"质量信得过班组"、宜昌市"安康型"班组、宜昌市模范班组、宜昌市"工人先锋号"等荣誉称号。

1.打造"微课堂"，学习氛围日益浓厚

在面对班组人数最少、新入职员工较多的现实困境，叶玮主动深入到生产现场中，了解各工段生产流程以及各年龄段职工的技能提升困惑与需求，依托车间"三阶四维五平台"培养体系，创新班组"三学多查两考

核"培养模式，搭建"理论课堂""实践课堂""指尖课堂"三个微课堂。

为了上好第一堂理论课，有着多年党务工作经验的叶玮利用每轮班"班前十分钟"开展形式多样的"四史"教育，用职工听得懂的语言提升学习的吸引力和感染力，增强理想信念；立足班组实践，她又重点针对青年挡车工，按照工种、入职年限，开展小班分层、订单套餐式培训活动，一对一师徒结对，由师傅分阶段布置学习重点；运用数字化、信息化手段，依托烟草网络学院，带动职工利用碎片化时间在线学习、在线答题，形成比学赶超的良好学习氛围。

2. 组建"微团队"，创新成果硕果累累

面对部分青老员工的畏难情绪，叶玮以"创建学习型组织、争做知识型员工"活动为主线，带头学习并鼓励员工运用精益工具，培养团队成员创新思维。针对生产工艺中的"疑难杂症"、设备检修上的"刺头顽疾"，由技师牵头，组建若干创新"微团队"，积极揭榜"英雄帖"，开展创新攻关。

叶玮平时会经常到车间维修室与青年、老年职工坐在一起，聊一聊创新及技能提升培训相关的政策文件，询问他们的创新需求，还会经常性地单独与青年员工交心谈心，充分了解青年员工专业特长、兴趣爱好以及工作想法，特别是班组两位研究生职工小黄与小肖，他们从大学开始就对学术研究以及前沿知识比较感兴趣，叶玮以他们为核心组建创新团队，通过对接车间各条线资源与平台，参与到质量改进、群众性创新、优秀金点子的发布，进行论文撰写、专利授权等。

近年来，班组多个管理创新、合理化建议、QC、质量改进、群众性创新、优秀金点子、质量改进项目在省、市、行业获奖 11 项，"卷烟机咀棒低位报警装置"在行业内推广。

3.做实"微网格",安全管理行稳致远

叶玮将"安全分秒陪伴,幸福时刻相随"的核心价值观融入班组安全管理的各个环节,将安全管理的神经末梢延伸到网格,搭建"一班三组七格"安全网格化管理架构,打通班组安全管理"最后一公里"。

为了对"人的行为、物的状态、环境因素"等进行动态监管,她带着网格成员共同化身"啄木鸟",开展隐患自查"随手拍"活动,主动寻找并随手抓拍设备安全隐患、生产现场不文明不规范的"虫害"。一次,老员工老赵在操作时佩戴着耳机,时不时动动嘴巴跟着哼唱,叶玮走到跟前喊了三遍赵师傅,赵师傅才回过头来瞪大眼睛疑惑地望着。"您这噪声环境里面还戴着耳机,等以后老了,姑娘喊你老爸都听不到了哦。"叶玮笑着说道。赵师傅这才脸红着取下耳机。在安全工作中,她把职工当作家人一样对待,通过网格,让她离守护家人的安全线更近了一些。

4.推广"微节能",环保理念深入人心

为积极响应绿色工厂建设,提升员工在生产过程中的降耗意识,助力企业降本增效,叶玮每次在车间现场巡查时会对所有水、电、气、汽开关进行检查,仔细查看机台烟支、物料等分类情况,引导员工从垃圾分类、低碳出行、节约用电、节约用水、光盘行动、厕所革命等点滴小事做起,做低碳生活的倡导者、传播者、践行者。

在班组层面开展精益操作培训,提升员工在生产过程中的降耗意识及技术操作水平,将咀棒、卷烟纸、小盒片的消耗指标分解到岗位,对单耗高的指标进行问题梳理,及时纠正不当操作,从而控制消耗、降低单耗、提高能效,全面降本增效。

5. 汇聚"微关怀"，共同缔造和谐家园

叶玮一直倡导"有声有色工作、有滋有味生活、有情有义相处"的团队精神，突出以人为本的人文关怀理念，通过开展"思行"文化、"求索"子文化宣贯、开展职工喜闻乐见的班组活动，增强职工群众的政治认同、思想认同、情感认同，求最大公约数，画最大同心圆，把班组关怀送进职工心坎。

一次，年过半旬的老员工王师傅在工作过程中发现了错误烟箱混入的情况，及时处理并主动上报，叶玮到现场对王师傅的事迹进行了表扬并给予奖励，并将其事迹拍成视频在班组内进行广泛宣传，王师傅在面对镜头时还不好意思地挠着头，称自己只是做好了自己的本职工作，叶玮说："这种对工作严谨的态度，对产品质量有严格的要求，这正是最宝贵的品质。"

同时为了强化青年员工"我在岗位请您放心"的主人翁意识，牢记退休职工"在岗一分钟，尽职六十秒"的责任意识，班组持续开展"迎新送老"的特色活动，给新员工开展欢迎会，互相介绍问候，加快新员工融入集体；有序开展师徒结对，拟订技能培养计划；给退休员工开展欢送会，提前整理职工履历、照片，寄语评价，送上鲜花并合影留念。

（稿件由湖北中烟三峡卷烟厂郭诗达提供）

朱文杰：师带徒，创新管理，文化引领，培养精兵强将

朱文杰，从一名普通施工员逐步成长为"山东好人""齐鲁最美建设职工""沂蒙工匠"。他领衔的临沂市政集团一公司桥梁施工班，是山东省内赫赫有名的桥梁建设"王牌铁军"，被授予全国工人先锋号、全国青年文明号、全国"安康杯"竞赛优胜班组、山东省创新型班组等称号。

1. 结对导师，轮岗练兵

朱文杰所在的班组有 26 人，其中"95"后占了 18 人。"一位好老师，胜过万卷书。"朱文杰给每位新员工都配备了经验丰富、技术高超、人品过硬的导师。通过导师引路，一对一"师带徒"，让新员工在短期内迅速提升岗位技能。导师对培养对象进行直接性、经常性、专业性的现场指导，面对面交流谈心，帮助他们改进工作方法，克服工作和生活中的难题。

"我的导师郑金旗是山东省住建系统好工匠，他在测量放线方面有独门绝技，手把手教了我很多专业知识和宝贵经验。"山东省市政行业测量大赛冠军、"富民兴鲁劳动奖章"获得者高洋说道，"多亏了师傅的指导，我的测量技术才能突飞猛进。"如今，高洋也成了一名优秀导师，正带着他的徒弟张安鑫奋战在扬州开发路工程的测量现场。

"我认为导师和徒弟是双向奔赴的，在一对一结对子的过程中让'传、

帮、带'作用最大化。导师给徒弟打分的同时，徒弟也给导师打分，每季度都进行考核。"朱文杰身后摆放着每个员工的成长档案，"在这个过程中，我会发掘每个人的特长，帮助他们清晰职业规划。"

在导师培养期结束后，朱文杰会继续安排员工到各岗位进行"轮岗"学习。在他的班组里，即使是资料员、安全员，干起施工测量、试验检验也都得心应手，行政专员对经营、资料工作也能头头是道。

"在临沂市政，我们提升的不仅是专业技术，更是综合能力。"安全员王勇满是自豪，"有施工、测量知识的辅助，我现在的安全工作干得游刃有余，体会到了'技多不压身'的好处。"

2.创新管理，成果落地

创新驱动新质生产力。朱文杰在班组内大力实施"微创新"管理，把创新指标纳入每位成员的 KPI。班组人员立足本岗，发挥聪明才智，将自己在工作中积累的经验、方法，总结成行之有效、可以借鉴的小发明、小创造、小革新，广泛应用到工作中，达到提升质量安全水平和降本增效的目标。近年来，班组先后完成"五小"成果、微创新等 120 余项，为企业节能增效上千万元。

班组负责建设的润扬路立交位于扬州市中心，是五层涡轮型全互通立交桥，造价 8.4 亿元，层叠盘旋，蔚为壮观！如此大体量的箱梁施工，要保证混凝土外观质量和线型，难度极大。如果采用传统的钢管弯制圆弧现场固定或定制钢模板施工，不仅工艺烦琐、直顺度差、成本高，还存在危险性。班组人员经过反复研究，提出了"组合式翼缘板圆弧支架模片"微创新，将施工难度极大的翼缘板圆弧段支架模板施工变成单元模块化的现场组装，实现了快速安装、整体周转、高效安全，节能增效的同时降低了劳动强度。后期班组将该微创新总结形成了省级工法、国家专利等，在全国同行业广泛应用。

"我们不断深挖、优化微创新，仅在扬州润扬路立交桥这一项工程，通过微创新转化就取得了 5 项国家发明专利，15 项国家新型实用专利和 5 项省级工法。"朱文杰的班组人人想创新，人人能创新。近年来，班组先后获得国家级 QC 成果 56 项，国家级、省级科技成果奖 17 项，省级工法 36 项。他领衔的创新工作室被授予"山东省住建系统劳模和工匠人才创新工作室"。

3. 文化引领，榜样先行

积极践行临沂市政集团的"铁军文化、阳光文化、家人文化"，在朱文杰的班组，这三个文化已经刻在了每一位班组成员的基因和血液里。

班组长朱文杰是有名的拼命三郎。在滨河过街通道施工时，他创新提出采用预制装配式方涵，像"搭积木"一样把通道安装好。周五晚上破路开工，周一一早放行通车。两天三夜时间里，朱文杰几乎也没合眼，始终穿梭在施工现场，统一调度 4 台挖掘机配合作业、垫层浇筑时亲自检查平整度、蒸汽养护时隔 1 小时测温……，他就像一台精密的指挥中枢。就这样，本来需要 45 天的工期，仅用 63 个小时就完成了施工，开创了国内先河。

"我们班组每个人身上都有股拼劲，逢先必争，遇冠必夺！"提起班组的同伴们，朱文杰非常自豪："我们不光能打硬仗、能打胜仗，平时更是像一家人一样，齐心协力、团结一心。"

班组中不管谁家里有个大事小情，大家都会帮忙。技术员都君富的父亲住院手术，他在扬州还没赶回来，联系医院、照顾陪护，朱文杰早就安排得井井有条；行政专员侯玉娇，有班组所有成员家属的电话、微信，谁家有需要，她总是第一时间跑腿帮忙；施工员王帅玉的小女儿快出生了，在查看汛期值班表时，他惊讶地发现，本应由他值班的时段，全部换成了副组长来首泽的名字……每天忙得脚不沾地的朱文杰心细如发，用行动关心着身边的每一位同伴。在他的带领下，班组先后涌现出"全国青年岗位能手""山东省五一劳动奖章""山东省创新能手""山东省新时代岗位建功标兵"等一大批先进典型。

（稿件由临沂市政集团马莉提供）

杨光：严尺度、讲精度、重力度、提高度、有温度，"五度"管理成效显著

杨光，现任北京首都机场航空安保有限公司飞行区安检部围界科熠翔班组班长，带领班组先后荣获 2020 年度首都机场集团公司"四型班组"、2022 年度"全国民航工人先锋号"等荣誉称号。作为国家安全、政治安全、首都安全的践行者，杨光带领平均年龄只有 27 岁的熠翔班组成员肩负着首都机场 11 个围界道口进入机坪驻场单位的人员检查、车辆保障及物料检查工作，将安全工作绵延至机场周界 42 公里。在杨光的带领下，熠翔班组高标准完成了冬奥、G20 峰会、"金砖"会议、两会等重大保障 20 余次。

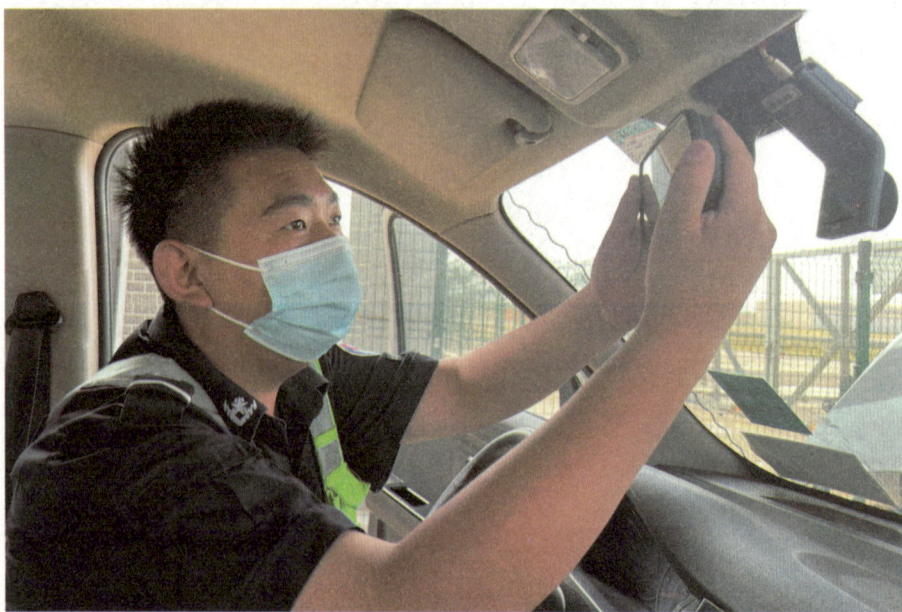

1. 运行严尺度

安全运行是做好一切工作的前提和基础，班组成员面对日复一日重复的工作，难免会出现麻痹大意、经验主义等情况。尤其像"春运保障""暑运保障"等繁忙保障任务结束后，班组成员思想懈怠的苗头便会涌现。班组员工小张在面对"重保"任务时，严谨细致，毫无差错。然而一旦保障任务结束，小张便出现松懈的思想，随之而来的就是出现各种勤务问题。班组员工打趣地给他取了一个既调侃又警示的外号——"重宝"，谐音"重保"。

杨光虽然敏锐地察觉到了"重宝"这一问题的普遍性，但是不知从何下手解决。经过反复思考，他决定从书本及外单位班组长处借鉴经验。他带领班组建立了常态化典型案例分析机制，并总结归纳出"COASA"五步法，即 Check：精准锁定重点检查对象；Observation：观察陌生面孔；Ask：见烟问火、见液问单、见单问销；Smell：闻烟草味，油漆味；Association：以物引人、以人引车。此方法的运用，形成了岗位间、各通道间、机坪卡口间的高效岗位联动，"重宝"问题得以解决。截至 2023 年 12 月，班组年度累计检查人员 36 万人次，行李 46 万件，车辆 5.3 万辆，累计查获包括典型类火种、香烟等在内违禁品 50 余起，实现了安全事件零突破。

2. 服务讲精度

坚持精益求精是杨光的工作态度，为解决工作人员过检过程中运行受限、整体过检感受不佳、各环节衔接不畅等情况，杨光根据班组业务特点，从"抓现场抓细节抓规范"入手，开展服务课题研究、流程优化，通过加设施，减（简）流程，乘风貌，除顾虑的"加减乘除"管理方法，推动首都机场围界道口服务管理工作系统化、品质化和品牌化。自该方法实施以来，整体过检效率提升了 5.24%。

3. 监督重力度

为进一步强化班组成员红线意识，杨光力行打造"安全＋纪检"双监督模式，在班组内设置安全监察员和纪检监察员，与班组长形成"铁三角"监督模型。通过两大监察员的设置，加强了对问题"从抓结果到抓过程、盯个人到盯班组、注重问题数量到注重问题质量"三个转变，推动"发现—整改—落实—提升"的闭环，确保班组安全建设工作稳定向好。

天刚蒙蒙亮，安全监察员小李已经出现在工作人员检查现场，开展勤务监督测试工作。只见他将测试工作中用到的某件违禁品分解开来小心翼翼地藏在身体的各个部位，为了达到测试效果，小李常常绞尽脑汁。在小李进行测试的同一时间，纪检监察员小王也出现在围界道口现场，仔细监督着班组成员是否存在"吃、拿、卡、要"的现象。监察员们所做的这些工作，都只是首都机场围界道口各班组安全、纪检监察人员的一个缩影。一边开展廉洁监督，一边进行防护监督，如今，熠翔班组各项工作已逐步驶入春耕的"快车道"……

4. 创新提高度

杨光以唯安创新工作室为载体，结合"五小"、合理化建议征集等活动，在班组明确了理论学习、技术攻关、技能传授、岗位实践四位一体的创新工作理念，力求在创新工作中打头阵、做尖兵。小吴在班组创新理念的感染下，注重总结工作经验、创新工作方法，通过学习服务蓝图、卡诺模型、smart 模型等应用工具，理清了创新工作的思路和基本步骤，积极参与了安检信息系统项目、车底检查机器人项目、工具物料电子化等项目，小吴也已经逐步成长为班组创新工作开展的中坚力量。在杨光的带领下，班组已然成长为传承工匠精神的"新平台"，解决难题的"攻关战"。

5. 管理有温度

杨光结合班组青年员工特点，在班组中不断丰富活动的形式和内容，形成"三乐三送"关爱模式（即：寓教于乐、助人为乐、不改其乐；送温暖、送关怀、送慰问），通过开展茶话会、剧本杀、联欢会等形式，让员工感受到家的温暖，不断增强队伍的凝聚力和向心力，营造和谐的班组氛围。

小王是班组的新员工，工作一直积极主动，最近却变得不爱说话，积极性下降，班长杨光立即与小王沟通谈话。经询问得知，小王认为新员工不能参与班组考核评优这件事不太合理。班长得知情况后决定召开班务会研讨，经过全员的决议，决定修改班组评优制度，将新员工的日常工作表现纳入考核评优范围。小王兴奋地说，"没想到我的意见能够被重视，并得到了回应"。杨光在班组中始终将"以人为本"的理念贯穿于工作的全方面。熠翔班组不会轻视班组内任何人的努力，也不会忽略任何人的意见，这也正是以人为本管理的具体体现。

在杨光的带领下，熠翔班组在安全生产、团队协作、创新创效、员工关爱等方面取得了一定成效，熠翔班组整体管理水平稳步提升，杨光也从班组管理的"门外汉"，成长为一名"行家里手"。

（稿件由首都机场安保公司杨莹、曹霄提供）

肖毅：共成长、续辉煌、展成效，打造和谐创新型的研发团队

肖毅，航空工业洪都660设计研究所吸气式发动机班组班长，荣获航空工业集团科学技术奖一等奖2项、江西省质量信得过班组建设成果一等奖1项、江西省QC小组活动成果三等奖1项等荣誉，带领班组荣获"江西省工人先锋号"，肖毅班组是洪都公司目前唯一"金牌"班组。班组近三年通过实施"一二三"工作法，打造了一支和谐创新型的研发团队。

1. 一个班组一个家，凝心聚力共成长

班组成员因工作而相聚，更因情感而凝聚。班组作为一个特殊集体，就像家庭一样，也需要营造"家文化"。班组长作为"家长"，要建立既严肃又充满温馨的"家规"，积极营造团结和谐的班组氛围。

吸气式发动机班组在日常管理过程中，坚持思想政治引领，通过创建"党员先锋岗""工人先锋号""青年文明号"等班组品牌，增强班组成员政治意识、先锋意识和品牌意识。在工作现场设立了"班组天地"，展示班组目标、班组成员、班组荣誉、班组动态、生日祝福等，形成开放创新、民主和谐的团队文化，增强班组成员的凝聚力和向心力，提升班组的组织力和战斗力。

没有规矩，不成方圆。大家在班组建设中发扬民主，制定了"家规"，包括班组成员日常行为规范、班组基础事务公开制度、班组质量安全保密管理制度、班组绩效奖惩规定等，规范组员行为，倡导组员之间树立对标意识、相互监督、良性竞争。选取组员担任班组"八大员"，职责分明，赋予各组员以班长助理的职责，且每年进行轮换，让组员深度参与班组管理和建设，每个人都是"家规"的执行者和监督者，全方位激发组员工作活力，助力大家在日常工作生活中共同成长。

2. 两种角色相促进，承前启后续辉煌

吸气式发动机班组平均年龄 34 岁，是一个相对年轻的集体，其中 35 岁以上 9 人，他们是班组的中坚力量，部分组员可以算是"老同志"了；其余 8 人是班组的新生力量，大多为入职 5 年内的新员工。为建立新老组员互助共学机制，班组给成员划分了两种角色，并分别制定互助实施计

划，催生新老员工形成"1+1>2"的效应。

对于工龄较长的老员工，促使其成为思想引领者和经验传授者，班组长要给予充分的理解和信任。老员工往往拥有较多的工程经验和实践经历，对于产品设计及航空事业有着更深刻的感悟。基于此，班组根据业务工作情况定期组织老员工开展分享交流会，讲述自己在多年项目研制中的成长经历、经验教训和从业感悟，通过思想共鸣来提升自己、感染他人。同时，班组还安排老员工根据国家和行业标准编制班组设计规范和问题案例，形成标准流程，更好地指导新员工学习和成长。

对于入职不久的年轻组员，促进其成为新理念导入者和新技术推广者，班组长要给予充分的沟通和包容。年轻人思想活跃、勇于创新，班组制定了"人人都是项目负责人"实施方案，通过"揭榜挂帅"，将小的专业课题和研究项目交给年轻组员承担，充分发挥其自主研究和创新能力。班组落实低成本研制要求，实行一体化穿透式管理模式，推进产业链供应链良性互动，实现了某型发动机研制成本降幅 40% 的目标。

3."三三制"分工协作，创新引领展成效

班组的专业能力和人才队伍建设需要因地制宜、持续改进。为提升班组持续创新能力，吸气式发动机班组制定了"三三制"分工协作机制，即针对不同的航空产品确定至少三人参与组队，涵盖班组内不同技术领域的人员，三人各有分工但又相互协同，在岗位梯度上包括主任设计师（A）、主管设计师（B）、设计师（C）三个层级，其中 A 岗负责专业牵头和策划、B 岗负责专业实施和协调、C 岗重在人员补充和能力锻炼。通过"三三制"分工，在型号研制上组建了若干个攻关小分队，队员之间可相互学习融合，在专业领域共同提升。

同时，班组还将根据型号研制需要，将多个"三三制"团队在科技创

新、精益改善和质量提升方面进行二次融合。由两个团队组成专利策划小组，对产品研制过程中出现的技术瓶颈问题进行联合攻关，通过定期分享工作新方法、专业新思路，完成专利、科技论文的撰写和申报，确保班组成员人人成为创新的参与者。班组创新研究出一套采用主动旋涡进气增强技术和基于压差特性的发动机空中起动供油设计技术，解决了不同进气条件下动力系统空中快速可靠起动难题，该创新技术处于国内领先水平；由三个团队组成质量改善精益小组，针对产品研发过程中遇到的瓶颈问题，通过岗位练兵、合建革新、精益改善及 QC 小组等活动，强化班组成员的质量意识。2023 年，班组获得江西省"质量信得过班组"一等奖。

通过"三三制"机制，近 10 年班组共获得授权国防专利 13 项、发明专利 21 项、实用新型专利 20 项，省部级科学技术奖一等奖 2 次，二、三等奖各 1 次，发表省部级以上科技论文 30 余篇，平均每年完成质量改善成果约 20 项，累计产生经济效益超过 100 万元。

使命呼唤担当，奋斗铸就辉煌。吸气式发动机班组秉承航空报国初心，笃行航空强国使命，持续优化"一二三"工作法，不断提升班组管理水平，助力企业高质量发展。

（稿件由肖毅提供）

吴承亮：顶层策划、管理到位、民主管理，打造一流检验技术班组

吴承亮，江西洪都航空工业有限责任公司600设计研究所航空工业洪都检验检测中心技术室主任，2021年获得集团及国防企协管理创新一等奖，2022年获航空工业洪都劳动模范。班组2021年获得全国工人先锋号，2022年获得航空报国立功三等奖。检验技术室是从事航空制造检验技术研究的科研型班组，主要承担检验技术策划与实施、检验文件编制与指导、检验方案研究与应用、数据统计分析与应用等任务，始终秉承"创新驱动发展，技术引领未来"的工作理念。在班组长的带领下，班组成员积极开展创新活动，从检验流程的优化到技术难题的攻关，从设备改造升级到管理模式的创新，以独特的思维和技术手段提升班组工作效率，提升产品质量，为打造"技术引领

创新、问题驱动创新、管理促进创新、文化推动创新"的国内一流检验技术班组不懈奋斗。

1. 探索班组建设新模式，做好顶层策划

（1）"五项举措"的管理模式。根据新型号研制流程各阶段特点，突出因地制宜，创新组织结构，将队伍划分为顶层设计、过程管理、现场执行三个工作单元，做到工作全面承接；根据检验模式发展需要，突出现实需求，创新质量控制模式，打破传统制造工艺系统"事后把关"模式，实现由"被动救火"转变为"提前预防"；根据产品设计环境，突出"三协同"，形成检验、设计、工艺并行工作模式，实现航空产品全寿命周期质量控制；根据培训方式不同，突出内培外训途径，创新人才培养；根据品牌意义不同，突出示范引领，收获团队成果，在某型号研制过程中发挥重要作用，缩短生产周期30天、节约生产成本580余万元，并得到了公司及行业内各大主机厂的一致认可。

（2）"无边界"的管理路子。科室采用"以边界为基础，弱化边界壁垒"的无边界管理模式，打破了垂直边界，将权力分散至三个工作单元。科室事宜由团队内部民主决策，强化了科室运作的自主性和创新方向，使决策更实际、有效、高效。

2. 完善班组运行新机制，做到管理到位

（1）文化建设到位。检验技术室不断深耕班组文化，明确将创新作为班组发展核心驱动力，坚持向"创新"要"发展"的工作理念，通过定期召开创新研讨会、设立创新奖励机制、提供创新资源等方式，营造"人人要创新、人人参与创新"的良好氛围。

（2）规划创建到位。检验技术室密切关注行业发展新趋势，注重跨区域合作，积极引进人工智能、大数据分析、图像识别、机器深度学习等先进技术手段，不断提升检验检测技术能力，打造"数智化"环境下检验新生态。

（3）创新担当到位。科室开展的数字化环境下的航空产品质量控制模式研究，获得 2019 年第四届全国质量创新大赛 QIC- Ⅳ级（二等奖）的成绩；编制了《军用航空装备检验通用要求》等航空标准，成为行业管理标杆；提出技术革新项目 400 余项，创造经济价值 100 万余元；拥有 13 项发明专利；团队获 2021 年"全国工人先锋号"称号。

3. 设立班务公开新园地，实行民主管理

（1）管理民主。检验技术室主任吴承亮的办公桌上永远放着一本《矛盾论》，每次组员在现场遇到难题，吴承亮都会引用《矛盾论》的内容引导团队成员思考问题、解决问题，同时积极主动聆听别人的意见，唤醒团队成员的主体意识，发挥员工的主体能力。

（2）班务民主。科室成员在不断发现问题、解决问题的过程中，逐渐形成了"全员讨论"的机制。在讨论会上，每位成员均可以就问题的性质、解决方案和优化建议进行深入交流，鼓励每位成员发现问题的同时，要深入分析问题产生的原因并提出解决方案。

（3）生活民主。科室主任吴承亮始终相信，科室是一个大家庭，坚持保持"四必访"：员工生病住院必访、员工出现家庭矛盾必访、员工家庭有红白喜事必访、员工家庭出现突发事件必访，通过对员工的日常关心关爱，使员工感受到这个集体的温暖，以更好的精神状态做好本职工作。

（稿件由吴承亮提供）

余聪：党建引领，工作协同，管理驱动，团队建设，全方位打造班组

余聪，福建中烟工业有限责任公司厦烟公司制丝车间二区乙班班长。班组先后获得全国质量信得过班组、福建省总工会金牌班组劳动竞赛二等奖、福建中烟班组劳动竞赛一等奖、厦门市工人先锋号、企业先进班组等荣誉，个人先后获评厦门市工信系统优秀共产党员、福建省总工会优秀班组长、福建中烟优秀班组长、企业劳模、企业优秀共产党员、优秀党务工作者等荣誉称号。

1. 坚持高质量党建引领，推动党建业务深度融合

以习近平新时代中国特色社会主义思想为指导，坚持党建带班建，将党组织建在班组上，认真学习贯彻党的二十大精神，经常性开展思想政治教育。严格落实"党委委员联系点"工作制，积极开展"党员先锋班组""党员突击队""党员示范岗"等创建工作，扎实推进"点、班、队、岗"的党建业务四级联动机制。同时，将支部建设和课题攻关有机结合起来，以党委委员联系点为指导，以创建党员先锋班组、党员突击队、党员示范岗为驱动，着力在支撑企业重点工作任务上下功夫、在解决一线生产经营难题上下功夫、在关心职工急难愁盼问题上下功夫。以"党建 + 课题"的形式，开展数据可视化看板研发、多线生产保障和柔性生产布局研究、生产效率提升和生产指标稳定研究等多项攻关课题，着力解决当前企业生产经营面临的焦点和难点问题，在党业融合中走在前、作表率。

2. 坚持高水平工作协同，实现绩效指标均衡提升

以结果为导向，坚持追求卓越绩效，注重关键绩效指标 QCDSE 的均衡提升。围绕上级方针目标分解、卓越绩效自评输出和短板问题自我检视，将生产管理、安全管理、质量管理、设备管理、成本管理五大模块进行深度整合，形成年度目标任务和指标清单。全力推动防差错系统和无人工干预模式落地升级，积极协助车间开展全集控生产模式下的岗位重构工作，重新梳理人员配置，主导编写配套机制，梳理质量风险防控清单，制定安全隐患排查清单，累计编写 9 份岗位 SOP、6 份中高风险 OPL、2 份管控文件，输出风险点 53 项、人防措施 313 条，全面提升操作队伍的工

作效率和一致性，实现班组关键绩效指标QCDSE均衡提升，在工作业绩中走在前、作表率。

3.坚持高效率管理驱动，推进数字化转型赋能

以数字化转型为抓手，推进数智赋能，激发全员创新活力，采用项目形式研发生产辅助系统，设计辅助决策数据看板，牵头开发生产管理系统，通过实时监控手段管理生产数据，加快信息比对速度，满足远程技术指导、实时安全监控、生产运行分析、日常运行跟踪等管理需要。同时，深挖数据价值，构建起基于岗位的数据治理立方体，通过道一云低代码平台积极推进众创众包项目，运用QuickBI等工具开展OEE、QI、成本分析等专项提升工作。近几年，累计促进车间日产能提升近20%，生产全过程指标自动识别校验率接近100%，实现数字化赋能班组管理，在管理提升中走在前、作表率。

4.坚持高素质团队建设，聚焦组织成长员工成才

积极践行福建中烟企业文化，推进班组团队的学习常态化、结构梯次化、人员均衡化。开展E型人才培养模式，挖掘生产技能型人才深度，培育维修型、信息型、综合型人才广度，培养企业急需人才。率先成立信息化小组，完成两项企业重点攻关项目，获评福建中烟科技进步一等奖、厦烟公司科技进步一等奖。技能比武方面，班组荣获公司技能比武"班组团队奖""工段团队奖"等荣誉，员工个人包揽部分操作技能竞赛前三名。班组QC小组获评"全国优秀质量管理小组""全国轻工业优秀质量管理小组"等荣誉称号，QC课题分别获评烟草行业一等奖、二等奖。积极促进员工全面发展，建立起一支技术型、专业型、管理型人才百花齐放的高

素质团队，在人才培养中走在前、作表率。

行而不辍，履践致远。在余聪看来，班组是最基础的单元，班组工作是否有价值，取决于工作开展是否围绕企业发展和品牌发展，是否能够贯彻执行和有效落地。班组建设，既是老话题也是新话题，需要着力构建班组工作的系统思维，通过系统谋划、重点突破、横向协同、纵向联动，分级管理、分步实施，将价值创造作为班组工作的第一标尺，把职责拎起来，让工作沉下去。同时，还要不断学习行业内外的先进经验和好的做法，注重以人才培养为核心的班组建设团队的能力提升，更好地推动新时代班组建设走深走实、取得实效，以主人翁姿态为中国式现代化建设贡献基层班组的最大力量！

（稿件由福建中烟工业有限责任公司厦烟公司卢帆提供）

陈刚：打造安全型、责任型、创新型、和谐型班组，提升凝聚力战斗力

陈刚，国能福泉发电有限公司维护部汽机班班长。自担任汽机班班长以来，个人获得国家能源集团"金牌班长"、国家能源集团贵州电力有限公司"十大标兵"称号。在他的带领下，福泉公司维护部汽机班先后获得国家能源集团贵州电力有限公司"四星级班组""五星级班组"、贵州省和全国"工人先锋号"等荣誉。

1. 狠抓安全管理，打造安全型班组

（1）抓人身安全。开班前、班后会，把每天工作技术难点、安全重点交代清楚，特别是高风险作业，要进行严格的安全技术交底和人身风险预控本填写。安全员严格把关，并做好每天风险预控本检查签字登记，建立反违章档案。班员之间结对安全互保，并签订互保协议，在工作中相互提醒，互保安全。一旦有人违反安全规定，互保对象接受同样的处罚。一人违章多人受罚。自成立以来，该班组一直保持良好安全记录，从未发生人身和设备伤害事故。

（2）抓设备安全。将设备管理责任落实到个人，班员每天对所属设备进行巡检，重点设备、隐患缺陷，班组派专人巡检，做到设备隐患、设备缺陷第一时间发现，第一时间处理，做到小缺陷不过班，大缺陷不过夜，做到有隐患及时整改闭环。消缺率达 100%。

（3）抓习惯性违章。组织班组党员开展"党员安全监督岗"活动，深入生产现场带头查习惯性违章，查安全事故隐患。实现了党员身边无事故、无隐患、无违章、无违纪，充分发挥党员骨干带头作用，夯实机组安全保障，福泉公司 2 号机长周期运行 402 天，创下贵州省单机运行最高纪录。

2. 狠抓设备管理，打造负责任型班组

坚持"应修必修，修必修好"，把设备日常维护作为核心工作来抓，强化设备管理。为保障设备安全稳定长周期运行，班组点检员必须按要求巡检设备，记录好检修日常工作和设备台账，每月初上交资料，对不合格者进行绩效考核，打造全年零故障班组。在机组等级检修中，认真落实检修作业标准化，三级质量验收制度，把质量管控责任压实到人，有效地保证了机组等级检修工作质量，为机组一次性启动成功提供保障。在日常巡检和设备定期管理工作中，注重设备劣化分析和缺陷管理，重点对突发设备缺陷、重复缺陷进行分析，使设备故障发生率逐年降低，实现了设备管理各项小指标完成率 100%。

3. 狠抓创新管理，打造创新型班组

以创新为抓手，深化设备技改、难题攻关、创新研发，全面推进设备治理工作，提高设备健康水平，夯实机组安全稳定运行基础。

针对锅炉吹灰减温器控温喷头在运行中损坏，生产厂家美国 CV 公司不单独出售配件，组织人员对原喷头结构进行分析了解，自行设计更为合理的喷头替代。2023 年 7 月、10 月分别利用 C 级检修在 1、2 锅炉安装应用，效果良好，节约配件采购费用约 30 万元，有效地解决了进口厂家

"卡脖子"问题。针对汽机小机热控压力取样信号管 J23W 针型阀接头脱落造成小机跳机的不安全事件，对 J23W 针型阀进行改造，分析出造成接头脱落的主要原因为管道振动，通过近半年的努力攻关，先后提出 3 种方案，反复对比，发现采用抱夹结构将两个接头反固定，效果最佳，制作出成品后在振动试验平台经过 72 小时连续振动试验，达到预期效果，得到专家们的一致肯定。

在干事的同时，陈刚还高度重视班员创新能力培养，采取师带徒方式对班员进行点对点技术培训；坚持"在干中学，在学中干"，把培训课堂搬到检修现场（油库供油泵的检修），进行理论联系实际的培训；积极组织班员参加劳动竞赛和技术比武，以赛代练提高业务技能，着力培养熟悉设备原理、精通设备检修和故障排查的创新型技术人才。近年来，班组形成了人人立足岗位创新良好氛围，取得国家实用新型专利 15 项。

4. 狠抓绩效管理，打造和谐型班组

以星级班组建设为抓手，抓思想建设，深入开展政治学习，形势宣讲，做细做实职工思想工作。把党员组织起来，发挥"一名党员一面旗帜"作用，带动职工心往一处想，劲往一处使，拧成一股绳，形成强大工作合力，打造一支"能打硬仗，能打胜仗"的职工队伍。检修记录是班组的一个亮点，班组每月会对检修记录详细者给予绩效奖励，记录不完善的记入绩效考核，督促点检员从设备故障的发现时间到检修完成后的评估，使用的材料、型号，检修成员等，掌握检修后设备状况，根据运行时间是否提前计划检修，及时扫描等级检修资料，为后续检修提供了方便。贯彻落实公司绩效管理办法，并结合汽机班实际情况和工作特点进行细化，按照"出工、出力、出彩"对每一位班员进行公平公正的评分，绩效考核坚持问题导向、结果导向，打破"大锅饭"，让班员之间没有隔阂，主动去现场查找缺陷自行处理，全班团结一心，凝聚力战斗力得到了明显提升。定期组织和开展班组民主生活会，通过民主生活会进行政治理论学习，提升了班组职工政治理论水平和政治站位。

（稿件由国能福泉发电有限公司肖建提供）

欧阳：守护安全，拒绝事故，使安全生产行稳致远

欧阳，中铝集团贵州华仁新材料有限公司（简称"贵州华仁"）电解检修班班长，2018年参加工作。在他的带领下，班组先后荣获中铝集团"安全、干净"示范班组、贵州省"工人先锋号"、2023年度"全国工人先锋号"等称号。他时刻发挥"精益求精、执着坚守、薪火相传"的中铝工匠精神，通过创新管理思路、扩展技能培训、严守安全红线、优化设备管理，打造出一套行之有效的"欧阳班组管理法"，班组安全管理成效显著，高效出色地完成了各项生产任务。

1. 培训不到位是最大的隐患

欧阳所在班组主要负责贵州华仁电解生产车间16台多功能天车、3个低压配电室、5台桥式天车的管理维保工作。这些工作看似简单，实则十分危险，统计数据显示，检维修过程中人的不安全行为，是造成事故的主要原因，约占事故总数的八成以上。

"我宣誓：遵守安全操作规程，集中精力工作，吸取案件教训，严防事故发生……"每天班前会上，欧阳都要带领检修班成员们进行安全宣誓，让安全理念入脑、入心、入行。通过运用"七步法""一题一训"等不断增强班组成员安全意识，起到良好效果。欧阳说："希望班组职工都能平平安安离开班组，光荣退休，享受幸福人生。"他结合检修班工作特点，将每天早上的班前会按照"七步法"（第一步：收听安全小故事；第二步：班组应知应会内容培训；第三步：当日工作安排和安全交底；第四步：作业风险辨识和控制措施；第五步：上一班隐患排查处理反馈；第六步：上一班职工行为观察和违章反馈；第七步：安全宣誓）召开，同时制订"一题一训"培训计划，将厚厚的公司管理制度、检修安全操作规程、设备工作原理等内容化整为零，拆分为一道道问题，每天组织班组成员学习一个知识点或一个操作动作，让大家完全掌握。因为学习内容简短，更易于记忆理解，避免学习走过场，通过长期坚持，班组成员对各项规定、标准熟能生巧，抓班会、抓培训成绩在公司名列前茅，他的班组一次又一次被评为"安全标准化班组"。

2. "三违"不除，事故难无

欧阳在班组管理方面从来都是"严"字当头，严格执行公司各种管理制度、严肃处理各类违章或不安全行为、严格落实设备隐患不过夜，对违章处理更是铁面无私，班组连续 5 年无事故。

为了养成班组成员安全生产好习惯，欧阳创建了班组安全累进激励的"葡萄图安全绩效管理"（紫葡萄表示当日查出违章、隐患，参与隐患整改等安全事项；绿葡萄表示当日未查出违章、隐患，未参与隐患整改等安全事项；蓝葡萄表示当日有不安全行为或违章行为。每天根据葡萄颜色累计积分，在月底与班组安全绩效工资挂钩)，充分调动班组成员参与安全工作的主动性和积极性。"葡萄图安全绩效管理"启用后，大家安全意识明显提高，宁可不干，也不能蛮干，工作中主动争取"紫葡萄"奖励，有奖励还光荣，每年班组都有四五名成员被公司授予年度"安全卫士"称号，真正做到了除尽"三违"。

3. 守护安全的"设备医生"

班组安全是企业安全的前沿阵地，安全工作的每一项措施、每一个要求、每一项任务，只有百分之百地落实到班组，企业安全才有保障。欧阳将中铝集团"一切风险皆可控制、一切事故皆可预防"的安全管理理念深深植根在班组成员的思想中、落实到行动上，做到"四有四无"，即安全有目标、管理有规章、检查有记录、考核有依据，作业无三违，即设备无缺陷、生产无事故、教育无遗漏。班组自成立以来，保持了无人员伤害、无设备损坏、无违章作业的纪录。

同时检修班结合实际修订完善维护检修安全规程，在多功能天车、工具小车、出铝小车、电缆滑车、多功能天车滑线、低压配电系统上推广使用运行零故障管理方法，避免了许多突发故障，多功能天车设备完好率稳步提升到 99%，低压配电系统完好率达 100%，为企业生产安全稳定运行提供了坚实保障。

每一次成功都不是偶然，新征程上，欧阳将继续当好工人先锋、事业闯将，秉承"创新、专业、安全、团结"精神，用实干吹响嘹亮的先锋号角，为企业安全生产行稳致远争做新贡献，在平凡的岗位上谱写不平凡的时代篇章。

（稿件由中铝集团贵州华仁杨再友提供）

周小天：五到位、五落实，筑牢安全生产
第一道防线

周小天，2016 年参加工作。在担任湖北宜化新材料科技有限公司运行三班班长期间，为确保班组安全环保受控、产量消耗达标，他通过不断推演、探索出了适合本班组的管理方法："双五"工作法（即五到位、五落实），筑牢安全生产第一道防线。他带领的班组于 2022 年荣获湖北省宜昌市"安康型班组"，同年其创建的"双五"工作法荣获宜昌市优秀班组工作法；2023 年荣获宜昌市"模范班组"、宜昌市"工人先锋号"等荣誉称号，同年还荣获集团"优秀班组"荣誉称号。班组的安全管理事迹受到宜昌市媒体的现场采访，并在"三峡日报"、"云上宜昌"等平台上宣传报道。

1.落实五到位

交接班到位。周小天发现交接班时间容易形成"真空"时段，有些职工认为快下班了，就开始放松了，极易发生工艺安全事故。为此他探索出一套交接班流程，确保班组交接无缝衔接。一是班长交接面对面。交班班长和接班班长采取面对面交接，并重点将本班设备运行、安全隐患等交代给接班人员；同时参加接班班前会，对安全环保和生产设备情况进行全面交接，确保接班人员对上个班的工况了如指掌。二是岗位交接一对一。接班人员到岗后与交班人员按《交接班记录本》内容逐项检查、确认符合接

班条件后签字交接班。三是隐患消除点对点。班中巡检发现的一般隐患，及时登记在《隐患记录本》上，由当班职工联系及时处理，并点对点跟踪直至合格。

巡回检查到位。周小天结合岗位性质特点，制定有针对性的巡检内容。一是固化巡检路线。规范外操巡检路线，内外操相互衔接，异常工况及时调节。涉及重大危险源严格双人巡检，严格按规定路线巡检，确保单双点巡检全覆盖、无盲区。二是活用"观、闻、听、问"。分别从"观、闻、听、问"四个方面入手，观：风险点、巡检点、人员状态、职工行为；闻：是否有特殊气味；听：是否有特殊或不正常的声音；问：工作情况、时间、地点、内容，全方位监控现场生产。三是及时处理异情。针对巡检中发现的问题或隐患，做到快速响应、立即行动，并对异常情况及时汇报。

量化考评到位。为激励并调动职工工作热情，周小天结合"一长四办"履职清单和 12 个班组管理制度，制定"月度工作任务清单"，确保重要工作有跟踪、常规工作不漏项。

合理分配到位。周小天将班组指标责任到人，利用"班组一体化比较管理"，发动全员参与安全生产工作。根据班员日常工作强度和业务技能水平，通过考核奖励、责任追究、"安全风险经费"申报等，引导班员向先进看齐。

氛围营造到位。开好"三会"统一思想。通过班前会、班后会和班会统一思想，提高团队凝聚力、战斗力。班中培训提升技能。通过培训、安全演练、班中消防设施培训等多种形式，引导班员主动学习业务技能，提高安全责任意识。丰富活动和谐氛围。班组通过节假日送祝福、班中送清凉、困难职工慰问、团建郊游等多种形式，营造和谐的团队氛围。用企业的知心、诚心、热心，换职工忠心企业、精心操作、安心工作，让员工对班组对企业有归属感和使命感。

2. 推进五落实

责任落实。合理分工，确保责任上肩。班组设"班长、安环主办、生产主办、设备主办、综合主办"，围绕公司目标，根据"一长四办"日常工作轨迹进行明确分工；做到千斤重担人人挑，人人身上有指标。定期检查，确保形成闭环。紧紧围绕《"一长四办"工作职责》，狠抓责任落实。每月由周小天对各主办工作完成情况进行逐项检查考评，并落实奖惩，形成闭环。

制度落实。为确保 GB-30871 里各项安全规范在班组落实落地，坚定不移推进公司安全"零容忍"制度，班组"反三违"制度和奖惩制度。2023 年 1—12 月份班组共计"反三违"3 人次，上交公司开除 1 人。

培训落实。创新培训方式：周小天利用每轮夜班开展班中培训小课堂，将《操作规程》、"四知卡"、应急器材使用纳入班组培训考试内容，通过师傅讲、徒弟听，徒弟讲、师傅点评的方式促进班员业务技能稳步提升。压实班中培训：为确保班中培训效果，每月通过复证考试对培训进行检查考核，根据考试成绩对当月复证津贴进行上下浮动，每月增减叠加，600元封顶。坚持每班一问：利用班前会对职工进行日常安全教育，由周小天对上个班的培训内容进行随机提问，答对奖励，答错考核，强化班员业务技能提升。

奖惩落实。周小天将班员的日常工作绩效与一体化分配、合理化建议奖励、安全奖励基金申报等有机结合，在班内营造公平、公正、公开的良好氛围，提升班组凝聚力和荣誉感。

目标落实。安全环保受控是公司绿色发展的基础，是班组追求的最终目标，班组自创建以来，无人身伤害事故、无环境污染事故，安全环保全面受控。

目前"双五"工作法已在公司内部各运行班推广，并作为宜昌市"优秀班组工作法"推广学习。在班组全体职工的共同努力下，双三羟班产提升20%，主要原辅材消耗大幅下降，吨产品能耗较2023年下降20%。

（稿件由湖北宜化新材料科技有限公司周小天、方亮晶提供）

胡素娟："精细"班组文化，打造"创新力"班组

胡素娟，山东如意毛纺服装集团（以下简称"如意集团"）测试中心班组长，多年来，她带领测试中心班组的组员们，打造出一张张闪亮的"成绩单"：测试中心班组先后被授予"山东省工人先锋号""全国质量信得过班组""全国五一巾帼标兵岗""全国标准化工作先进单位""赵梦桃小组式全国纺织行业先进班组"等称号；胡素娟被授予山东省"CQO企业首席质量官"。

1."精细"班组文化

如意集团是我国纺织行业优秀的现代化大型企业，企业各项工作管理科学、规范。如何做好和提升现代化企业的班组建设与管理，既是工作挑战，也是新时期的任务目标。

胡素娟所在的测试中心班组，负责全集团毛纺、棉纺、针织、家纺、服装的全面检测工作，测试班组共有6个检测工序，承担着进厂原材物料、生产过程中的半成品、出厂成品质量指标的检测和把关，确保所有出厂成品质量符合国家或纺织行业标准；同时负责对外销客户欧标、日标、美标等国际标准的检测把关，并且要满足客户提出的特殊产品质量检测要求。

2015年，胡素娟和组员参加了中国毛纺织行业协会主办的首次特种动物纤维含量比对实验。拿到比对试样，胡素娟并没有感到太大压力。在

对试样进行定性时，她把 1 号、2 号分别定为绵羊毛、山羊绒混合样品，3 号定为纯山羊绒样品。在接下来的定量测试中，随着测试的进行，胡素娟心中的疑惑越来越重，对于 1 号样品，由于纤维细度比较细，纤维直径接近交叉点多，测试结果与标准值差异较大；在 2 号、3 号样品含量测试中，胡素娟也曾对其中纤维直径较粗，纤维鳞片比较薄、碎、密的情况产生过怀疑，但由于对特种动物纤维缺乏全面的认知，最后误判为绵羊毛与羊绒，这次比对实验给了胡素娟和组员们"一棒重击"，也让胡素娟和组员们感到了前所未有的压力。

世上之事怕就怕"认真"二字，胡素娟把测试中心班组工作定位在"精细"二字上。她带领组员参加了全国山羊绒检测技术培训，她们如饥似渴地学习，对土种绵羊毛、牦牛绒、驼绒等在精纺呢绒产品中不常见甚至未曾接触到的一些特种动物纤维有了全面、详细的了解。回到企业，胡素娟借助企业平台，通过供应商，找来不同产地的绵羊毛、山羊绒、牦牛绒、驼绒、马海毛、羊驼毛等较常见动物纤维，以及骆马绒、红鹿绒、皇家婴驼等超细稀有的特种动物纤维样品，她们在显微镜下仔细观察纤维纵向形态、鳞片表面形态、纤维光泽等外观特征，对各种纤维进行比较，结合纤维细度，寻找每种纤维之间的典型特点以及交叉点，大家在一起进行反复分析、对比、讨论。自此以后，"精细"成为测试中心班组管理的文化理念和工作准则。

2.打造"创新力"班组

何谓班组的创新力呢？胡素娟认为，当班组的成员在工作中能自发地做出新颖并行之有效的行为时，这个班组就是有创新力的。班组的创新力给企业带来的大多是工作改进和革新，这对提高企业的竞争力非常重要。

胡素娟在班组管理实践中，扬长避短发挥每位组员的优势，以服务顾客为主导，首创了"24小时检测响应机制"，为特急检测任务开设绿色通道，遇到企业的特急试验，班组全员集体上阵，高效快速服务市场。2022年，测试中心班组一次性进入30批特急招标产品，客户要求面料密度、强力指标的偏差标准极为严格，测试班组各岗位人员汇集在成品测试口，集中力量攻关密度、强力指标，超预期完成指标检测任务，为招标工作争取了更多时间。

多年来，胡素娟在班组管理实践中，摸索出一套班组管理方法。编写完成了《班组规章制度》；建立健全班组人才成长机制，推出了"一专多能型人才培养机制"；建立了"顾客沟通渠道"，收集顾客反馈信息，循环改进服务质量。她带领组员们参与制定了《印花精梳毛织品》FZ/T24014-2021、《精梳羊绒织品》FZ/T24009-2021、《纺织品定量化学分析蚕丝与羊毛或其他动物毛纤维的混合物（盐酸法）》FZ/T01159-2022、《超高支精梳纯山羊绒织品》FZ/T24017-2014等多项行业标准。

胡素娟说，越优秀的组织其创新力越强，在优秀文化氛围的班组中，每位组员的目标和企业的愿景是一致的，会发自内心的愿意为企业做贡献，这就是创新的原动力。班组长要抓好班组的团结，"团结"意味着组织中的每一位成员都是相通的，组员的创新意识和创造力可以得到很好的发挥，班组的氛围是和谐的，最终形成"共同奔赴"的班组管理。

（稿件由中共山东如意毛纺服装集团股份有限公司委员会提供）

黄志坚：致力于打造和谐型、文化型、技术型的涂装班包装组

黄志坚，通用技术沈阳机床沈阳第一机床厂加工车间涂装班包装组工段长。他所带领的涂装班组先后获得辽宁省安全标准化达标班组、沈阳市先进集体、沈阳市工人先锋号、沈阳市文化职工小家、沈阳市示范班组、沈阳市和谐班组、中国通用技术集团安全标准化优秀班组等荣誉称号。2022年，通用技术沈阳机床开展班组建设活动，该班组被评为"马恒昌小组式标杆班组"。日常工作中，涂装班组主要承担沈阳第一机床厂金属零部件喷涂及整机的包装任务，被誉为"机床美容师"。黄志坚与27名班组成员秉承"安全第一、质量为王、降本增效、绿水青山"的工作理念，致力于打造为一个和谐型、文化型、技术型的班组。

1. 量化标准，提升喷包作业质量

作为机床制造环节的最后一道工序，喷漆包装质量是产品呈现在用户眼前的第一印象，给用户留下良好的印象能够提升品牌形象，增加用户的购买欲望。黄志坚认为，在喷漆过程中，调漆是至关重要的一环，调配比例精确程度直接影响着喷漆的质量与成本。"调漆工作忽视不得，调配比例多一点少一点都会导致执行标准不统一、喷漆质量不达标、原料数量不可控、降本增效不理想，必须采取新的方法和手段。"工段长黄志坚下定决心彻底改变现状。

　　针对该问题，该工段制定了水性漆调配标准、水性漆喷涂施工标准、网格化区域管理标准和包装标准化作业等5项作业标准。通过细致的零件清洗，精确的漆料调配，严谨的喷涂施工等标准化作业，让机床喷漆零件满意地走出涂装现场。同时，本着节约每一分钱、节省每一分钟、实现零浪费的精益理念，包装小组对每台机床的包装成本和包装方法进行了详细的梳理及试验，通过材料领取、清理灰尘、涂刷防锈、附件固定到机床入库等一系列包装序标准动作，实现了同系列产品包装方式的"复制粘贴"，最终形成了机床包装机物料的单台定额和包装标准化作业。"通过喷包业务标准再提升，我们计算出单台机床喷包序成本定额，不仅提升了作业效率，规范了作业秩序，还能为单台机床标准成本提供基础数据支撑。"黄志坚说。

2. 细化管理，推进精益生产理念

　　作为班组"领头羊"的黄志坚把控产品质量做得有板有眼，对于现场6S改善工作同样毫不含糊。2022年，公司持续推进班组建设，他带领班组成员对生产现场物资进行分类整理、整顿，对作业环境进行清洁，现场目视化水平有了显著提高。活动中，黄志坚按照班组人数划分了14个网格区域，员工各自对所在网格中的现场环境、产品质量、操作规范和生产安全负责，构建了"分片包干、层层履责、相互监督、协同提升、全面覆盖"的管理网格，网格边界清晰、职责主体明确、任务目标具体，新的管理模式很快便打开了班组建设新局面。收到初期成效后，该班组又把14个网格区域划分为4个小组，建起"责任链"、划好"责任田"，小组成员组成的网格化管理联动格局，使每名员工都成为6S管理的实施者和监督者，相互监督、彼此交流、共同提升，实现了"人到格中去，事在格中办"，全员提升得到了有效保障。各个小组每周以抽查的方式对各小组进

行全面考核和"红黑榜"排名，考核内容包括质量、安全、工艺纪律、现场 6S 管理等 4 大类，共 30 余项。其中，零件清洗、油漆流挂、违章操作、劳保用品佩戴等都是考核指标。成品小组在月考核中曾连续两周因为现场环境不达标和劳保用品穿戴不规范上了"黑榜"。感觉有些"丢面子"的成品小组主动总结经验、纠正问题，终于重登"红榜"。

3.强化检查，消除质量管理死角

为了保障改进效果，黄志坚想到了"白手套探亲"的方法。所谓"白手套探亲"就是检查过程中，黄志坚每次都会戴上一只雪白的手套检查工区是否符合标准，暖气缝里、电器柜内外表面……他无一遗漏，只要白手套在谁家"探亲"挂了黑，他就要把这位"亲戚"的名字写到 6S 管理"红黑榜"上。"这可不是小题大做，细节决定成败，一点灰、一段绳子确实是不起眼的小事，但只有常抓不懈，让员工们形成固定工作习惯，工作质量和产品质量才会提高。"黄志坚说。

在黄志坚的不断努力下，涂装包装班组运用网格化管理工具，让每名员工都有一块属于自己的 6S 管理"责任田"，解决了条块职责不清的问题，推进管理方式从"被动处置"向"主动发现"转变，从"事后执法"向"源头管理"转变，从突击式、运动式履责向常态化、制度化转变，颠覆了涂装现场脏、乱、差的传统认知，改出了新面貌、焕发了新活力。

（稿件由通用技术沈阳机床沈阳第一机床厂黄志坚提供）

解涛："六点"班组管理法创建辉煌

解涛，国网辽宁省电力有限公司本溪供电公司电力调度控制中心地区调控班班长，国网辽宁本溪供电公司创新工作室领衔人，获"东北电力工匠""辽宁省公司电网工匠"等荣誉称号，所领导的班组获国家电网公司"工人先锋号"等荣誉称号。

1. 打造畅通无阻的沟通桥梁

为了有效管理地区调控工作，需要建立高效的沟通机制。调控班每周一都召开班组会议，让班组成员分享上周的工作总结和本周的工作计划，分享工作中遇到的问题和困难，作为班组长，解涛会认真倾听每个人的发言，针对大家提出的问题，及时给予支持和提供解决方案。解涛利用微信群、邮件等实时通讯工具与班组成员保持沟通。例如，在微信群里发布一些工作通知和注意事项，让大家随时了解工作进展和需求变化。同时，鼓励班组成员在工作中遇到问题时，随时通过微信、邮件等方式向解涛请教，以便他及时给予帮助和支持。

2. 制定规划详尽的工作目标和职责

在电力调度运行工作的班组中，作为班组长的解涛深知制定详尽的工作目标和职责的重要性。为了确保班组工作的有序进行，首先与班组成员进行充分沟通，了解他们的职责和目标，并与他们共同制定了明确的目标。有的班组成员负责日常的电力调度工作，有的负责信息报送，还有的负责应急处理等。根据这些情况，解涛制订了详细的工作计划，包括每天、每周和每月的工作安排，明确了任务的优先级和完成时间。有一次，他发现一个班组成员在处理一起紧急故障时出现了一些问题。他立即与该成员进行了沟通，了解到他在处理过程中遇到了一些技术难题。解涛迅速组织了一次针对性技术专题培训，帮助该成员解决了问题，并提出了一些建议和改进措施，以避免类似问题再次发生。通过明确目标、制订计划、沟通交流和持续改进，班组长能够更好地指导和管理班组成员，提高工作效率，推动班组工作的顺利进行。

3.建立公平公正的绩效评估机制

地区调控班引入了一套绩效考核机制，以提升班组成员的工作表现。该机制评估员工的工作完成情况、工作质量以及工作态度等指标，并根据评估结果进行排名和奖惩。有一次，班组人员在设备巡视时，发现某站66千伏系统三相电压不平衡，经过分析情况后，采取排除法，快速找到异常原因并消除，班组依据绩效评估办法，对其进行奖金激励并在安全活动会议上进行口头表扬。这样的考核机制有助于激励班组成员的积极性和主动性，提高工作效率。

4.激发学习热情，提升专业技能

在班组管理中，强化培训和学习是至关重要的。只有注重班组成员的培训和学习，才能提高他们的专业素质和能力水平，从而推动整个团队的发展。因此需要定期组织各类培训课程和学习交流会。除邀请行业专家

分享最新的生产技术和方法外，解涛经常带领休班青年员工，深入作业现场，与跨专业人员进行业务交流学习，同时，充分利用DTS调度仿真系统，还原历史电网事故，提高青年员工的实战能力。通过这些培训和学习机会，班组人员逐渐提升了自己的技能水平，并在工作中展现出更高的专业素质。

5.营造融洽和谐的团队氛围

注重建设团结、互助、进取的班组精神。鼓励班组成员相互支持、相互学习，在工作中形成了良好的互助氛围。2022年，根据《国家发改委关于进一步加强发电信息采集有关工作的通知》要求，省公司对各地市公司开展调度，每日报送电厂24小时电量数据统计考核工作，在面对工作量大、涉及范围广且容易出现人为误差的情况下，单靠人工是无法完成工作的。班组长解涛没有放弃，他积极与相关部门进行沟通和协调，及时调整工作思路，组织班组人员积极参与 RPA 流程技术培训班，在短时间内迅速掌握编制技巧，编制出了地方电厂小时电量自动填报应用机器人，同时组织全体调度员共同研究优化编制流程和使用方法，实现以 RPA 流程机器人来代替人工，既保证电厂电量数据报送 100% 的准确性和及时性，也减轻了调度运行人员的工作压力，大幅提高了工作效率。这次经历让班组成员深刻体会到了团队合作的重要性和班组长的领导力。他们更加团结一致，积极参与工作，为地区调度工作做出了更大的贡献。

6.关注员工个人需求，促进个人成长

关注员工需求和发展，并为他们提供相应支持和帮助，不仅可以激发员工的工作热情和创造力，也有助于公司整体的稳定发展。有一次，解涛发现一名员工由于工作压力大，情绪低落，影响正常工作生活，就利用和他独处的机会，结合自己过往的经历与其进行了一次朋友之间的谈话，为他解决了困惑，让他重拾了信心，激发了他的工作热情，该员工现已成为调度运行专责。通过与班组人员谈话，班组长能够更好地了解员工的内心需求，从而有针对性地制订发展计划，帮助他们实现自身的职业目标。这种关怀和支持不仅可以提升员工的工作满意度，也能增强团队的凝聚力和向心力，为企业带来更大的发展空间和竞争优势。

（稿件由解涛提供）

王兆军：发扬"三牛"精神，带领班组取得优异成绩

王兆军，现任山东临工工程机械营销公司挖掘机事业部结构件一车间大挖上架焊接班班长。在班组建设上，王兆军发扬"三牛"精神，推进班组管理和精益生产，打造优秀班组取得优异成绩。山东临工工程机械营销公司挖掘机事业部结构件一车间大挖上架焊接班被临沂市总工会授予"临沂市优秀班组"称号。

1. 作为组员服务的"孺子牛"

王兆军是牛年出生的，自幼喜欢牛，骨子里自带着不怕苦、能吃苦的牛劲儿、牛力。王兆军担任班长后，以班组 KPI 指标管理为基础，定标准、理流程、严考核，大力推进执行力建设，持续打造高绩效团队。他根据班组实际，让全组员参与讨论，大家共同研究和商议，制定了七项班组管理制度，让班组制度管理有理有据、落实落地。

王兆军注重发挥好"班组五大员"的作用，在车间的安全、质量、设备、现场、改善等方面，带量组员定期开展产品自主审核、现场检查轮岗、设备自主维护、安全自检等一系列工作，并结合企业的各种活动和各类指标，评比先进、选树典型，广泛开展班组激励，通过各种表彰激发组员们创先争优的原动力。

王兆军说，培养多能工，既帮助员工成长成才，又能激发员工潜能，班组组织组员进行学习培训是非常重要的。目前，王兆军所在的班组有

全能工 4 名、多能工 16 名，"复合型"生产人才占组员总数的 62.5%。为了让全体组员深度参与班组管理，提高主人翁意识，王兆军创新成立班委会，设立班组管理员，使班组信息更透明，组员交流沟通反馈更顺畅。提升班组文化建设，王兆军组织组员们开展丰富多彩的集体拓展活动，提升员工的归属感、凝聚力，近 3 年已经累计开展文体活动 11 次、户外活动 3 次、家访慰问 4 次。

2. 做班组创新发展的"拓荒牛"

王兆军依据班组组员的不同特点和专长优势，在班组中推行"五大员""工位长"的管理法，并将这种横向拓展、纵向延伸的班组管理法与班组组员们的绩效考核进行结合，确保班组完成好各项生产指标。

近年来，王兆军带领班组，落实公司倡导的"一全二创三结合"创新管理模式，动脑筋、想办法，通过细化班组管理，推动了班组建设上水平。一是让全体组员以问题为导向，深入开展"五小"活动，班组组员先后完成技改 43 项，获企业技改一等奖 3 项、二等奖 4 项，上架变位机翻转连锁夹紧智能化项目在公司内被大力推广运用；左右架液压快换模通用化改造后实现一胎多用；上架回转变位机改制后实现 36—70 吨机型通用，提高效率 30%，节约外购成本 52 万元。二是针对客户反馈质量问题，班组成立"协作改进"QC 小组，展开质量攻关，先后完成 QC 项目 22 个，解决关键质量问题 25 项，累计节约质量成本 360 多万元。三是采用网格化方式推进现场精细化管理，建立班组物料台账及执行标准，制订实施 5S 推进计划，推动班组现场持续改善提升。同时，通过工艺布局优化、物流 AGV 自动转运、标准件台套配送、瓶颈工序打通、安灯系统实施等措施，实现整条流水线的精益化生产，其中挖掘机上架焊接线平衡率达 93%，效率提升 11%。

3. 做艰苦奋斗的"老黄牛"

王兆军常说，班组是个小家，班长就是家长。要当好这个家，就得做好成本控制。王兆军在班组中实施 BU 管理，从费用成本、质量成本、制约成本、存货成本四方面，分解班组成本到个人成本中心。班组有针对性地制订预算计划并严格控制物料领用，预算准确率平均 95.5%，三项费用完成率平均 95.2%，均完成指标。借助耗材数据分析平台，王兆军以"自负盈亏"方式，让班组成员主动参与成本控制，形成"谁节约谁受益"的班组节约文化氛围。

"安全创造幸福，疏忽带来痛苦。"在结构件一车间大挖上架焊接班，组员们都知道班长每日要进行早、中、晚三次巡检，班组每周要进行一次安全培训，针对班组安全隐患点进行现场实操，真正把物的不安全因素和人的不安全行为，做到防患于未然。王兆军班长围绕打造安全规范化班组目标，进一步完善落实班长、安全员、生产员工岗位安全责任制，在班组内设置"班组观测点"，每天实行定员轮流监督，不定时观察员工作业过程，关注人员精神状态，人人既是监督者，又是被监督者，确保生产过程稳定，班组实现连续多年安全零事故。

（稿件由山东省国防机械电子工会提供）

方园：一班一策"123"班组管理法确保安全生产

方园，在担任楚星公司季醇分厂中控工段运行一班班长期间，针对班组管理区域工艺流程复杂、危化品、压力容器集中、危害因素分布较广等特点，凝练总结出"一班一策 123"班组管理法，并于 2022 年荣获湖北省宜昌市"优秀班组管理工作法"。

1. 推进一班一策"123"班组管理法在班组落地

"123"班组管理法，即健全 1 套管理体系——班组标准化管理体系，管控 2 个重点行为——安全、过程安全，夯实 3 大基础——教育培训、双预防、岗位应急。

（1）建立班组管理网络，落实"清单式"管理。楚星公司季醇分厂中控工段运行一班是由班长和安环、生产、综合、设备四大主办（以下简称"一长四办"）组成班委会，开展班组管理工作，通过对"一长四办"工作职责进行梳理，固化为 50 项工作清单，强化尽职履责，明确责任人，每天对照"一长四办"工作清单逐项落实，执行"日检查、周通报、月评价"，确保各项工作在班组落实、落细、落地。

（2）健全班组管理制度，规范班组管理流程。围绕安全生产、行为管控、绩效管理、团队建设等方面制定了 10 个班组管理制度。通过对标班组管理任务，理清班组重点工作，将"班组会议、岗位操作、教育培训、应急处置"等工作规范化。通过规范班组台账，制定班组考评细则，实现工作有职责、作业有程序、操作有标准、过程有记录、绩效有考核、改进有保障。

2. 推进一岗一策与班组安全管理融合

（1）指标研判清单化。以"公司级 12 个红线指标和工段级 176 个工艺指标"为基准，持续推进工艺指标管控，建立工艺指标检查表，每班计算工艺指标合格率；积极开展班组小指标竞赛，竞赛结果与工资挂钩，强化职工责任意识；通过落实"温度一个点、液位一个面、压力一条线"的管理，实现红线指标达标率 100%，工段级工艺指标达标率由原来的 96% 上升至 98%，因误操作和指标偏离导致的停车事故零起。

（2）点检巡检轨迹化。班组将巡检路线图式化，并规范巡检顺序、巡检频次及巡检标准。巡检要求主要包括巡检部位及场所、巡检路线、检查要点、巡检工具、个人防护用具、巡检频次和巡检方式。巡检频次：装置操作人员现场巡检检查间隔不得大于 2 小时，涉及"两重点一重大"的生产、储存装置和部位的操作人员现场巡检间隔不得大于 1 小时。

（3）非常规作业标准化。根据岗位日常工作整理出非常规作业清单七项，每项根据作业过程中可能产生的危害，从工程控制、安全管理、教育培训、个体防护、应急措施五个方面制定管控方案。每一次的非常规作业严格由班长或安全卫士进行微信工作群报备，班组严格按照管控方案落实安全措施，确保非常规作业过程安全受控。

（4）应急处置卡片化。班组结合岗位实际编制更新"应急处置卡"，利用班前会对卡片内容进行学习巩固，班中随机抽查，检验学习效果。通过不打招呼、不定时开展应急演练，"以学促练"强本领，提升班组员工应对突发异常情况的快速处置能力。

3. 认真落实巡回检查，执行"四三二一"工作法

四检查：查员工安全意识强不强；查安全管理制度、安全操作规程执行好不好；查设备设施运行状况是否良好，安全措施、安全防护是否到位，现场是否存在隐患；查作业环境、作业现场（包括检修作业）是否符合要求。

三掌握：掌握本班组员工个人家庭情况；掌握本班组员工精神状况和思想倾向；掌握本班组员工个人特点。

二抓实：抓岗位安全生产责任制是否落实；抓风险管控措施和隐患整改是否落实。

一严格：严格执行考核奖励及责任追究制度。

4. 做好岗位风险辨识，执行双重预防机制"四步法"

第一步：风险分级管控。严格按照《分厂安全风险辨识清单》51个风

险点实行分级管控，对照危害影响，做好风险辨识和防范。

第二步：隐患排查实施。认真实施操作工隐患分级排查"5+x"动态管理，严格落实每月专项排查、每班日常巡查。

第三步：隐患排查治理。针对排查出来的隐患，及时联系相关负责人，制定整改措施，及时消除隐患，形成闭环管理。

第四步：落实奖惩措施。用好岗位隐患记录本，每三个班对岗位的排查情况进行通报，对职工发现的较大、重大隐患汇报至分厂，申请安全奖励基金。

5. 推进班组行为安全管理，杜绝违章行为

通过抓实班前安全教育，每天班前会结合当天的作业风险宣讲事故案例，培训岗位应知应会，学习后当场提问，检验培训效果。以公司"红线违章100条、10条零容忍"为基准建立"反三违、典型违章"管理台账，大力倡导"拒绝违章、举报违章"，对作业过程中违章行为进行制止和教育。

6. 抓实班组安全教育培训，提升全员安全技能

班组通过创新培训模式，扎实开展"师带徒""岗位练兵"一系列活动，提升培训效果，用好用活取证复证考试，以考助学提技能。同时，通过开展不定时应急预案"盲演"及"以学促练"，提升班组职工应对突发异情的快速处置能力。

（稿件由方园提供）

邓云川："四个强化"班组管理法打造高效率团队

邓云川，中铁二院"勇攀高峰"牵引供电班组长，茅以升铁道工程师奖、詹天佑铁道科学技术奖詹天佑专项奖——铁道电气化贡献奖获得者，是四川省突出贡献优秀专家和四川省学术和技术带头人后备人选。自2015年任中铁二院"勇攀高峰"牵引供电班组长后，他带领班组成员聚焦全过程设计质量管理，形成了独具特色的"四个强化"管理模式。班组先后参与开通成渝、贵广、成贵、拉林等30多项国内外重点铁路项目，解决了沿海、复杂艰险山区、高原高寒铁路等世界级电气化工程技术难题，填补了恶劣艰险环境、时速400km等条件下多项牵引供电系统技术空白，核心技术成果曾获得四川省科学技术进步奖二等奖、三等奖、西藏科学技术进步奖二等奖等多个奖项，总结形成的成套技术经验达到国际先进水平。

1. 构建"四个强化"管理模式

"勇攀高峰"牵引供电班组坚持以管理促发展、向管理要质量，形成了以培养高素质员工、打造高效率团队、进行高标准设计、用高品质服务企业发展为主要内容的"四个强化"管理模式，先后获得"四川省劳模和工匠人才创新工作室"和"中国中铁劳模（专家型职工）创新工作室"命名。

（1）强化队伍建设。邓云川通过班组会、支部大会、公众号等途径、平台，加强对班组成员的思想引领；建立"内部培训＋专业培训＋对外学

习交流"的培训机制，提升组员业务素质；以岗位练兵、技能比武、劳动竞赛等活动激发组员主动性、创造性。

（2）强化管理效能。通过实行"KPI"绩效考核提升组员积极性、主动性；以安全管理体系内部审核、安全生产月、质量月培训等活动促进"班组—项目"两级生产安全管理体系优化完善，提升项目管控能力。

（3）强化创新赋能。班组不断总结工程实际中的经验做法，努力提高电气化工程理论和实践水平，形成了成套高原高寒铁路电气化工程供电技术方案，积极推动技术创新和研发，对应用新材料、新技术进行科研攻关和理论研究，创新产品达到国际先进水平。

（4）强化标准建设。班组以保障设计质量为目标，严格设计质量管理，强化审核过程监管，保证设计方案的科学性和合理性；邓云川带头加强对设计项目的现场跟踪和反馈，确保在第一时间奔赴现场解决技术难题。

2. 攻克"卡脖子"难题

牵引变压器被称为铁路牵引供电系统的"心脏",其中流淌的"血液"——矿物绝缘油燃点为 165℃,在发生火灾时容易燃烧,而一旦泄漏则会对环境造成不可逆转的污染。"勇攀高峰"牵引供电班组为解决铁路变压器中矿物绝缘油易污染、安全风险高的"卡脖子"难题,邓云川率领班组成员一百多次往返成都和拉萨,夜以继日地在实验室进行科研攻关、模型仿真,背着几十斤重的行李、实验仪器、帐篷等用品,在平均海拔 3500 米以上的高原进行实地试验,最终研制出世界上首台采用天然酯绝缘油的高过载节能环保型智能牵引变压器。经现场实测数据表明,班组自主研发的变压器相比国家标准,容量利用率提升 60% 以上,年均节电 12 万度 /台;节约远期改造费用约 300 万元 / 台,节省维护管理成本逾 60%;绝缘油燃点提升到 300℃以上,若发生泄漏,短期内生物降解率较矿物绝缘油有大幅度提高,经济社会环保效益显著,整体达到国际先进水平!

3. 打造"拳头"产品

70 余年来,中铁二院三代人共同铸就了高原高寒铁路精品工程,邓云川构建了"创新工作室 + 班组"平台,带领组员深化中国电气化铁路智慧智能 2.0 体系建设,打造自主知识产权的"拳头"产品,培育发展新质生产力的新动能。

在修建更高海拔铁路的过程中,遇到了天然酯无法适应沿线 −40℃的外部低温环境、容易导致绝缘击穿造成供电系统安全事故的技术难题。二院人勇于攻坚的探索奋斗精神从未因艰难险阻而有所退却,没有数据,邓云川就带领组员坚守在实验室做科研;没有资料,邓云川就带领组员奔赴海拔3500米以上工地踏勘！通过对比各种绝缘油材质，班组终于找到一种绿色环保、高燃点，兼顾低温倾点和优异电气性能的合成酯绝缘液，最低可适用于−60℃的极寒环境。通过不懈努力，班组研制出了220kV高寒高过载节能环保型智能牵引变压器，该变压器适用于高原极寒地区，样机顺利通过专家组鉴定评审。同时，邓云川带领班组围绕推进智能高铁2.0技术发展，对新型变压器采用"综合在线监测及状态检修管理系统"进行"智能传感、实时监测"，替代了传统人工巡检工作，以拥有自主知识产权的"拳头"产品培育了交通领域的新质生产力。

30多项创新项目，6项发明专利，51项实用新型专利，30余项省部级奖项，创造经济价值4000万余元……这是"勇攀高峰"牵引供电班组自2015年成立以来的耀眼成绩，邓云川带领班组在不断探索中逐步达到了"建起来""转起来""强起来"的效果，让班组成为了解决工程难题的"新阵地"、推动技术创新的"新利器"和培养技能人才的"新课堂"。

（稿件由中铁二院黄鑫、马静、王艺瑾提供）

石亚雨："五化五公开"班组管理法为企业高质量发展提供强有力保障

石亚雨，中铝瑞闽制造二部热轧班班长，总结提炼出"五化五公开"管理办法（"五化"是指工作内容指标化、工作要求标准化、工作步骤程序化、工作考核数据化、工作管理系统化；"五公开"是指班组当月考核结果公开、奖金分配公开、考勤公开、岗位晋升公开、评优评先公开），带领班组先后荣获福州市"五四青年奖章"、中央企业团工委"青年文明号"等荣誉称号，实现了热轧工序年产出42.5万吨的好成绩，超设备产能21%（设备产能35万吨／年），为企业高质量发展提供了强有力保障。

1. 扎根生产一线，书写青春力量

2015年，毕业不久的石亚雨来到了热轧班组，从副操做起，一路成长为班组长，至今已是第9个年头。谈及初入班组的日子，他坦言不讳："让一个大学生每天穿着工服在生产一线干活，面对环境与预期的差异，我最初确实怀有抵触情绪。但在师傅们的悉心指导下，我学到了很多未曾涉猎的知识，通过查资料、做笔记，虚心求教，逐渐摸索到了规律、转变了心态，想着既然选择了这份工作，就要全力以赴，力求完美。"从那时起，石亚雨开始沉下心来，扎根一线，成为热轧生产现场一道勤奋好学、孜孜不倦的亮丽风景线。

热轧生产线是中铝瑞闽的"发动机"，公司90%以上的卷材都从这里供应，是生产流程中至关重要的一环，这里设备操作复杂、技术含量高。石亚雨深知，面对市场竞争的日益激烈，只有具备高超的轧制技术才能生产出优质板材，适应市场需要，提高公司核心竞争力。石亚雨不断向行业优秀企业对标、向经验丰富的主操请教经验，制定标准作业指导书，面向全班组推广学习。1+3热轧线生产能力有限，在石亚雨的带领下，班组多次成功挑战设备极限，2024年3月份创造了单日产量2010吨的历史最好成绩，超额完成了生产任务。在产品质量方面，中铝瑞闽1+3热轧生产线设计最薄生产厚度是3.0mm，在石亚雨的不断摸索下，某种合金罐体料最薄做到2.0mm，合金盖料最薄做到2.3mm，并实现稳定批量生产，这项改进优化已达到国内领先水平，更加先进的1+4、1+5轧机都不一定能做到。班组参与的"某合金薄型罐盖料产品"获中铝集团产品质量奖，"手机用某合金阳极铝合金板带材"入选福建省重点新产品目录。

2. 紧盯关键环节，深挖潜能增效

不断创新、挖潜增效、为员工增收是石亚雨时时刻刻都在思考的问题。每年年初石亚雨都提前做好全年计划，倒推时间表，做到事事能追溯、人人有指标。结合产量完成率在单位时间生产效率提升上持续对标，以问题为导向，推行精细化操作，制定了严谨的安全操作规程、工艺操作规程、设备维护规程，实施标准化作业，促进工作效率整体提升。

随着热轧产量持续攀升，产品质量也得到显著提升，为进一步实现生产成本压降，石亚雨运用大数据分析，精准抓住主要成本损失点，带领设备、工艺技术、操作人员深入现场，探究问题根源并制定相应措施。针对大功率电机生产间隙能源空耗问题，改进优化设备，精确控制电机高低频切换，减少生产间隙电量损耗；针对铸锭加热能源消耗大问题，推进加热工艺的进一步优化，缩短保温时间，同时在操作上规范铸锭进料以及加热

时间，减少待料增温时的能源消耗；实现热轧机轧制油的国产化替代，推动辅材降本；与行业专家共同开发新型清洗溶剂，最终实现热轧煤油的全面替代。通过一系列的改善优化，在能源单价上涨的情况下，实现降本约1000万元。

3. 注重技术创新，加快智能制造

"牢牢抓住科技创新这个'牛鼻子'，坚持向创新谋发展，才能推动高质量发展"。石亚雨说。

创新先从解决问题开始。中铝瑞闽热轧生产线夏季环境温度高，卷材温度在300℃左右，热浪扑面而来。"如果卷材焊接和书写卷材信息可以用机械替代，在提升生产效率的同时还能改善职工工作环境。"他说干就干，主动研究相关技术信息，与厂家沟通咨询，带领团队积极推进智能装备机器代工项目实施。经过不懈努力，国内首套将自动焊接应用于铝行业的热

轧焊接机器人在热轧生产线安家落户，代替人工开展焊接作业，每日可减少4人的焊接工作量。这一项目的成功，使石亚雨更加意识到了技术创新的重要性。随后，热轧出口侧激光打码机、板锭仓库智能吊运物流系统、废料框智能运输系统等一系列的智能化项目相继落地，这些项目不仅有效降低了职工的劳动强度，避免卷材信息人工书写错误的情况，同时进一步降低了职工高温烫伤风险，提高了安全水平。

石亚雨带领班组以"高效生产、品质增效、质量提升"为目标，攻克一个又一个难关，突破一个又一个新高。面对未来他豪情满怀："我将坚守初心，以奋进者和开拓者的姿态，勇于奋斗、敢于担当、勤于实干，不断努力为企业高质量发展作出更大贡献。

（稿件由中铝集团瑞闽股份有限公司蓝启森提供）

付雷雷："三点"班组安全管理法，夯实安全管理基础，压实安全管理责任

付雷雷，内蒙古北方重工业集团有限公司防务事业部 502 车间身管班班长，获内蒙古自治区第二届企业班组安全建设"优秀班组长"称号。班组获 2022 年内蒙古自治区质量管理小组二等奖，2023 年度内蒙古自治区第二届企业班组安全建设"优秀班组"。

1. 夯实安全管理基础

（1）建章立制常态化。一是完善制度建设，建立健全班组《安全生产责任制度》《文明生产管理制度》《安全风险评估制度》岗位标准、生产管理、考核等各项规章制度 21 项。二是加强制度培训，通过专项培训、班前会，对职工进行多方位多层次的培训教育，提高职工对所从事岗位规章制度的认知能力。三是强化制度执行，细化分解安全责任、安全措施，确保安全责任落实到人。

（2）教育培训常态化。一是制订年度培训计划，适时开展安全生产培训，针对性地、深入地、务实地开展基层一线教育培训，班组职工逐渐养成良好的安全习惯。二是定期开展安全教育培训，付雷雷主要依托国家级大师工作室"戎鹏强创新工作室"，兵器首席技师戎鹏强进行手把手教学，先后培养了 16 名身管加工专业人才，其中，技师级以上 6 人，公司级关键技能带头人 1 名，成员单位级关键技能带头人 2 名，全国技术能手 1 名。

（3）安全提醒常态化。一是做到班前会每天提醒，优化班前会召开方式，让轮值班长及多名职工发言、分享和表达，促进了全员安全意识的提高。二是做到警示教育每月提醒，通过集中观看安全警示教育片、每月组织开展安全警示教育，选择具有典型教育意义的安全生产事故，分析事故产生的根源、危害及应吸取的教训。三是做到有变化随时提醒，树立"变化就是风险"的理念，及时掌握岗位变化、人员调整、设备更新等情况，让班组职工第一时间知悉安全风险，掌握应急预案。

（4）隐患排查常态化。一是提高隐患排查有效性和规范性，根据各岗位特点，制定工序级安全检查指引，指导现场操作人员有效开展岗位级安全检查工作。二是抓好危险源再辨识和动态辨识工作，特别是新工艺、新技术等方面，确保危险源辨识和管控、无死角、无盲区。三是制定有效的奖惩措施，把隐患排查作为班组职工每天的"必做题"，加强全员对安全生产的重视与参与，同时协调好安全和生产的关系。四是抓好隐患整改落实，建立隐患整改责任清单，组织安全管理专业人员对整改情况进行验收，使隐患整改有速度更有质量。

2. 压实安全管理责任

（1）安全责任落实到位。一是严格落实全员安全生产责任制，年初组织班组职工签订个人安全责任书，年终根据责任书完成情况进行量化考核，用考核的手段倒逼全员参与安全管理、履职安全职责。二是提供安全生产履职工具，制作各岗位人员"安全标准动作"解读卡片，置于生产现场，推动全员履职尽责。

（2）安全行为养成到位。一是严格落实公司安全"三步走"工作法，作业前要求穿戴好劳保护具，作业后对本工作区域内的设备、现场等进行清理、清扫，做到现场环境干净整洁。二是规范行为养成，多措并举提升安全管理水平，组织全员签订《落实安全生产责任承诺书》，制定《全员安全责任追究制度》，形成"全员讲安全、全员重安全、全员抓安全"的良好氛围。

（3）安全风险管控到位。一是建立了《502车间身管班安全风险评估制度》，根据危险程度和伤害程度，按照红、橙、黄、蓝四色进行管理，确保安全生产。二是组织开展全员安全风险隐患辨识活动，对辨识出的安全隐患制定应急预案，防患于未然。

（4）过程检查督促到位。一是认真落实"一班三查"制度，坚持班组每日"三查"，持续提高现场本质安全度。二是组织开展"三违三超"检查，逐步消除人的不安全行为。三是做好日常关心观察，注重班组职工的心理疏导和情绪安抚，确保职工情绪稳定，为日常安全生产打造坚实基础。

3.营造安全文化氛围

（1）"用心"落实安全文化理念。作为班组长，付雷雷始终坚持以人为本的原则，注重人文关怀，让职工切实感受到家的温暖。一是制作安全生产宣传海报、劳动防护穿戴可视化手册、安全文化读本、安全标语等可视化载体，广泛宣传安全生产管理理念，充分营造人人讲安全、事事要安全的浓厚氛围。二是构建"齐心合力＋人人安全"行为准则，促进全员安全履责行为习惯。

（2）"精心"开展安全文化活动。一是创新组织特色活动，开展"安全行为之星""我是今日安全官""个人无违章，班组无隐患，车间无事故"安全知识竞赛等主题活动，增强职工参加安全文化活动的积极性。二是积极参与常规活动，把"安康杯"竞赛贯穿到安全生产的全过程，弘扬安全文化，努力提高广大职工的安全意识和技能。三是积极开展合理化建议，将安全生产合理化建议活动作为提高班组安全管理的有效途径，充分听取基层一线人员对安全生产工作的意见建议。

（3）"暖心"打造和谐团队。一是坚持以人为本，弘扬生命至上、安全第一思想，将保障职工生命安全健康放在首要位置。二是常态化开展"春送祝福、夏送清凉、金秋助学、冬送温暖"四季服务，让安全管理工作有力度的同时更有温度。

（稿件由付雷雷提供）

任丽萍："六心"班组工作法提升拼毛打样班的凝聚力、向心力

任丽萍，2000 年参加工作，现任山东南山智尚科技股份有限公司精纺公司拼毛打样班组班长，获公司"技术能手"称号。创立 CI 工作流程，总结提炼出"六心"班组工作法。

山东南山智尚公司拼毛打样班组成立于 2008 年，现有员工 26 名，平均年龄 35 岁，是一支技术型团队，承担着企业精纺面料的颜色生产把关重任。在班长任丽萍的带领下，拼毛打样班组获得"郝建秀小组式全国纺织先进班组"、山东省"五一巾帼标兵岗"等荣誉称号。

在纺织毛精纺企业中，拼毛打样是精纺面料生产的首要工序，是一项技术性很强的工作，要做好拼毛打样，必须掌握全面的染化料及纺织相关专业知识和娴熟的专业技能。班长任丽萍根据国内外市场形势，带领团队学习意大利先进生产模式，结合企业班组实际，创立 CI 工作流程，总结提炼出"六心"班组工作法，受到广泛好评和推广。

1. 提升班组"核"力

2000 年，24 岁的任丽萍进入南山公司，开始从事拼毛打样工作，2005 年被公司选拔为拼毛打样班班长。在 20 年的班长岗位上，任丽萍感慨道：拼毛工作责任重大，不能有一丝一毫的色彩偏差。面对面料颜色的主观性强、生产流程长、各工序温湿度变化等诸多因素影响，要实现拼毛

打样班组整体颜色满意度提升，让每个客户都满意，既是工作目标更是艰巨挑战。

"我不是科班出身，要做好拼毛工作，要带好班组团队，就必须付出更多的努力。"任丽萍说，"打铁还需自身硬"，任丽萍翻阅纺织书籍，向技术部门同志多方请教，努力学习和掌握纺织专业知识。

多年带班组的工作中，任丽萍不断琢磨如何提升拼毛打样班组工作整体水平，她总结提炼出了"六心"（恒心、精心、耐心、细心、信心、齐心）工作法，即学习有恒心、管理要精心、革新需耐心、质量须细心、发展有信心、提升必齐心。任丽萍把"六心"工作法应用到具体生产实践中，做到了组员全覆盖、工作全覆盖。

2005 年，当时一厂年轻的拼毛工，工作时间不长，整体技术水平不高，纺织理论知识匮乏，实际生产经验也少。任丽萍说："拼毛打样班组是一个集体、一个团队，大家要一起相互搀扶着往前走。"为了能更好更快地提高拼毛打样技术，任丽萍在下班后，带领拼毛工到纺纱、织布、染整车间，对产品进行跟踪，在细致了解纱线、面料生产过程中，找出影响颜色的关键点；让组员们同染整工艺人员进行交流学习，学习染整工序的工艺流程，以便于掌握染整的色光变化规律。邀请设计部门负责人到拼毛打样班组，给大家讲解织物组织结构及组织变化对颜色的影响等。通过推行和实施"六心"工作法，拼毛打样班的凝聚力、向心力得到了提升。

2. 提升班组"心"力

"在多年的工作实践中，我们始终坚持以提高拼毛工素质为落脚点，在班组管理上下功夫，团队建设取得了一定的成效，我深感欣慰。"任丽萍说。

"拼毛打样班组组员 26 人，我们要把'26 颗心'紧紧地凝聚在一起"。任丽萍说。

2008年公司染色中心成立后，加强与意大利专家的交流合作，这让拼毛打样班组的组员们对拼毛打样工作有了全新的认识。在相互交流学习中，任丽萍带领拼毛组员们，优化生产流程，制定规范的工作程序，做到拼毛每一步工作都有据可依、有章可循，拼毛工作更加标准化、程序化，既提高了工作效率，又能更好地控制质量，染色产能从300吨／月提升到510吨／月，在拼毛人员没有增加的情况下，工作效率从40个纱批／月提升到100个纱批／月，每批生产周期从7—10天／批次下降到4—5天／批次，3次调方转毛率达到95%以上。

拼毛作为毛精纺生产链的关键工序，严谨的工作作风、丰富的理论知识、扎实娴熟的实操经验是对每个组员的基本要求。在拼毛生产流程优化有了很大改善后，任丽萍又提议成立质量控制小组，对拼毛存在的技术问题和技术难点进行总结，确立攻关课题，通过攻关实验，将难题逐个攻破。南山集团领导对任丽萍和拼毛打样班组的工作给予了充分肯定。

2014年，拼毛打样班组在全国纺织行业班组建设中脱颖而出，被授予"郝建秀小组式全国纺织先进班组"称号；任丽萍被授予"技术能手"称号。

任丽萍说，与拼毛打样班组组员们一起工作，最深的感受是拼毛打样班组组员"步调一致"，大家对工作都是"争上游"。任丽萍结合班组每位成员的特点，分别为其制定了不同模式的技术培养提升通道，班组成员之间技术上相互学习，技能上"师带徒、传帮带"，积极参加各项培训。目前拼毛打样班组专科以上学历人员占80%，中高级工25人。其中多人在公司组织的技术攻关项目中获奖；部分组员分别被授予"龙口市劳动模范""烟台市劳动模范""龙口市首席技师""烟台市首席技师""烟台市有突出贡献技师""山东省纺织工业首席技师""全国纺织工业劳动模范""全国五一劳动奖章"等称号。2024年，拼毛打样班组被授予"山东省五一巾帼标兵岗"称号。

（稿件由山东南山智尚科技股份有限公司工会提供）

任希艳："教""传""创""提"，四字法打造标杆班组

任希艳，现任吉盟腈纶公司纺丝车间毛条甲班班长，获得"吉林省青年技术能手"、集团"十佳班组长""巾帼建功先进个人"等称号。吉盟腈纶公司纺丝车间毛条甲班成立于2016年，现有组员19人，是一支年轻有活力的团队。在任希艳的带领下，毛条甲班获得"全国纺织行业创新型班组""赵梦桃小组式全国纺织行业先进班组""吉林市青年安全生产示范岗""吉林市三八红旗集体"等称号。

1. "教"

吉林吉盟腈纶有限公司是吉林化纤集团的子公司。毛条甲班成立之初，任希艳发现部分组员以前没有任何毛条生产经验，有些生产知识和操作他们很难理解，于是任希艳就用大家耳熟能详的生活常识代替晦涩难懂的理论知识去给组员们讲，利用毛巾缩水现象解释毛条缩率稳定的意义、把"牵伸"比作抻面、把"针板"比作梳子，寓教于乐进行培训，并现场亲自手把手示范、反复演示，让组员在机台反复实践直到熟练掌握。任希艳说："只有把知识掰开了、揉碎了、说透了，组员才能学懂弄通，也才能养成良好的操作习惯。"

为进一步规范操作，任希艳利用休息时间研究操作规程，她总结出"望、闻、问、切"四字技能方法，望：观察设备、丝束、物料及毛球

状态；闻：听设备有无异常声响，闻设备有无异味，发现异常及时处理；问：沟通反馈，注重同岗位之间的沟通互学，培养组员及时发现异常并反馈的意识；切：提高操作能力。任希艳说："质量是生产出来的，不是检验出来的"，她还系统总结出拉断岗位"一看、二摸、三拽"六字检查法以及针梳岗位"一看、二摸、三打开"七字检查法，让组员们逐一研学。

毛条甲班自成立以来，连续8年产品一级品率始终保持100%，全员通岗率100%，培养出岗位技术能手、劳动竞赛优级手等多名技术骨干，还有2名组员走上了技术员、管理岗位。

2．"传"

"班组卓越，团队精彩，敢于拼搏，勇攀高峰"，这是毛条甲班班组每天早会齐喊的上岗口号。2018年，任希艳参加全国纺织行业班组长管理提升专题培训后，对一线班组的早会有了新想法，她决定将一直以来想做却始终未能做的改善付诸实践，推行"583"早会，"5"即早会时间 5 分钟，"8"即突出团队改善、24 小时激励、布置任务、微培训、喊口号等 8 项重点内容，"3"即团队改善、微培训、喊口号 3 个环节由组员主持。这样丰富而温暖的班组早会，不仅对于大家是一种激励，更在塑造着一种家庭般的团队文化，通过强调班组目标、重视个体价值、做好任务关键点传递、倡导协作支持，甲班班组的早会成为了一个承载着梦想、信任和共鸣、令人期待的仪式，不再是冷冰冰的单纯布置任务的会议，毛条甲班也成为了吉林化纤集团"583"早会标杆班组。

3."创"

在吉盟纺丝车间，有全球唯一一条全自动化毛条生产线。班长任希艳在全组内倡导并提出"人人都是岗位上的安全主体"，在公司内率先打造员工零违章、岗位零隐患、班组零事故的"三零"班组。在生产线还未正式运行前，一次，设备调试人员进入栅栏内进行调试，任希艳发现其所处的位置距离机械手运行路线非常近，就将其拉到了一边，通过认真观察，任希艳发现还有很多限位不够完善，于是她认真研究人的工作路线和机械手运行的轨迹，通过相互对照，最终对机械手运行路线进行了明显标识，提醒岗位人员进入工作区域注意安全。任希艳说："管安全就要管风险、管异常。"只要涉及八大风险作业，她一定在现场亲自核实作业前准备工作，检查方案措施执行情况，并现场监管直至作业结束。此后，任希艳提出技术改造、声光报警、增加隔断装置等多项建议，多年来甲班班组未发生过一起工伤事故。

4. "提"

任希艳在管理班组过程中，积极鼓励组员以颠覆式创新意识开展和参与创新活动，让组员多提"金点子"，推动班组工作提升。甲班质检员提出膨体条用拉断卷曲前缩率初步判断成球缩率的方法，每次节约调试时间30分钟，全年增产32吨，创效54.4万元。任希艳带领组员开展降低毛条回毛率攻关，根据丝束、机台实际情况优化工艺参数，强化设备巡检及备料质量，责任细化到每个机台、每个人，并根据个人指标完成情况进行奖优罚劣，攻关后回毛率降低到0.38%，年创效30余万元。

"一花不成春，独木不成林。"毛条甲班成立之初，岗位人员都是新人，相互不熟悉，中午吃饭大家习惯于分成几小帮，任希艳就把大家叫到一起，边吃边聊，气氛融洽了很多。为加深对组员的了解，任希艳与组员聊天中发现很多年轻人关注的都是王者荣耀、动漫等话题，任希艳便回家请教儿子如何打游戏，在对游戏有了一定的了解之后，任希艳与年轻组员们聊天就有了共同话题，逐渐与他们建立起了相互信任的关系。任希艳说："只有我用心去了解和关心他们，他们才会离我越来越近。"

现在的毛条甲班，班组成员心往一处想，劲往一处使，凝心聚魂，逐渐汇集和沉淀出"万石谷，粒粒积累；千丈布，根根织成"的班组文化。

（稿件由吉林吉盟腈纶有限公司提供）

汤志均："三点"班组管理法挑起中低压配电网调控运行及抢修指挥的重任

国网福建石狮市供电公司配网调控指挥班，肩负石狮地区中低压配电网调控运行及抢修指挥的重任，班组共有成员 15 人，均为本科及以上学历，高级职称 1 名，中级职称 10 名，平均年龄 33.68 岁，35 周岁以下 9 人，党员 7 人，是一支朝气蓬勃、精诚团结、恪尽职守的青年团队。班组近年来获全国"安康杯"竞赛优胜班组、福建省"职工模范小家"、省公司"卓越班组"、泉州市"青年文明号"等荣誉称号。

汤志均，现任班长，技师、高级工程师，长期在调控运行一线岗位工作，擅长复杂事故处理及电网安全运行管理工作，多年来坚持立足岗位实际，创新调控员培训体系建设，打造中低压调全能型队伍，班组各类指标在省公司供电系统中名列前茅。近年来他获石狮市金牌工人、技术能手称号；福建省"青年技能挑战赛"配网调控事故异常分析及处置个人第四名；国网石狮市供电公司先进工作者、省公司优秀青年人才等荣誉。

1. 班组管理主要模式

（1）创新绩效管理模式

绩效管理是班组实现工作目标最直接、最有效的工具，如何利用绩效手段客观衡量班组成员贡献价值，从而更有效地调动和激发员工积极性，是一线生产管理者迫切需要解决的问题，而区分"能力高低、干好干坏、

干多干少"是关键。

基于岗位包干工分制复合绩效考核法，是班组长期实践积累总结出的一套新型绩效管理模式，从岗位包干工分、内模工分、绩效评价积分三方面进行创新绩效考核，改变了传统"计件式"低效模式，使一线管理人员把绩效考核过程和生产管理有机结合，更便捷、精准地开展绩效考评。

（2）班委轮换搭建"创业平台"

班组委员会由班长、安全员、技术员、综合管理员组成。班组实行班委会轮岗制，除了班长以外，其余角色进行轮换。每年由班组成员自愿报名，班长根据报名情况人员特点有针对地安排工作，实现双向互动选择。轮岗的目的是培养一岗多能的人才，为更多人员参与班组事务管理提供平台。在绩效考核方面，对参加班级事务管理的班委辅以一定工分补贴，让参与者劳有所得；在年度评先评优方面，综合其年度工作表现，给予表现良好的班委一定荣誉倾斜，让工作表现突出的劳有所获。

（3）文化建设增强"主人翁"意识

一是安全文化筑牢底线。班组始终树立"生命至上"的理念，营造"人人保安全、安全保人人"的安全文化氛围，使安全生产成为全体班员的"最大公约数"。通过安全日活动学习安规、调规与公司通用制度；鼓励班组开展自查自纠，将发现的问题落实到具体个人，通过安全日活动再通报学习。班长、安全员带头开展专项检查，每周形成一份反违章自查自纠报告，每月形成一份两票检查报告。

二是服务文化深入人心。班组积极参与"海丝之光"共产党员服务队、调控中心共产党员服务队等系列活动，服务重要用户、发电企业、乡镇供电所等。班组主动开展供电优质服务：帮助玉浦水厂解决接地故障用电问题，有效保障供水公司安全生产；与交警部门开展共建活动，搜集红绿灯所辖配变清单，有涉及交通信号灯停电信息及时响应。

2. 抢险支援彰显社会责任感

班长汤志均作为一名共产党员，积极履行社会责任，发挥党员先锋模范作用。2021 年郑州遭遇特大洪水，他主动请缨，参加河南郑州抗灾抢险支援，为福建省唯一一名县级配调员。在郑州抢险现场，主动传授福建抗台调度经验，在审核把关现场抢修安全措施及抢修进度跟踪统计等方面贡献力量，取得了较好效果。2023 年福建泉州遭遇特大台风"杜苏芮"，造成石狮电网三级电网风险，石狮停电用户达 8 万之多。在台风登陆后，他连着两天两夜一直待在调度台，沉着指挥精心调度，统筹安排各项故障抢修及送电事项，公司抢修指挥效率提升明显，创造了 36 小时全面复电的"石狮速度"。

3.打造配网数智化转型特色示范

站在新的历史起点，面对国家"双碳目标"和企业"数字化转型"等重大决策部署，班组牢固树立电网主人翁精神，以实际行动推进数智化转型。班组成立了数字化团队，吸引公司内部各专业的优秀青年人才加入，对接公司各专业业务需求，创造新的数字化流程或应用，赋能基层部门、减轻基层工作量。班组数字化转型近年来取得不少成绩：自主研发多个RPA应用，其中纳入省公司推广的RPA两项，国网典型优秀经验一项，"一故障一分析"RPA项目应用于全地区调控运行、保护及自动化多专业高效协同故障分析及管控；自主研发多个人工智能算法应用，涵盖分布式光伏预测、配网合环电流风险预测等多个应用场景，累计获得全国水电质协QC二等奖一项、省质协特等奖一项、省质协、省行协一等奖两项。

班组将以高度的责任心和强烈的使命感，继续践行"人民电业为人民"的企业宗旨，努力营造"规范、安全、高效、团结、和谐、奋进"的班组微地形、小气候，全力推进班组建设水平再上新台阶，为加快建设具有中国特色国际领先的能源互联网企业提供基层动能。

（稿件由汤志均提供）

李东双：提炼班组安全管理标准化做法，将安全生产标准化做到实处

李东双，华能澜沧江水电股份有限公司糯扎渡电厂运维四班班长，带领班组荣获"全国安全管理标准化示范班组"荣誉称号。在担任班长期间，他组织带领班组员工完成了华能集团大型水电机组全国产励磁系统——睿渥系统从 0 到 1 再到 9 的研发、改造及实施，实现了水电核心励磁系统的自主可控。为实现设备及生产活动本质安全目标，他以生产经营业务为抓手，以人为导向，总结、提炼出了一套班组安全管理标准化做法，切实把安全管理落实到制度上，把责任落实到岗位上，把措施落实到工作环节中，做到工作要求标准化、步骤程序化、管理系统化和规范化，一改此前生产现场管理无标准、无模式、人员成长慢、安全生产存在较多隐患的局面，建立起了科学的班组安全管理标准化模式。

1. 六有基础

为长期有序维持现场安全生产的基石，李东双梳理出了班组规范化管理的"六有"基础，即：岗位有职责——编制 12 项岗位职责分工规定；作业有程序——设备操作严格按预定操作流程和手指口述法进行；操作有标准——编写 25 项作业手册，操作作业严格按照手册执行提升工作安全性；过程有记录——完善工作过程记录，对照标准，优化操作，及时总结分析不足；绩效有考核——编制形成 109 条工作业绩评价细则，公正管理，奖罚分明；整改有反馈——依照 PDCA 管理模式，建立整改、反馈、验收流程。

无论对班组日常工作还是机组大修，李东双都提前谋划，制定班组岗位管理标准、编制不同机组的不同检修标准任务及缺陷情况，轮换安排不同人员完成，以提升成员检修技能。

在机组大修中，李东双组织各设备责任人深入机组内部，进一步摸实辅机设备运行工况，组织青年员工实地学习定子绕温电阻、推力热电阻、风闸行程开关、油混水传感器、气隙传感器等自动化元器件安装情况。在专业组面临首次大修无经验、任务重、工期紧挑战时，他积极与兄弟公司协调沟通，同时操作作业严格按照作业手册执行，落实拆解线记录规定，每日上报工作情况，及时总结分析不足并立马整改，与班组成员主动加班 13 天，提前 4 天完成辅机系统自动化元器件拆除工作，为兄弟公司按时吊出机组各部件提供了必要条件。

2. "五个常态化"创建

李东双从生产、管理、环境、行为、文化等方面着手，确立了班组

"五个常态化"建设目标，即：生产管理精益化、基础台账标准化、工作环境 7S 化、员工行为规范化、文化引领持续化。

他带领班组深入贯彻"五个一"精益化理念和"三统一三一致"规范化理念，在首台套全国产励磁系统实施现场，为克服工期紧、任务重的困难，李东双带领专业组成员开启了 12 小时两班倒工作模式，连续奋战 20 多天，白天开展设备安装接线，凌晨开展系统调试工作，始终战斗在最险处、攻坚在最难点、坚守在关键时，最终圆满完成改造工作，完成国产化大功率器件可靠性验证，功率柜大电流无风试验、灭磁开关的温升试验等。首轮改造完成 5 台机组励磁系统的国产化改造，共完成 30 余个盘柜拆装、200 余个电源模块测试、500 余根新电缆敷设、3000 余个信号核对接入、4000 余个白头打印安装。面对突发的电缆质量问题，他带领专业组成员逢山搭路、遇水搭桥，按照"18 天连续 12 个小时以上""早 8 晚 1"工作模式，保障了全设备"零缺陷、零隐患、零故障"的投入使用。

经过首轮国产化改造，他带领的班组在台账管理、以"7S"标准做到工作环境整洁规范有序、规范员工行为、正能量班组文化等方面的工作更进一步，以激发班组新气象，推动"五个常态化"建设快速成型。

3. "六精"核心理念的衍化

在实践过程中，他不断总结提炼，衍化出班组核心管理、文化理念，深刻贴合班组长期发展目标，以强精气，铸精品，育精兵，持续建强安全运行堡垒，即：协作精密、目标精确、管理精益、技能精湛、工作精细、为人精诚。

协作精密：团结全员，凝聚集体力量，统一思想认识，激发员工内核动力，提振队伍精神气魄。

目标精确：争创一流，永站排头，以"跨越发展，超越自我，追求卓越"为目标，打造创新源地、人才窗口、标杆班组。

管理精益：树立精益化管理理念，全方位落实精细化管理、过程管理、闭环管理，持续提升管理水平。

技能精湛：打造"一专多能"的全能型员工队伍，推行"一自学、二带做、三监护、四规范"培训理念，全面提升员工素质。

工作精细：以对工作"细致入微、至纤至悉"为前提，严密按规开展工作，提升员工标准化、精细化作业能力。

为人精诚：立德明志，待人真诚，促进员工深入学习社会主义核心价值观，培养一批精技能、明礼德的高素质人才。

4. 四个不断创建

为保障班组安全生产标准化建设工作持续推进，激励员工不忘初心，李东双总结提出"四个不断"，即：不断落实、明确责任；不断调整、完善措施；不断学习、提升思想；不断创新、推陈出新。以"四个不断"为准绳，警醒班组在发展过程中要始终坚持实事求是，要持之以恒地加强学习，保持谦卑的心态，筑牢根基，奋发作为，将安全生产标准化工作做到实处。

（稿件由李东双提供）

李艳堂："23433"综合培训法创新班组管理，提升班组技能水平

　　李艳堂，2018 年参加工作，2022 年担任湖北宜化集团 PVC 电仪班班长。在职期间，他创新班组管理，提升班组技能水平，2022 年班组两名班员在湖北省宜昌市"技能状元"大赛中获得"仪器仪表维修优秀选手"称号，同年获得 2022 年度宜昌市五型班组"安康型"班组称号、湖北省2022 年共青团"安全生产、青年当先"风采展示三等奖；2023 年其班组

"23433 综合培训法"获得宜昌市优秀班组工作法，同年下半年，获得宜昌市"模范班组"荣誉称号。

1."两盘"

一盘技能强项，二盘技能弱项。李艳堂每年对电仪工技能等级评价来进行技能盘点，将每个人的强弱项一一列举出来，让班长了解班员存在的问题，并且有方向地指导学习和提升，同时根据个人技能强项，分配当日工作任务。

例如班组的刘辉技能盘点结果对高压综自保护安装不熟悉。在 3 月份对他进行专项培训，3 月底验收合格。经过这样的培训，他熟练掌握了高压综自保护的安装，如果不进行强弱项盘点，班长就不能掌握职工短板和长处，从而无法全面提升和保障作业安全。

2."三定"

即从定人员、定课题、定时间这三个方面开展。班长根据每个人的学习情况，安排专人进行培训，指定不同的培训课题与时间。在到达时间节点后，班员在班组培训白板上自行讲解，班组邀请技术员对班员学习的成果进行点评补充，确保能够深度掌握课题知识点。

3."四训"

一是以理论培训为基础，了解设备原理；二是以动手培训为实践，培养动手能力；三是以专项培训为提升，稳固专业技能；四是以工艺培训为强化，增强应急能力。

李艳堂班组坚持将理论与实际结合，理论知识扎实，那么实践操作起来就得心应手。同时针对电仪设备与工艺参数息息相关的特点，开展工艺流程与电仪设备相结合的培训方式。

2023 年 VCM4# 压缩机故障跳闸，是电仪人员对工艺不熟悉，导致延误故障排除时间，影响了生产。针对这一情况，班组将工艺流程培训纳入班组培训计划，助力班组成员完成对电仪设备工作原理、故障排查的学习记忆。

4. "三练"

即安全基础知识计划练、生产专业技能平时练、岗位应急处置月月练。班组制订安全学习计划，每周一、三、五进行基础培训；二、四、六进行安全学习；周日进行周培训考试，同时依据故障现象现场进行讲解培训。第一，班组充分将供电稳定性与工艺设备安全状态相结合，重点管理断电演练；第二，将特殊时段，如雷雨高温天气事故发生可能性与外界环境相结合，调整班组应急演练计划，针对性开展班组每月评理论、评实践、评应急演练等活动。

5. "三评"

针对培训工作，班组落实闭环管理，健全评价体系，采用评理论、评实践、评应急的方法形成闭环。线上考试与技能津贴相结合，以考促学，实现技能和收入双上升；实操考试与技能评价相结合，以考促评，增加班员工作成就感；模拟演练与技能盘点相结合，以实战演练补应急短板，以技能盘点促实战效果。

通过"23433"综合培训法的推进，让职工在学习中找到自信，在工作中找到成就感，从推进此工作方法以来，岗位职工稳定性得到大大加强。切实做到了"四不伤害"，助力企业安全生产、长治久安。

（稿件由李艳堂提供）

李浩然：协作比拼、守正创新、传承发扬
打造质量信得过班组

中车青岛四方机车车辆股份有限公司齿轮箱检修 3 班，负责高速动车组齿轮箱的高级检修工作，班长李浩然是所在产线最年轻的班组长之一。班组获中国中车"先进集体""青岛市优秀质量信得过班组"等荣誉称号。

1. 让协作与比拼交织"主旋律"

班组始终将团结奋进的文化作为建设核心，通过营造和维护"家文化"使员工全身心投入工作，自觉维护班组及企业的荣誉。顶层理念上，班组坚持在公司制度框架内，通过科学合理的人员分工、作业分组与劳动量分配，使员工个人发展与团队效能达到良好平衡。细节做法上，班组定期召开主题班会，复盘近期工作业绩，学习交流优秀经验，并在班组内推广实践。此外，在产量高峰、重点工作推进期以及个别员工产生特殊状况时，班组长都会进行诚恳细致的谈心谈话，让员工切实感受到班组的人文关怀与"后盾"作用。

与此同时，班组也明确认识到，作为一个担负重要责任的集体，在"家文化"底色中植入"自驱力"也至关重要。为此，班组引入良性竞争机制，通过开展劳动竞赛、技能比武、综合表现评价考核等方式，实现全员技能水平和职业素养持续迭代提升。组装工序员工通过长期比拼，人人练就一双"火眼金睛"，对于大小轴承、接地碳刷、油位计面板等关键部

件，任何一点微小瑕疵都逃不过他们的"法眼"；内腔检查员工通过技能训练和自主研究，最终练成了内窥镜"绝招绝技"，可以像外科大夫那样给齿轮箱进行"全面体检"，确保每件产品合格交付。大家不比吃穿比能力，不比享受比贡献，共同的目标就是把产品的质量打造好，把公司的荣誉维护好，在协作与比拼的良好氛围中奏响了团结奋进的"主旋律"。

2. 用守正与创新描绘"事业线"

守正即是坚守正道，严格遵守公司各项规章制度，提升思想意识，杜绝侥幸心理，让质量安全无后顾之忧。安全方面，认真落实"两管""五同时"，做到管生产必须管安全，积极开展安全标准化建设，组织员工通过学习安全案例、举一反三查摆问题、日常安全检查、安全隐患"随手拍"以及问题台账闭环管理等措施，切实保障班组安全状态受控，并不断

强化员工安全意识与能力。质量方面，以"质量信得过班组"建设为主线，严抓责任文化与细节文化，让员工养成"细节决定成败"的质量理念，以及一次就做对、一次就做好的工作习惯。定期学习质量事故案例，开展质量攻关活动，在不断学习与实践中筑牢齿轮箱检修质量防线。

创新即是着眼于生产中的难点、痛点以及公司经营发展的增长点、发力点，积极开展技术创新、管理创新、文化创新。近年来，班组主动作为，使齿轮箱检修在工区内率先实现 CAA 辅助作业技术全覆盖，从根本上杜绝了漏作业、漏打扭力问题；员工集思广益，积极开展现场改善攻关，陆续开发了小轴游隙测量角度指示工装、PM 侧轴承盖回油孔防护工装等多项改善，解决了众多质量痛点难题，每年为公司节约成本上百万元；针对物料混料、内腔异物等关键质量隐患，班组创新性地建立了紧固件领用多层审核、工艺用料专人管控、齿轮箱影像化记录复核等系统化、组合式内控措施，实现生产作业全过程受控。班组积极应用并参与完善 MRO、检修 MES、区域指挥中心等数字化系统，使产线数智化迈出关键一步。班组以守正创新的不懈追求，勾勒出全员奋斗的"事业线"，合力助推公司提质增效与高质量发展。

3. 以传承与发扬强化"原动力"

齿轮箱检修 4 班既是一个年轻的集体，也是一个成熟的集体。其年轻体现在员工们的青春活力上，而其成熟则蕴含在班组"以奋斗为荣"的集体基因中，凝结在多年来传承的品格积淀里，并通过实践与发展持续注入内涵，成为班组实现超越、追求卓越的"原动力"。

传承体现在班组管理的诸多细节。例如，每一名新加入班组的员工，第一个"仪式"就是把工作服上的纽扣都剪掉，口袋都缝上，身上所有小物件全部收起，这既是从行动上保障齿轮箱内腔与异物的绝对隔离，也是从观念上给新员工上的"质量第一课"，这个传统一直传承到了今天，成为许多员工融入集体的最初记忆。

发扬则体现在班组全员锐意进取、无私奉献的工作热情中，也是班长李浩然作为班组带头人和责任者的执着追求。他的老班长曾是一位劳动模范、"五一劳动奖章"获得者，老班长奋发图强的实干精神、勇立潮头的创新精神，成为他成长的启蒙，也是如今激励着他不断向前的动力。他时刻提醒自己要尽职尽责，脚踏实地带领班组走好每一步。

每天晚上作业任务结束，在送走班组最后一名员工后，李浩然总是独自在肃静的厂房内继续工作，既要回顾当日存在的问题与不足，对未解决事项进行标注跟踪，又要根据整体检修计划编制第二天的生产任务和工作要点。他自觉扛起了比同事更重的负担，顶起了比别人更大的责任，更是用日复一日的默默奉献，践行着齿轮箱检修 4 班薪火相传的品格。

（稿件由中车青岛四方机车车辆公司赵伟杰、宁允展提供）

杨金钟："四个引领 三个结合"打造城市应急救援队伍

杨金钟，北京城建集团抢险大队大队长，北京市建筑工程事故应急指挥部应急专家，曾被授予"北京市应急先锋""北京市人防系统先进个人""北京市防汛抗旱先进个人"等荣誉称号。任大队长以来，杨金钟带领班组奔波在抢险现场，守护着一方平安，在实践中探索形成"四引领三结合"管理法，走出了一条适应首都防灾减灾救灾特点的城市应急救援队伍建设发展之路。抢险大队连续 19 年获评全国文明单位、连续 25 年被评为"首都文明单位标兵"。

1. 四个引领

（1）用大局引领战略规划

杨金钟到抢险大队时，班组只有 20 多人，而且主要从事建筑抢险。随着城市安全管理日益精细周全，抢险任务量不断减少，班组业务出现下滑。直到 2013 年底，抢险大队承接北京中心城区管网改造工程，对既有的污水管线进行"健康体检"，并将发现的问题及时维修到位。杨金钟带队高质量完成任务，受到上级肯定。这让他明白：旧的管理理念已经不能适应"全灾种、大应急"发展形势，查找隐患、堵塞漏洞也是一种抢险救援，抢险救援要走市场化、社会化、专业化发展道路。他决心给全队来一次改革重塑。在北京城建集团的支持下，杨金钟积极探索"以备勤抢险为

中心，以施工保抢险，以抢险促施工，以多种能力应对多样灾害"的建设发展模式，大力扩充应急救援能力，还围绕地下管网的维、改、建等工程进行业务拓展，走出了一条救防一体、平战结合的发展路子。抢险大队从杨金钟接任之初的 20 人班组，逐渐发展成为百人团队，抢险装备及应急救援技术也达到国内领先水平。

（2）用任务引领能力提升

近年来，杨金钟带领班组把抢险任务当作砥砺能力、锤炼本领的"磨刀石"，并在救援管理实践中，摸索了"四明三快两优先"抢险处置办法。"四明"即上级要求明、险情形势明、动用装备明、应对措施明；"三快"即到位快、处置快、善后快；"两优先"即坚持生命优先、群众优先。2023年，受台风"杜苏芮"影响，极端强降雨导致房山区全域受灾，多地断路、断水、断电、断网。8 月 2 日晚 11 时，接到上级指令后，杨金钟"以快"制胜，带领班组连夜进入灾区，进行道路抢通任务。面临多处道路损毁的恶劣条件，杨金钟按照"四明三快两优先"，首先要摸清灾情、掌握底数，便带领队员徒步往返30公里进行人工踏勘。根据现场情况，他带领班组快速确定实施方案，展开施工救援，仅用38小时就极速打通了军红路通往大安山乡的生命通道。

（3）用表率引领队伍建设

抢险大队素有领导带头上、班（组）长领着干的传统，形成了"三个冲在前"的作风：训练演练冲在前，无论是建筑施工事故演练，防汛救援演练，还是日常抢险科目训练，杨金钟都坚持参加，挺身前列；应急抢险冲在前，在冬奥会备勤保障、"小汤山"病区建设等任务中，他总是站在队伍的排头，干在急难险重的一线；学习提高冲在前，带头学习应急救援理论与实践知识，努力成为救援的行家里手。2021年，朝阳区一大型露天废品收购站突发大火，几名年轻队员被过火区烟气呛得难以抵近作业点。杨金钟见状一摆手，说："跟我往起火点靠拢！"队员紧跟大队长，将"包围圈"一点点缩小，明火很快被成功扑灭。在他的示范表率下，精武强能和抢任务争第一的观念，在全队上下成风化俗、形成传统。

（4）用爱心引领士气凝聚

为时刻保持应急备勤的整装待发状态，大队实施"军事化"管理。杨金钟身为班组长，坚持做到"五谈四访"，即新入职必谈、工作调整必谈、有思想情绪必谈、同事发生纷争必谈、经历抢险危况必谈，生病住院时必访、生儿育女时必访、家庭红白喜事时必访、遇有家庭困难时必访。班组推行上级带下级促责任担当、先进带新人促精神引领、师傅带徒弟促技艺传承、党员带群众促团结奋斗"四带四促"，使士气得到极大凝聚。大队还建立了良好的家队互动机制，逢年过节邀请家属来队，组织家庭休闲娱乐活动。一项项关爱细致入微，让队员们更加心无旁骛地投身应急事业。

2.三个结合

根据超大城市抢险救援特点，杨金钟在班组探索推开"平战结合、专常结合、救防结合"的管理模式。坚持平战结合，就是装备常态保养，人员常态备勤，急时应急，平时服务，为民解难；坚持专常结合，既建有专精的队直属救援分队，以精干、快速、全面的专业准备，随时出动随时应战，又建有三个常备专业中队，哪个方向领域发生灾情就指派出动哪个中队；坚持救防结合，在完成救援任务的同时，近些年大队注重在人民群众中传播普及安全预防科学常识，先后参与应急救援能力建设交流研讨、安全救援进社区进校园等活动。抢险大队副大队长袁忠起是一名全国劳动模范，当得知北苑料库附近刘大妈儿女都在外地工作，一遇上雨天家里就积水成河时，他和班里的同志们利用工余时间，带着工具，上门帮刘大妈整修了院子和排水沟。

在杨金钟的带领下，北京城建集团抢险大队已成为北京市最重要、最有实力的专业抢险救援队伍之一。2021年"第20个全国安全生产月"活动中，抢险大队作为8支应急救援队伍之一进行展示性演练。

（稿件由北京城建集团抢险大队刘佳提供）

杨静波："一三五"班组管理法做好危化应急救援工作

杨静波，2011 年参加工作，在担任湖北宜化化工股份有限公司消防班组班组长期间，他不断创新班组管理，坚持准军事化管理，使班组成为企业安全的一道重要保障，获得 2 次湖北省安全技能比武第一名，2 次宜昌市应急技能比武第一名，2 次猇亭区应急技能比武第一名，猇亭区"新时代青年标兵"称号、4 次猇亭区消防安全管理"先进个人"称号。班组获"宜昌市优秀班组工作法""宜昌市五型班组"等多项殊荣。

1.一个目标

积极响应国家号召，致力打造一支"听党指挥，作风优良，能打胜仗"的消防应急救援队伍。

2.三个抓手

一抓应急值守。消防班组实行 24 小时备勤值守，负责公司消防控制室和重大危险源预警监测系统的线上巡查，实时监控火灾报警控制系统运行，同时对重点岗位、重点部位场所人员的安全行为实施"反三违"管理。

2023 年 7 月，公司应急指挥中心接到猇亭区消防救援支援任务，消防班组迅速集结队伍，在7分钟后达到救援现场，指挥部下达救援任务后，消防队员按照救援程序完成个人防护后，有序开展人员搜救和火灾扑救，在与政府专职消防队的配合下，快速对险情进行了控制，速度及扎实的业务技能获得政府部门的高度认可。

二抓现场巡查。有效预防火灾事故发生，全面开展生产装置的防火巡查、检查，制订隐患排查计划，落实排查并督促责任单位整改，及时消除火灾隐患；完善现场消防设施，确保安全生产受控。

对于火灾事故管控，消防班组通常从源头抓起，消除火灾事故隐患做到事前管理，消防班组不仅对公司生产厂区开展防火检查，定期与社区联动对小区居民及独居老人进行上门服务，有效解决长期困扰社区消防安全隐患，也大幅地降低火灾事故发生率。

三抓队伍训练。每天坚持体能、技能训练夯实基础，结合现场应急预案模拟事故场景，延伸救援战术训练，明确救援职责，细化作战步骤，提高救援效率；定期与政府救援队伍展开联动联训，交流学习实战救援经验，提升队伍救援专业性。

3. 五个重点

一是加强党建引领。为贯彻落实全面从严治党主体责任，切实加强消防救援队伍党的建设。消防班组坚持党建引领，配齐配强消防班组多措并举，充分发挥党员先锋模范作用，以点带面全方位推动消防安全工作。

二是严控人员素质。为打造一支专业应急救援队伍，严格把控入口关，优先选择消防退伍军人，因其具备过硬的身体素质，拥有良好的思想意识，热爱消防事业，能够为队伍建设打下坚实的基础。

三是强化应急培训。主要以公司现有危化品特性、生产装置安全风险、应急装备功能用途、急救员的安全准则等进行培训，做到"应有尽

有、全员尽会",做到科学高效地救援。

危化应急救援环境复杂,技能就是消防员的"立岗之本",业务知识和技能培训也是班长常态化的工作,针对队员的培训,班长杨静波经常性地亲力亲为,手把手地教队员业务技能,主要是抓住细节和要领,在多次救援和比武活动中取得明显成效。

四是执行准军事化管理。体现队伍"服从意识",应急装备严格执行"5S"管理,为高效应对火灾、危化品泄漏腐蚀、中毒等各类事故处置,规范救援程序,明确人员防护标准和职责,执行标准化安全救援流程。

五是营造和谐氛围。通过加强团队建设,增强班组凝聚力。

通过多频次联动拉练,增强班员协作能力;通过日积月累的实战演练,使班组全员产生无形的默契,救援工作也展现出团队作战能力,大家彼此相互信任、相互补位、齐心协力共同出击。

　　班组始终坚持深入学习贯彻习近平总书记关于应急管理的重要论述和训词精神，以"练兵千日，用兵一时"开展岗位练兵，培育过硬本领，打造"危险化学品"专业救援队伍，助力企业安全稳定打造千亿集团的宏伟目标。

（稿件由杨静波提供）

吴生特：夯实基础、砥砺前行、强化规矩、营造氛围，做好班组管理，提升班组实力

吴生特，国家电投五凌电力五强溪水电厂电气分部班组长，获五凌电力有限公司"优秀班组长"荣誉称号，班组获集团公司"优秀安全生产班组"、公司"安全建设示范班组"、公司"青年文明号"等称号，获湖南能源局"电力安全生产示范班组"等称号。

1. 培养队伍历练"主力军"，夯实基础

进厂 10 年，吴生特始终扎根于生产一线，成为技术方面的"多面手"，深知系统性专业培训对员工工作生涯和企业业务长足发展具有重要

意义。他通过规范培训学习要求，推动班组成员积极参加安健环大讲堂和班组小课堂，以电厂"大体系"创新平台为载体，对标与完善电气实操区，组织开展自主制作电机控制系统、控制电缆处理工艺培训等实操项目，让躺着的备品备件"用起来"，让专业人员"动起来"。

吴生特时常利用业余时间钻研电力设备方面的相关书籍，及时总结检修及消缺工作。在工作中，不畏艰难，凭着顽强拼搏的毅力和细心认真的工作风格，带动整个电气团队的士气。青年员工是承接企业发展进步"接力棒"的重要环节，吴生特同样十分希望班组成员能在实践中拓宽视野、破题开路。通过积极推动成员参与管理创新、科技研发、良好实践、技能培训、劳动竞赛等方式，形成有机整体，成员间相互促进与提升技能水平，坚持基本知识与实际操作技能提高并重。班组成员先后获得继电保护技能竞赛团体二等奖、"五凌工匠"百岗职工职业技能大赛电气一次技能竞赛团体一等奖、PLC 可编程技能竞赛团体二等奖等荣誉。

2. 举好创新发展"指挥棒"，砥砺前行

随着国家对清洁能源的重视程度不断提高，五强溪电厂也迎来发展新机遇。为了进一步提高电厂的发电效率和安全性，吴生特带领电气团队积极响应国家号召，不断推进技术创新和升级改造工作：应用"互联网＋"，将关键工器具加"码"，助力班组"减负"。自主设计"立码查"，将关键设备运维方式入码，显著提高设备精细化管理水平。坚持承包商"等同管理"原则，算好"红黑账"，推动承包商由被动管理向主动管理转变。将工业互联网与安全生产深入融合，运用智能技术，实现安全管控智能化。

这些创新举措有效地提升了班组的工作效率和安全管理水平，为电厂的安全生产和发展做出了积极贡献。同时，吴生特带领班组成员积极响应集团公司业务外包规范管理要求，开展"能干不包、应干不包"大讨论、

揭榜挂帅更多项目，为分部谋取更多专项激励。创新技改方式，尝试通过"切片式改造"代替"整屏式改造"，大幅降低技改成本的同时，提升专业人员的技能水平和分部的核心竞争力。

3. 输好规章制度"理论液"，强化规矩

作为班组生产现场的第一责任者，吴生特坚持安全第一的理念，以身作则，严格遵守各项安全规章制度。他注重生产过程中的质量，盯住细节，勤于检查，抓好落实，确保安全隐患被消灭在萌芽状态。同时为进一步提高班组的管理水平和工作效率。吴生特主持出台了《分部管理细则》、《电气分部定置管理规定》，进一步强化了班组规章制度。通过用好奖惩方式、做好过程管控等方式，充分调动人员的主观能动性，引导专业人员的做事风格从"点控"向"顺控"转变，化"被动执行"为"主动作为"转变，做到人尽其能；积极推行"轮值主持"的安全日活动，推动班组成员轮流策划主持，以自身案例、视频展示、安全评讲等多种形式开展安全教育，打破传统"家长式"的"安全日"活动形式；积极实行"轮值管理"的班组工作模式，让班组成员有机会担任临时班组长，在一定周期内赋予员工特定的责任和权利，使其承担责任、行使权利、履行义务。实现"班组管理"和"自我提升"双突破，实现"双轮驱动"的管理效果。

除制定管理细则和规定外，吴生特注重通过制度化的方式强化规矩，开展"定置管理文化"活动，通过定期督办、划分责任田等形式，拔高办公区定置管理水平，保持良好班容班貌，哺育现场安全文明的种子。

4. 筑牢文化建设"定星盘"，营造氛围

吴生特清楚地认识到，班组管理其实是个长期的人员素质建设，要从

有形式的班组管理建设。吴生特以其独特的管理理念和丰富的管理经验，打造班组文化聚集地，提升班组软实力。深入贯彻"对企业心怀感恩之心，对设备心怀敬畏之心，对同事心怀友爱之心"的班组特色文化培育和传承。在工余时间，组织开展团队熔炼和文体活动等集体活动，以推动班组文化建设，增强班组向心力与凝聚力，营造一个团结、和谐、温馨的班组文化氛围，为班组的长期发展奠定坚实基础。

吴生特在工作中遇到困难时总是身先士卒，充分发挥模范带头作用，常常利用工余时间积极与员工进行思想交流，了解员工思想动态，并及时进行宽慰和劝导。吴生特时刻保持谦虚谨慎的工作态度，始终认为自己是一个普通的团队成员，在工余时间常常倾听工友的意见和建议，尊重他们的想法和创意，同时也会虚心向他们学习，让工友们感受到班组温暖。

（稿件由五凌电力五强溪水电厂吴生特、张邹铨提供）

张伟：做好班组团队建设和安全管理，
加强班组凝聚力

张伟，现任沈鼓集团透平公司结构车间垂直焊壳组人组长，先后多次被评为集团优秀共产党员、劳动模范、杰出青年等荣誉称号，并且带领班组在 2014 年获得"沈阳市和谐型班组"和 2020 年"沈阳市优秀班组"荣誉称号。

1. 做称职的班组长

张伟敢于挑战，身先士卒，俗话说："火车跑得快，全靠车头带"，一个优秀的班组，先进的班组，一定有一位称职的班组长，他敢打善拼，敢于并且能够啃"硬骨头""打硬仗"。不管多么急、难、险、重的产品任务，在他面前都不算什么，在他的带领下，垂直焊壳组总能团结一心，克服重重困难，按期完成任务。

西气东输管线作为中国民生的能源大动脉，起到了非常重要的作用，沈鼓集团作为国家重要制造业企业，承接其中重要项目，透平公司结构车间垂直焊壳组承接西气东输管线的拼接与焊接任务，因为项目的重要性，焊接要求非常严格，焊接前和焊接后需要 2 小时的加热和后热，为了按期交付，张伟班长每日提前 2 小时到厂，将加热器打开，班组员工上岗后可直接焊接。下班后，张伟最后一个离开，保证产品后热要求，防止产生裂纹。在生产过程中，设计好班组每名员工的工作任务，保障管线项目有序开展。当时张伟的父亲患脑血栓住院，孩子面临着高考，但是他为了我国民生事业的发展，坚守在生产一线。垂直焊壳组还承接很多国家重点项目，例如 WA1 国家大风洞项目，周期短、任务重，为了保质保量按期交付任务，张伟班长带领班组员工团结一心，连夜倒班抢制，特别急的时候还吃住在厂内，最后按期交付产品任务，为中国航天事业做出贡献。

2.班组团队建设

"班组就是职工的小家。"因此在班组管理上，张伟十分注重加强团队建设。为保证职工队伍的稳定，他坚持与职工谈心交流，要求自己每月至少和本班组员工每个人谈一次心。由于他经常对本班组员工走访谈心，谁家有难事，哪个职工有情绪，他都了如指掌，并及时伸出援助之手，积

极想办法帮助解决，及时消除了影响安全生产的心理因素，在很大程度上提高了班组凝聚力。处理班务工作时，他是出名的"张铁面"，铁面无私，他生产组织能力强、任务分工合理、明确，坚持实施班务公开、张贴上墙，公开、公平、公正，任职以来，他所在班组没有出现生产分工不合理引起的纠纷，在广大干部职工中享有非常好的口碑和声誉。他也时刻不忘提高班组的整体素质，特别是他以开展创建学习型班组活动为契机，发动职工制订了"学习计划"，牵头成立了学习小组，利用一切可利用的时间，大家共同学习、共同提高，分批次组织技术骨干和职工进行"1对1"现场结对练兵，将所学到的知识及积累的经验，毫无保留地传授给班组员工。近年来，在他的"传、帮、带"下，产生了1名工人专家、1名技术大王、3名集团劳模等先进人物，并且成立劳模工作室，完成"管线压缩机制造流程及现场规范化管理创新"等创新项目，为沈鼓培养了很多优秀技术人才和技术骨干。

3. 班组安全管理

在现场工作中，张伟时刻把职工的安全放在第一位，严把现场安全关。在多年的工作中，他总是身先士卒，遵守公司制定的各项管理制度。每天进行隐患排查，对发现的安全隐患坚持在第一时间内处理整改。他还加大班中动态巡查力度，坚决杜绝带着隐患生产。在他的带领下，实现了生产安全零事故发生。

张伟根据精益理念，不断改善和优化本班组的环境、职业健康管理体系，对现场物料摆放、员工劳保用品的正确穿戴、环境的"6S"整洁清理工作等持续加强管理，让班组员工远离职业环境所带来的危害，在他的带领下2004年获得沈鼓集团第一批"精益优秀班组"荣誉称号。

张伟政治立场坚定、作风务实、爱岗敬业、勇于创新、生产组织能力强、安全技能素质过硬，能自觉带头执行党和国家的安全生产方针、法律法规和集团各项规章制度，在提高职工专业技能和安全素质、维护职工生命安全、加强班组建设和促进安全生产等方面有较大贡献，在他的努力下，整个班组凝聚力越来越强、技术水平不断提高。

（稿件由沈鼓集团股份有限公司透平结构车间官凯强提供）

张俊波："三醒（省）""四责""五小"班组管理法 确保班组工作安全

　　吉林国兴碳纤维有限公司是吉林化纤集团的子公司，碳丝年产能达 5.5 万吨，是全国最大碳纤维生产基地，吉林国兴碳纤维有限公司碳化一车间 3 号线丙班班长张俊波是"吉纤大工匠"，也是"十佳班组长"。碳化一车间 3 号线丙班，成立于 2020 年，现有员工 27 名，是一支充满朝气、技术娴熟的年轻队伍。在张俊波的带领下，先后获得了"集团公司模范班组""赵梦桃小组式全国纺织行业先进班组""吉林市青年文明号"等荣誉称号，为公司高质量发展夯基础、激活力、添动力。

1."三醒（省）"——班组安全管理的有力举措

　　碳化一车间 3 号线是吉林化纤 1.5 万吨碳纤维项目建成投产的首条碳化线，丙班大多数员工之前并没有从事过碳纤维的生产，涉及各岗位安全须知也不了解，张俊波利用"三醒（省）"，将先进的管理理念、安全技能、潜移默化地融入每一名员工的脑海中，将"技能提升""习惯养成"作为班组安全管理水平提升的主要任务。班前提醒：张俊波说："作业前敲响警钟总好过事故发生后去补救"，她利用班前会以手指口述的方式带领全员学习以往事故案例，同时反复强调各岗位作业可能存在的安全风险，并明确具体防范措施，比如提醒氧化岗位必须佩戴护目镜、手套、穿防火服，在收丝岗位操作中，要注意小导辊夹手并演示正确的操作方式。她还

将事故拍成小视频组织员工观看，使组员内心受到触动，起到警示作用，确保将安全要点牢记心中。班中警醒：她加强隐患时间、隐患岗位及隐患人员的管理，比如凌晨四五点钟的时候，大家都会有困意，这就属于隐患时间，张俊波与副班长在反复巡查的同时，要求中控每隔半小时利用对讲机进行一次隐患时间提醒。针对极易引发火险事故的氧化炉，她牵头制作了模拟氧化炉运行装置，不仅可灵活制造缠辊、断丝、跳丝等常见的工艺故障，还通过加装电气系统，实现各项参数的调节，运行速度与生产线同步，通过不断练习提高岗位员工处理异常问题的能力，确保安全稳定运行。她还针对伤丝处理、断丝处理等进一步统一操作标准，并总结了氧化岗"123456"操作顺口溜："1 分 2 抓 3 割辊，4 回 5 查 6 来头，来头捻完分开走，一层一层仔细瞅"，提高了大家处理异常问题的能力。班后反省：利用班后会对一天工作中存在的问题进行回顾，并明确具体的操作手法和解决办法，同时组织开展安全培训小课堂，围绕正压式空气呼吸器、防毒面具等使用方法及日常操作的安全注意事项进行现场教学演示。针对同性质车间出现的安全事故，第一时间传达、反思，做到吸取经验教训，守住安全底线。

2. "四责"——班组安全管理的重要路径

张俊波深知只有明确各岗位职责，才能让岗位员工知道责任、尽到责任，发现问题最后追查责任，树立人人都是本岗位安全责任主体的理念。明确责任：她牵头制定各岗位工作清单，明确各岗位职责；知道责任：通过安全考试、检查、抽查的方式，让各岗位员工知道本岗位安全责任。对于新进班组的员工，张俊波言传身教"观、记、巡、稳、验"五步操作法，在使用机械手操作时，讲解注意事项、错误使用的危害及其工作原理，并亲自示范正确操作、讲解要领，使新人快速提高安全防护能力；尽到责任：按照"三管三必须"原则，严格落实班组级安全生产责任制，树立"上一工序为下一工序服务，下一工序出现问题追究上一工序责任"的理念，严格执行岗位操作规程，提高岗位操作技能，确保了各岗位安全；追查责任：坚持出现事故后做到事故原因未查清不放过、整改措施未落实不放过、事故责任人员未处理不放过、有关人员未受到教育不放过的"四不放过"原则，严格落实各岗位责任，明确根本原因，制定整改措施，杜绝类似事故的发生。张俊波以"四责"为切入点，先后围绕氧化炉应急疏散、废气外溢、火灾、机械伤害等方面编制班组应急处置脚本，坚持每月组织一次应急处置演练，让员工明确责任，提升安全处置能力和逃生能力。

3. "五小"——班组安全管理的有效手段

日常工作中，张俊波从"关键小事"入手，探索推行小事深做、小事心做、小事身做、小事新做和小事真做的"五小"工作法。"千里之堤，溃于蚁穴"，往往小事不做会引发更大的事故，她经常会多问几个为什么，比如新员工小王在接丝过程中没有按照要求保证白包黑，张俊波发现后，问小王："接丝岗位操作的规程是什么？为什么没有按照要求接丝？不正确操作的后果是什么？"通过三个连续提问，使小王清晰掌握了安全要点，一横一纵、疏而不漏，确保班组安全工作抓实、抓细、抓到位。她坚持小事身做、小事真做，对于在巡检时发现的安全风险，她第一时间以视频的形式发到班组群里，引起大家的重视。同时她坚持利用 JHA 安全分析法，对生产过程中的安全隐患进行排查，2023 年累计排查安全隐患 40 余项，通过开展员工提合理化建议、隐患随手拍等活动，增强了全员的安全意识，避免了安全生产事故的发生。

（稿件由吉林化纤集团有限责任公司提供）

范顺彬："五当好"班组管理法打造"三好"班组

范顺彬，现任宜宾五粮液酒厂有限公司517车间酿酒7组班组长。517车间酿酒7组在范顺彬带领下，结合工作实际，以安全生产为中心，围绕技术服务型管理、工艺精细化管理、班组民主化管理，努力打造一支业务技术好、生产质量好、群众口碑好的"三好"班组。范顺彬2023年荣获517车间"优秀管理班组长"，2023年荣获首届全国装甑摘酒技能竞赛冠军；2024年荣获"全国酿酒行业技术能手"称号。范顺彬自2008年担任班组长以来，努力扮演好"五个角色"，带领班组成员连续多年超额完成产量、质量任务。

1. 当好"生产排头兵"

自 2001 年以来，范顺彬从一名酿酒临时工成长为一名酿酒技术能手。

刚到车间时，范顺彬还是个毛头小伙子，什么都不懂，但什么都要学。内心腼腆的他就默默地看，"照葫芦画瓢"默默干、默默记。范顺彬主动承担起下班后舀黄水的工作，"赖"在车间观察组长上甑、摘酒，刚过凌晨 4 点就到窖里自己学着操作，手上总是布满了水泡和茧子。车间内的老师傅认可了这个小伙子，都很乐意传授他经验技巧。多年来范顺彬不懈学习与扎实苦干，不断成长。

2008 年，通过勤学苦练，凭借过硬的技术本领，范顺彬成了 517 车间酿酒班组长。2023 年，他参加了由中国酒业协会、中国财贸轻纺烟草工会联合主办的"五粮液杯"全国装甑摘酒技能竞赛，从来自全国各省的 64 名装甑摘酒技能高手中脱颖而出摘得桂冠，并荣获了"全国酿酒行业技术能手"称号。

2. 当好"工艺指挥员"

"五粮液的酿酒工艺极其复杂，像分层入窖、分层起糟、分层蒸馏、量质摘酒、按质并坛、分级储存等这些五粮液独步酒林的精酿技艺，不干上十年二十年是很难掌握其精髓的。"

范顺彬担任酿酒班组长后，针对酿酒生产中关键工序的技术要求，以及自己班组生产过程中出现的实际问题，在摘酒并坛上苦下功夫，从整体的风格特征把关，坚持按照工艺要求量质摘酒、按质并坛。

范顺彬早班总是 5 点钟就来到车间，要做的第一件事便是召集组员开班前会，为组员分配当前的生产任务，强调安全、生产方面的注意事项，班前会的一个重要任务是学习公司质量方针——"集五粮精华、守百年匠心、唯求完美酿造、永树品质标杆"。"抓一把糟，感觉黏手的，往往淀粉发酵不充分，就要减少投粮；闻香气，如果酸高了，就要用多投粮等方法降酸"，将二十二字质量方针细化成一个个操作要点，一套套工艺流程，一遍一遍地给组员讲述。通过他和班组的刻苦钻研与认真摸索，酿造出的基酒甜爽净，各味谐调，回味悠长，所带领的酿酒 7 组产质量在车间名列前茅，并连续 7 年圆满完成生产目标任务。

3. 当好"技术培训员"

范顺彬特别注重抓员工的技能培训，他根据发展的需要和员工多样化培训的需求，分层次、分类别地开展内容丰富、形式灵活的培训。他还把课堂设在生产现场，手把手地教员工上甑操作、看糟配料、起糟拌和，在培训的同时见缝插针地为大家讲操作注意事项，并鼓动青年员工"人人上讲台，个个能讲课"，既开展了培训，掌握了技能知识，又让员工得到了锻炼，增强教育培训的针对性和实效性。在范顺彬的亲身示范下，许多青工已经能够熟练地上甑摘酒了。

作为车间"工匠苗圃"成员，范顺彬主动做好"传、帮、带"工作，2023 年，他带头组织开展上甑摘酒操作培训 2 期、母糟识别培训 1 期、酒质尝评培训 1 期。主动对班组糟醅及酒体认真进行分析指导，"工匠苗圃"小组 7 个班组，全年共完成一级酒 57.625 吨，完成质量任务 98.786%，其中有 4 个班组完成车间下达的考核任务。而范顺彬所带领的班组连续 3 年完成一级酒任务 150% 以上，2021 年完成一级酒任务 167.16%；2022 年完成一级酒任务 154.81%；2023 年完成一级酒任务 155.54%。

4. 当好"安全监督员"

多年来，范顺彬始终坚持"安全3分钟教育"，作为班组长，范顺彬每天到岗后立即组织召开班前安全会，学习最新的安全教育案例、观看安全事故分析视频，组织员工对现场吊斗、酒甑等进行安全隐患排查。每年还组织员工参加车间及公司开展的二氧化碳窒息应急救援演练、原酒泄漏应急演练、火灾事故应急救援演练等。班组员工的消防安全技能过硬。

范顺彬把"安全生产，我要安全"的理念，像海绵汲水一样融入每个组员的心中，从而形成"人人重视安全生产，人人参与安全生产"的良好氛围，特别是在组员下底窖起糟子的时候，范顺彬坚持亲自打扇监护，多年来，班组中从未发生过安全生产事故。

5. 当好"员工知心人"

在日常生活中，范顺彬尊重人、关心人、理解人，组员生病、住院，他会热心地看望帮助，为组员排忧解难。组员家中有喜事，他也会到场分享幸福和快乐，体现了范顺彬对组员"暖"的一面。

在处理班组工作时，范顺彬坚持班务三公原则，即公开、公平、公正，对员工关心的事通过班组工作群进行公开。班组还依据公司及车间的有关管理制度制定了有针对性的奖惩制度，本着奖勤罚懒的原则把组员的积极性调动起来，更好地发挥班组管理作用。车间对班组的奖励他主动全部分给了组员，自己从来没有分得过一分，担任班组长以来，班组中没有出现过一起因分工或利益分配不合理引起的纠纷。

（稿件由范顺彬提供）

周绍亮："PDCA"班组管理法全面提升班组管理水平

周绍亮，现任中国广核集团中广核核电运营有限公司核燃料服务部核燃料特殊维修中心核燃料修复组班组长，带领班组成员获得 2020—2023 年中广核核电运营有限公司级安全质量标杆班组、2021 年度和 2023 年度中国广核集团安全质量标杆班组、2023 年度在粤央企青年安全生产示范岗等荣誉称号。班组技术顾问乔素凯，曾获 2018 年度"大国工匠年度人物"、第十四届全国技术能手、国务院政府特殊津贴、中央企业劳动模范及 2019 年庆祝中华人民共和国成立 70 周年"功勋工匠"。周绍亮在班组管理方面，有着自己的一套方法，也就是与党建融合的"PDCA"创新管理法，这样的管理模式可以全面提升班组管理水平。

1. 党建管理·全员参与

"PDCA"创新管理法主要是围绕党员"亮身份、践承诺、做表率"的反违章专项行动和深化"党建融入"载体两项重点，强化风险分级管控，常态化开展党员带头反违章、党员干部在现场等活动，进行统筹规划、制定和落实本班组的党建进班组的工作方案。周绍亮合理地运用了党员攻坚项目"PDCA"创新管理法，促进班组工作规范化、标准化，工作稳步提升。"PDCA"创新管理法包括"党建班组立项规范化、党建班组执行常态化、党建班组考核精细化、党建班组提升闭环化"。通过这样的班组管理办法，创造出了诸如 PMC 自主化维修、核燃料组件水下修复、国产组件修复设备应用、核燃料组件水下智能装配等一大批科技成果。项目开始前，攻坚立项并签署承诺书，实施中发挥党员模范作用、秉承工匠精神，高标准完成各项任务，主动承担关键操作，以"安全第一、质量第一、追求卓越"为口号，成为项目中攻坚克难的战斗堡垒。党员同志发挥模范作用，展现先锋姿态，以"零异常、零延误"为目标，圆满完成攻坚项目。

周绍亮在每个年度的第一周就会发布当年的班组任务，并明确期限，同时针对每一位班组成员，要求树立班组奋斗目标，建设健康的班组文化，充分发挥班组成员的主观能动性，构成良好的班风。

经过自荐互荐，选出工作负责，管理本事强的班委会，周绍亮会对他们进行培训，明确每一位成员的职责与义务，强调用智慧管理班组，既给班组成员必需的管理空间，也不完全放手，在必要时给他们一些提议，班组各方面工作都有很大进展。同时为了让全员参与班组管理建设，双月设置班组长轮值，主要是辅助班组长完成班组考勤、班组培训、任务发布等。

2.安全为主·强化标准

利用"安全生产月"活动，周绍亮组长班组开展班组安全员培训工作，培训内容包括政治思想、政策法规、文化知识、管理知识、操作技术、工艺技术等多个方面。周绍亮注重将创建活动内容与班组生产工作有机结合，针对安全生产实际开展安全生产主题团日、"青年五小"承接公司科研项目等活动；参与企业安全生产标准化建设，严格按照规章制度组织安全生产作业，教育青年职工养成规范作业、按章操作的良好习惯；坚持生产工作与安全工作"五同时"，提升班组本质安全水平。

核安全重于泰山，是绝不能允许有失误的，所以班组安全管理是第一考核标准，周绍亮要求每一项工作的作业现场均编写安全管控方案，设置安全员，严格遵守现场安全的相关规定，严格遵守"四禁一严"。熟知以往教训反馈，坚决不犯同样的错误。为了深入巩固反馈行动，周绍亮会定期组织反馈学习，并要求每天班前会上说出今日工作曾经出现的反馈。为保证安全管理的贯彻实施，明确了相关责任人及其任务。

3.科技创新·国产化道路

为确保操作绝对安全，周绍亮所在组担任着核燃料组件的检验师和外科医生角色，从新燃料组件进厂就要呵护它、保护它，不仅要确保操作万无一失，还要担任外科医生的角色，为它诊断是否有缺陷，为它处理缺陷，让它在堆芯以最佳状态运行。

乔素凯是班组的技术顾问，也是周绍亮的师傅，周绍亮也经常向师傅请教班组管理办法。师父教给周绍亮"挑战不可能，坚定走自主国产化创新道路"。2017年，周绍亮利用"PDCA"创新管理法，把项目从可行性论证、无损切割技术调研、水下材料系列试验到样机整体试验进行分工和攻克，终于在 2019 年，完成了国内首套核级相关组件电火花水下切割项目，项目的成功实施推进了国产自主创新项目，再次验证了"PDCA"创新管理法的成功和可复制性。

这些年来，周绍亮所在班组一直致力于换料设备的维修及换料操作、燃料组件修复、换料专用设备国产化研发等领域，现在小到吊摄像头用的钩子，大到如同人的手臂一样的上管座异物打捞工具，堆芯无线照相技术……目前这些技术均处于国内领先水平。

工作之余是生活，作为"90 后"，周绍亮对生活品质也是有要求的。"快乐工作，快乐生活"，为了提高班组成员阅读的积极性，周绍亮组织营造"书香班组"读书角，不定期召开班组阅读分享活动或组织讲座，还组织班组成员策划生日会等形式多样的活动。

（稿件由周绍亮提供）

胡小倩："四点"班组管理法打造学习成长型团队

　　胡小倩，是陕钢集团龙钢公司检验计量中心检斤班班长，也是中心数一数二的"巾帼女将"。在担任班长期间，她严于律己，善于学习总结，不断创新班组建设，激发班组活力，坚持打造学习成长型团队。在她的影响下，班组形成了团结互助、"绝不允许一个人掉队"的团队文化，先后获得了全国钢铁行业青年安全生产示范岗、陕西省质量技术协会五星级现场管理评价奖、陕西省梦桃式班组等多项殊荣。

1. 示范引领，营造浓厚学习氛围

　　她有着一股不服输的劲头，尤其在业务上，从手工开票到无人值守，随着系统不断地升级改造，面临的新问题也层出不穷，为了解决问题，她经常打电话请教咨询，中心的技术人员、厂家联络员都是她的老师，甚至是司乘人员也是她学习的对象，有时候为了解决一个问题，她会一直待在现场进行观察，一个汽车衡的无人值守系统，她能几十遍地学习研究。在她的带领下，班组也形成了浓厚的学习氛围，无论谁发现问题，都会在班会上积极提出来，大家"头脑风暴"，总能想到好的应对之策。在工作上，她要求业务首问制，不让问题滞留，有一次，马上下班了，一个司机计量数据有问题，有关人员了解情况后，才知道是这个司机误操作计量了两次，遇到这种麻烦事且要下班了，就敷衍司机让他等下一班处理。但是这个事情传到了胡小倩同志那里，她二话不说，给司机打去了道歉电话，然后她快速联系相关部门，解决了此事。她常说："事可以等到明天，口碑、信誉等不到明天。"有了她这样一个好的"领头羊"，大家有样学样，在每次的操检合一、业务考试、文明服务窗口评选中，所在班组总能获得好的名次！

2. 聚焦安全，严格执行"四步法"

安全管理上，她坚持安全无小事，工作不打折。在日常班组安全管理中，她坚持班前班后会对全员宣贯标准化操作安全的重要性，要求全员操作前严格执行"四步法"，即一观察、二思考、三确认、四行动，确认无误以后，再采取行动。坚决执行标准化操作，做到"四不伤害"，责任在心中。10 年来，在她带领的班组中，安全零违章，她常说，"我宁可你们平

时嫌我啰唆，也不让你们一人违章，更不希望你们之中有任何人受到丁点伤害"，她还利用班前会，以案促教，让每个人做安全分享，大家把工作中、生活中的一些安全隐患以故事形式讲出来，这种方式让大家在轻松的环境中学习到很多安全知识，也丰富了班前会内容，多年来该班组从未出现一起违章作业，做到了安全零事故，而且在每次的事故应急演练、安全技能大赛中，都被当作学习的"标杆"。

3. 轮岗结对，凝聚硬核战斗力

她深知检斤岗位属于公司关键岗位，物料检斤计量数据的严谨性需要更多的复合型人才，为提高班组整体业务技术水平，她坚持精准培训、轮岗学习制，对班组里的每个成员进行岗位轮换制，班组里每个成员都必须在岗位之间进行轮换，不搞特殊，公平对待，一方面锻炼了大家的业务随机处理能力和学习能力；另一方面也解决了班组工作中的一些小矛盾，促进了成员之间的合作能力。为了加强成员整体能力，不让一个人掉队，班组内部形成"结对子"精准帮扶，定向突破，实现"家庭"成员之间的优势互补、组团超越。通过现场培训结对子帮扶，不仅提升了人员整体素质，而且提高了团队凝聚力和战斗力，真正让"家庭"氛围活起来。在她的这一系列措施下，班组凝聚力大大加强，成员之间也形成了比学赶超的好氛围。在公司检斤计量业务中，确保连年无任何计量异议，为公司生产经营提供了精准的计量数据，被赋予"巾帼团队"的美誉，真正的钢城卫士。

4. 微笑服务，打造公司最美品牌

为了提升检斤服务品质，在她的倡议下，班组成员在岗位上都准备

了一面小镜子，每天上岗前都会对着镜子进行微笑，而她也总是会在班前会上开一些小玩笑，活跃气氛，这样一来，班组气氛总是轻松活跃的。同时为了进一步完善班组服务体系，她主动和作业区主管领导进行沟通，将司乘人员平时遇到的操作难、取卡难、找不到料场等问题进行汇总，在北门、制证大厅等关键岗位制作取卡操作流程标识牌、服务流程图，为司机提供快捷服务通道，同时开通服务热线等活动，获得了广大客户的一致认可和好评。新冠疫情防控期间，为了公司物料保供，胡小倩组织党员班组长先锋队，坚守北门重点岗位，对广大司乘人员实行"一站式服务"，司乘人员全程不用下车，大大减少了感染概率也提高了物料运转的效率，为公司在新冠疫情防控期间赢得了生机。

2023 年以来，面对钢铁行业严峻的经营形势，胡小倩带领班组积极作为，主动应战，持续推进"客户价值"主题项目宣传活动。她说："越是在困难的时候，我们越应该为企业多做些事情。"

（稿件由陕钢集团龙钢公司师亚娟提供）

郭彩艳：做好"领头雁"，用好"沟通促管理"，
提升班组操作技能

郭彩艳，2003 年参加工作，现任兰州三毛实业有限公司织布厂运转甲班班组长。多年来，她强引领、抓管理、勇担当，被授予"甘肃省技术标兵""优秀班组长"等称号。

织布厂运转甲班近 5 年来有 4 名组员获得"甘肃省技术标兵"省级称号，4 人获"甘肃省技术能手"称号。在郭彩艳的带领下，运转甲班 2022 年、2023 年产量超额完成公司年计划的 103.5%、102.01%，被公司连续授予"先进班组"称号。

1. 班长做好"领头雁"

郭彩艳骨子里有一种持之以恒、不甘落后的劲头。2003年7月入职兰州三毛，拥有21年的织机挡车经验。郭彩艳扎根生产一线，潜心学习织布厂所有生产工序，从学徒工、优级手到高级工、省级技术能手，郭彩艳的技能水平不断提升，工作绩效持续攀升。开出、插片、质检等岗位操作都能做到得心应手，产量、质量、出勤等指标稳居甲班前茅，是织布厂名副其实的"操作多面手"和"生产佼佼者"。

郭彩艳在多年工作实践中总结出了"双手提综法"，特别是在带花型格子产品提综中，第一遍提色纱，第二遍提穿综和筘错，此法在生产中实用性很强，生产效率很高，差错率几乎为零。郭彩艳创造的这一工作法在织布厂被广泛推广。2024年一季度，郭彩艳所在的甲班百米公分数平均60.88，档子1.01，缺纬14.05，各项质量指标位列第一名。

2. 用好"沟通促管理"方法

班组长既是生产指令的传达者，也是生产任务的具体执行者，既要懂技术、熟悉机台，更要了解全班员工的所有状况，没有细心的揣摩和强烈的责任心，是做不好班组长的，也就不能称为优秀的班组长。

郭彩艳把沟通作为当好班组长的"法宝"，每月必须和所有组员交流谈心一次，了解工友的思想状况和所思所想。谁家有难事，哪个员工有情绪，谁的技能状态如何，她都做到第一时间知晓，并及时想办法帮助解决或协调反映，尽最大可能让员工调整好心态安心工作。班组职工婚丧嫁娶事宜，她都主动将关心慰问送到职工家里。新入职员工心理紧张，心情焦虑，她都以大姐姐的身份耐心向她们讲解厂情厂史、挡车技能，向她们传授工作经验、人生体会，以"管家婆"的真诚时刻关注她们的学习情况及思想变化，使她们以最快的速度融入织布厂大家庭。班组有几名"00后"的新员工，刚进入班组时，不习惯班组的管理模式，心情浮躁。郭彩艳主动关心关爱，工作上严格要求，手把手教，面对面说，班后带领其他工友与新工搞联谊，在她悉心帮助和教导下，新工的责任心、质量意识和归属感不断增强，观念转变了，出勤增加了，心态积极了，技能也提升了，与班组其他员工逐渐建立了深厚的同事情谊。

郭彩艳"柔"起来和蔼可亲，可"严"起来也是不留情面。一次，一名老职工在带新工时两人在一台织机上同时操作，她当着全班的面对这名老职工进行了严厉批评，老工感到自己是老资格了，脸面上下不来，闹起了情绪。郭彩艳严肃指出："安全操作规程明令禁止两人同时操作一台织机，因为以前出现过两人同时操作一台织机造成一人手指骨折的惨痛教训，你这样带徒，既是对自己不负责任，也是对新工不负责任，我们要对每一个新工的安全和设备安全负责，带新工是信任，更是责任。"

运转甲班人不多，但事却不少，要协调有序安排好各项工作也并不简单。哪个人能挡哪几台车、哪个人适合开哪些种类的产品、哪些机台要重点关注等，都需要班长心中有数，做到提前考虑。郭彩艳每天总是提前30分钟进岗，与生产调度、质检人员、上下工段班长做好沟通衔接，召开班前会进行合理安排布置。对于重点特殊的大花型、长纹板、复杂组织等产品，她积极与质检人员、修机人员做好配合，全程跟踪，及时巡回。在郭彩艳的带领下，织布厂运转甲班挡车工全都达到一级技术能手水平，产质量稳居织布厂第一。工作和生活中组员们互助互爱，班组氛围和谐温馨。

在班长岗位，郭彩艳盯关键，抓细节，教育组员严格执行规章制度和操作规程，配合公司技术练兵和综合素质教育，取长补短，互帮互助，大力提升了班组员工的整体操作技能和团结协作意识。

（稿件由兰州三毛实业有限公司提供）

章涛：安全管理、精务强能，提高检修技能

湖北楚星化工股份有限公司硫酸分厂运行一班班长章涛充分发挥班长"兵头将尾"作用，逐步形成全员所认同、共同遵守、带有班组特点的安全价值观。他所带领的班组先后荣获宜昌市优秀班组管理法、宜昌市 2023 年度危险化学品企业安全管理标准化二等奖。

1. 强基固本，全面提升安全管理水平

章涛坚持做好班前、班中、班后各项工作安排，严格执行"班前任务分解、班中检查指导、班后复查整改"的管理方法，对班组建设各项任务进行分解，保证目标落实到岗、制度明确到岗、考核细化到岗。

他积极组织开展"每班一讲、每日一题、每周一学、每月一考"特色安全培训活动，"一长四办"每班轮流讲安全、学规程，安全主办每日布置点滴培训课题，班长每周组织集中学习；班组每月通过考试检验学习效果，考试成绩与当月的取证复证津贴挂钩。

他每天跟踪指标完成情况，及时汇报和调节，确保工艺控制环节不出现偏离。并将"一岗一策"与班组建设"5831"融合，对班组涵盖岗位的 27 个公司级工艺指标、53 个分厂级工艺指标、338 个班组级工艺指标进行逐一研判并形成清单。通过岗位间开展小指标竞赛，每班班前会通报指标完成情况，激励职工精心操作。实现 3 年来班组级工艺指标达标率均在 98.5% 以上，红线指标达标率 100%。实施点检巡检分级管控，结合岗位点

巡检区域、部位、设备等性质特点，明确巡检路线、制定巡检内容表，进一步将"双预防"在班组落地。

2. 思想引领，凝聚安全思想共识

章涛将开好班前会、安全专题会作为班员安全思想教育的大事来抓，通过不断提升职工安全生产意识，规范班前会、安全专题会的内容，筑牢安全思想防线。

班前会做到"讲人员、讲任务、讲安全、讲生产"。讲人员，对职工身体、精神、心理状态研判，防止班组职工疲劳作业、带情绪上岗、带问题操作。讲任务，即当天工作安排及岗位操作注意事项。讲安全，即当天特殊作业内容的安全管理措施、安全技术措施、安全规程、危险源辨识、技术交底及工器具使用等。讲生产，即针对昨日和上个班的生产情况，对各岗位工艺指标、设备运行状况、本班生产任务、工作要求等进行通报、部署，以便更好地完成当班期间的生产工作任务。

通过每月召开一次安全专题会，班组长对各专业安全履职情况进行总结，对上月班组安全生产工作总结及下月工作安排部署。班组全员重点讨论近期班组在安全管理方面存在的不足以及安全操作方面的注意事项，搜集整理"合理化建议"，研究解决作业安全中存在的主要问题，激发班员在安全管理方面的积极性、主动性，进一步调动全体班员的工作热情和动力。

3.齐抓共管，筑牢防线保安全

章涛牢固树立"全员管安全"的理念，从过去的事后检查把关为主，变为预防、改进为主，从管结果变为管因素，把影响安全问题的诸因素查出来，发动全员参加，依靠科学理论、程序和方法，通过全方位管理，使安全生产的全过程处于受控状态。

用好隐患排查"显微镜"。通过开展操作工隐患分级排查"5+X"动态管理，针对检查发现的隐患，下发问题清单，明确隐患内容、具体责任人、整改时限，并对整改问题进行跟踪验证。通过"找茬"行动，补足安全短板，督促各区域严守安全红线、履行安全职责，杜绝设备"带病"上岗，用闭环管理倒逼工作落实，夯实安全基础。

用好安全应急"望远镜"。以危险化学品泄漏、重大设备、突发火情等事故演练为重点，采取"双盲"模式，开展不同层级的应急演练活动，并对演练效果进行评估，分析存在问题和不足，及时总结经验、强化并提升全员应急能力及综合素质。

用好日常管理"放大镜"。完善"一长四办"安全履职清单，其中固定工作39项，同时根据每月重点工作制定临时工作任务，突出安全履职清单可量化、易操作、能评估、善改进的特点，明确各岗位安全责任及履职标准，加强安全履职效果管理，狠抓安全履职执行率、到位率，不断提高"一长四办"安全管理能力。

4. 精务强能，锤炼胜战本领

章涛在日常班组管理过程中，不断探索和创新提升员工技能水平的方式方法，进一步加强人才培养，班组全员均会两个及以上岗位，实现"一岗多能"。

"组合式"培训，理论变实践。为扎实提高职工操作技能水平，他将理论讲课与现场实操、听课学习与现场检测相结合的方式，从生产系统的原理、操作、判断和排除异常等方面入手，分组进行单元培训、培训考试，营造"比、学、赶、帮、超"的浓厚氛围。同时在岗位技术人员和主操的带领下开展轮岗学习，重点围绕现场流程、工艺调节、应急处置进行培训，分阶段测试实际操作技能的掌握情况，进一步加强"精一岗、会两岗、懂三岗"复合型人才培养。

"沉下去"解惑，问题变收获。他坚持问题导向，采取深入一线、面对面意见征集等形式开展专题调研，全面了解班组职工对教育培训的实际需求，要求各岗位业务骨干将"问题"当作"教材"进行现场讲解。同时以检修为契机，现场分析故障原因，讲解处置要领，示范操作步骤，将理论知识和业务技能培训融入整个检修过程中，实现问题在一线解决，技术在一线掌握。

（稿件由章涛提供）

彭威龙："四维"班组管理法提高班组生产效率

彭威龙，2002 年参加工作，长期从事发电企业技术监督管理与服务工作，自 2018 年担任国家电投五凌电力有限公司湖南五凌电力工程有限公司班组长以来一直秉承"务实求效、创新驱动"理念，带领班组承担公司 5 项科研课题实施，组织 3 次大型技能竞赛，获得 3 项省部级创新成果。班组先后获得湖南电力行业"绝缘技术监督优胜班组"、公司"学习型""创新型"班组称号。彭威龙通过一系列具体实践，逐渐形成了"强安全、重基础、抓培训、求创新"的"四维"独特班组管理方法与模式，成为公司班组建设示范典型。

1. 务实求效、科技兴班，提升班组生产效率

彭威龙一直秉承"安全、优质、高效"的管理理念，通过坚持"安全分级管控与隐患排查双重治理"安全方针的落实、落地提高班组安全水平，一是组织班组成员通过班组建设管理平台、安全监管信息系统及远程视频监察设备的实际应用，提高班组现场安全把控程度及安全工作效率，实现了班组安全管理的"一通到底"和全员覆盖。二是结合班组工作点多面广，班组成员经常分散于各工地实际情况，建立并开发了仪器互联智能管理系统与五凌电力试验信息平台，实现技术资料、安全文件、信息资源远程共享与传输，使班组管理信息不受地域、时间限制，每个员工均能及时地掌握、更新。三是大量采用网络信息管理工具、计算机信息平台数据

化以提高工作效能，其中组织建立的仪器设备智能互联管理系统与试验信息管理平台采取设备 ID 智能化改造与报告数据模块化处理的方式实现试验报告、仪器设备、缺陷管理工作的标准化、流程化、远程化管理，极大提高试验报告的准确性和及时性，并将该项目应用成果推广应用至其他班组，使部门基础管理工作水平显著提升，该两项目成果在 2023 年度分别获得省部级"一、三等奖"。

2. 以赛促训、以考代评，提升班组专业技术水平

在高压室工作期间，彭威龙以"重基础、练队伍、研技术"为指导思想，从专业基础出发，采取多专业交叉培训与岗位技术练兵相结合的方式，着力打造一支"一专多能，服务一流"的技术监督队伍。作为高压室班组长，彭威龙多次负责并组织开展专项培训、技术攻关、技能竞赛、实操考评等形式的主题活动，激励全员在专业领域的持续提升与发展。2018年以来，先后两次组织公司专业技术培训，历年累计参训人员达 65 人次，参训单位 39 家，极大地提高了公司基础技术监督专业技术水平；两次组织班组成员代表公司参加二级单位专项技能竞赛，班组成员先后获得2022 年"五凌工匠"百岗职工职业技能大赛安全技能竞赛"团体一等奖"；2023 年"五凌工匠"百岗职工职业技能大赛电气一次试验技能竞赛"团体一等奖""个人一等奖"。高压室始终将班组建设工作作为班组工作的重要环节，先后被公司以先进典型推荐参加五凌电力"五型班组"评比，并获得五凌公司"学习型""创新型"班组荣誉称号，彭威龙同志个人获得五凌公司 2018—2019 年度"优秀班组长"称号。

3. 团队攻坚、产研结合，创新驱动班组专业发展

　　彭威龙在班组内发挥班组党员技术骨干的先锋带头作用坚持技术创新，通过技术攻关、技能比武、科研创新等多种活动，着力打造一支"专业过硬，技术突出，敢于创新"的技术监督队伍。2018年前后由于公司流域电厂互感器运行年限的增长，经常出现由于局部绝缘劣化导致的击穿故障，仅凭常规预防性试验项目，难以诊断互感器局部缺陷。彭威龙组织班组党员和技术骨干经过技术攻关，在解决干扰抑制、回路优化、标准制定等一系列问题后，建立了公司首个35kV及以下互感器局放屏蔽检测试验室，并将技术成果进行拓展延伸，先后推动发电机定子绝缘寿命研究、带电局放检测项目在公司的自主实施，由此产生的项目成果"互感器局部放

电检测系统 V1.0"取得国家软件著作权登记，"水轮发电机定子绕组绝缘性能与寿命研究"获得公司科技进步"一等奖"，起草的《互感器局放试验操作规范》通过单位企业标准评审，年度被评为"湖南省电力行业绝缘技术监督年度先进班组"。

局放技术研究与拓展应用项目在班组技术上只是一个起点，彭威龙以此班组创新模式为基础积极总结经验，先后于 2021—2024 年负责了公司 5 个科研项目实施，其中"仪器设备互联智能管理平台、GIS 设备超声波振动信号智能分析系统、五凌电力试验信息平台"分别获得省部级"一、二、三等奖"，班组技术创新工作再上新台阶的同时也为公司技术监督工作打下了坚实基础，彭威龙所属部门于 2024 年被授予国家电投技术监督水电分中心机构单位。

作为班组长，彭威龙以其脚踏实地的工作态度和创新精神，引领整个班组向着更高的目标迈进。以注重安全管理、强化基础管理、加强技术培训和团队建设，并不断创新管理方法和技术手段，打造了一支专业过硬、技术突出的团队。在彭威龙的带领下，高压室不仅在技术创新方面取得了显著成果，更在企业管理与班组建设方面树立了典范。

（稿件由国家电投五凌电力有限公司湖南五凌电力工程有限公司彭威龙、曾味提供）

黎经明："三点"班组管理法推动企业高质量发展

黎经明，广药集团王老吉药业饮料车间班组长，中国工会十八大代表，获首届"广药工匠神龙奖"称号，从事饮料行业工作 20 多年的他，以严谨的态度，精湛的专业知识和卓越的领导力，带领团队不断优化升级生产工艺，让一箱箱高品质的王老吉凉茶走进千万百姓的家中。

1. 用热爱"卷"出新高度

"怕上火，喝王老吉！"这句全国人民耳熟能详的广告语，让王老吉的凉茶产品和凉茶文化家喻户晓。其中，绿盒王老吉更是一代广州人的童年记忆。在无菌的生产车间内，一条生产线只有不到 10 个设备操作人员，一天大约可以产出 240 吨凉茶产品，年产值达 3.39 亿元。

保障产品生产，生产现场十分重要。作为饮料车间值班经理，早上先从检查各段生产状况交接开始，"根据生产计划调整生产，生产前现场巡检，巡检现场 6S 和 ISO 标准化运行情况，发现问题及时纠正，总结生产状况，交接至下一班……在这个过程中，遇到设备、品质等突发状况，及时进行现场处理……"一整套标准的工作流程，他了然于心。除了管理好车间的标准化生产，在精益生产方面，他也有一套自己的管理体系，他认为，"最重要的是人员的各种素质提升，需要全员的参与，管理者的重视。我们致力于打造学习型团队，提高员工整体能力水平的同时，让员工展示各种能力，从中获得荣誉和获得感、成就感、幸福感。精益生产就是坚持

'简单工作天天做，把天天做的工作做优秀。'"

谈到饮料车间的生产工作，黎经明如数珍宝，言语中饱含着对事业的热爱。2011 年，他来到王老吉药业成为饮料车间的一名操作员，由于对技术的热爱，在工作中他特别善于琢磨，凡是能进行革新的技术，哪怕是微不足道的小细节，他都想尽办法改良。从操作员一步步到现在担任车间值班经理，他对车间生产的各个环节都一清二楚。干一行、爱一行、钻一行，他带领团队为公司获得了多项荣誉成果，曾获得中国轻工业联合会科学技术进步三等奖，发明专利 1 项，实用新型专利 3 项等，为企业带来实实在在的经济效益。

心心在一艺，其艺必工；心心在一职，其职必举。20 多年来，黎经明把"热爱"诠释到极致，凭借着专业专情，凭借着一项项技术创新成果，他一路追光而上。2019 年，他被广药集团授予首届"广药工匠"的称号；2020 年，"黎经明工匠创新工作室"成立，他成为该工作室的领衔人；2023 年 10 月，作为中国工会十八大代表赴北京参会，黎经明在会上带来了《关于运用"互联网 +"技术推进企业民主管理的提案》。

2. 自主创新

老字号价值在"老"，出路在"新"。王老吉凉茶至今已有近 200 年的历史，让传统凉茶跟上现代化步伐，科技创新是实现高质量发展的核心动力。在推进饮料车间自动化、智能化生产的过程中，黎经明也遇到不少困难和挑战。

2011 年，他参与车间筹建与安装、调试工作，在车间试产阶段，保温工艺无法达到工艺要求，"当时主要是我负责的前处理工段，前工段无法通过，这将影响着整个车间的投产，因此时间非常紧迫，我们需要在 1 个月内完成相关技术攻关。"黎经明说，"时间紧任务重，当时我结合经验参

与了工艺改善，设计相关图纸。最后决定取消保温罐工艺，直接在溶解罐实现保温功能，最终不仅顺利完成了试产和投产，该工艺还节省了各项成本达 25 万元。"

创新之路，永不止步。2020 年 12 月，"黎经明工匠创新工作室"成立。创新工作室由 9 名拥有 10 年以上有资深工作经验的成员组成，以"进取、创新、合作"为理念，以车间现场问题为导向，进行问题改善。"流水线现场发现问题，马上解决问题，才能更好地为生产服务。"黎经明说，"解决设备存在的技术难点、痛点，同时，开展各项课题，并指导对外进行参赛和专利成果转化"。至今，团队完善解决的问题多达 100 项，为车间创造经济效益约 300 万元。

2023 年，作为广药集团和王老吉药业推行"效益、效率"双效提升年，黎经明带领团队完成了两个节能降耗项目，年效益达约 12 万元；完成专利申请一项，为公司节省约 60 万元备件费用。

3.推动企业高质量发展

谈到如何在推动高质量发展，打造世界一流企业的目标上贡献自己的力量，黎经明说，2024 年作为广药集团、王老吉药业的"数字经济年"，目前企业已进入高质量发展阶段。"当前，智能化数字化已成席卷制造业新浪潮，作为公司的一员，我们需要紧跟时代步伐，不断学习新知识、新技术，提高自己的技术能力，我计划在生产管理方面，开展精益生产管理，打造标准化生产工厂，持续完善操作标准规范，让员工养成良好的工作习惯，确保产品的品质稳定性。做到设备运行最大化，培养一批生产与维护一体的操作员，做到生产维护全员参与，打造有技术、动手能力强的团队。在生产车间设备自动化提升方面，对标标杆工厂，提升车间各项水平，例如：对标学习自动化、智能化、数字化工厂。"

（稿件由黎经明提供）

后　记

　　为全面贯彻落实习近平总书记关于工人阶级和工会工作的重要论述精神，大力弘扬劳模精神、劳动精神、工匠精神，充分发挥新时代优秀企业班组长在产业工人队伍建设改革中的主体作用，生动展现新时代优秀企业班组长在强国建设、民族复兴伟业中的精神风貌，深入挖掘新时代优秀企业班组长在推动新质生产力发展中的先进经验和优秀思想，大力宣传新时代优秀企业班组长的管理方法和管理故事，中国言实出版社策划组织出版《新时代优秀班组长管理案例100》一书，并向全国发布了优秀企业班组长管理案例征集通知。

　　党的十八大以来，习近平总书记发表一系列关于工人阶级特别是劳模工匠主题的重要讲话以及重要指示、批示等。我国工人阶级中的很多优秀分子尤其是劳模工匠，都是优秀企业班组长。2018年4月30日，习近平总书记给中国劳动关系学院劳模班本科班学员回信强调："希望你们珍惜荣誉、努力学习，在各自岗位上继续拼搏、再创佳绩，用你们的干劲、闯劲、钻劲鼓舞更多的人，激励广大劳动群众争做新时代的奋斗者。"习近平总书记的回信不仅是对我国广大劳模提出的希望，也为我国广大优秀企业班组长管理班组指明了方向。2019年11月，习近平总书记亲切勉励赵梦桃小组，强调把"梦桃精神"一代一代传下去。2023年9月，习近平总书记给中国航发黎明发动机装配厂"李志强班"职工回信强调，弘扬劳模精神、工匠精神，努力攻克更多关键核心技术，加快航空发动机自主研制步伐，让中国的飞机用上更加强劲的"中国心"，为建设航空强国、实现高水平科技自立自强积极贡献力量。

《新时代优秀班组长管理案例 100》一书，坚持以习近平总书记关于工人阶级和工会工作的重要论述为指导，贯彻落实中共中央、国务院印发的《新时期产业工人队伍建设改革方案》精神，以新时代优秀企业班组长管理好经验、好做法、好思路以及优秀企业班组长管理好故事为主题，主要反映优秀企业班组长管理成功实践、典型做法、先进经验和品牌故事，集中体现优秀企业班组管理特色、优秀企业班组优良传统以及优秀企业班组长管理生动故事等实践案例。

我们对征集的优秀企业班组长管理案例提出三条基本要求，即坚持正确导向、突出亮点重点、内容客观真实。其中，坚持正确导向是指征集的优秀企业班组长管理案例要体现正确政治方向和社会主义核心价值观的弘扬，突出劳模精神、劳动精神、工匠精神的践行，展现工人阶级在强国建设、民族复兴伟业中的主人翁地位和主力军作用。突出亮点重点是指优秀企业班组长管理案例要立足新时代班组和班组长管理实际，侧重新时代班组管理特色实践，反映新时代班组品牌价值和启发教育意义，特别是侧重新时代班组长管理的具体做法，对其他班组长和班组管理具有参考价值和借鉴意义。内容客观真实是指优秀企业班组长管理案例内容要反映新时代优秀企业班组长管理的客观实际，实事求是地剖析班组管理存在的问题和评价班组管理取得的成效，具体内容包括了新时代优秀企业班组长和班组的基本情况、班组长和班组取得的主要成绩及其获得的主要荣誉、形成的班组管理基本做法、传播的班组长管理生动故事和打造的班组管理特色品牌等。

我们在征集优秀企业班组长管理案例过程中，得到很多地方工会和企事业单位领导的积极响应和大力支持。上海市总工会、山东省总工会、新疆维吾尔自治区总工会、宁夏回族自治区总工会、辽宁省总工会、湖北省宜昌市总工会、中国纺织工业联合会等积极组织企业和班组长申报。中华全国铁路总工会生产宣教部副部长姚连平，宁夏回族自治区总工会党组成员、副主席马丽君，辽宁省总工会党组成员、副主席孙平，上海市总工会经审办主任钱传东，新疆维吾尔自治区总工会经保部部长原洋，中国五矿集团公司工会主席张晔，中国铝业集团公司工会原副主席、党群工作部主任毛世清，中国广核集团公司党群工作部主任黄晓飞，中国通用技术集团公司安全生产总监兼安全质量监督部总经理李强，以及湖北省宜昌市总工会经济技术和劳动保护部部长胡华东，内蒙古包头市总工会劳动保护部部长郭广军，北京公交集团工会主席王秀英，北京城建集团土木部工会主席杨增来，河北瑞兆激光再制造技术公司党委书记、董事长韩宏升等亲自推动这项工作。中国纺织职工思想政治工作研究会（中国纺织企业文化建设协会）副会长姜国华还积极参与了优秀企业班组长管理案例的推荐、修改和完善工作。这些优秀企业班组长多数都是国家、省市等各个层面的劳动模范和工匠人才，他们不仅个人取得卓越业绩，成为名副其实的优秀企业班组长，而且带领班组也取得骄人业绩，打造出一个又一个独具特色的品牌班组，形成了宝贵而丰富的新时代优秀企业班组长管理经验做法，为全国企业班组长特别是青年企业班组长提升自身班组管理素质和掌握科学班组管理方法，提供了有益参考。这对于大力推动产业工人队伍建设改革，充分发挥企业班组长在以中国式现代化推动强国建设、民族复兴伟业中，以及高质量发展特别是新质生产力发展中的主体作用，有着重要的参考价值。

　　本书能够顺利出版，离不开各地方工会、企事业单位及其领导，特别是各位优秀企业班组长提供的鲜活素材和大力支持，还有中国言实出版社郭江妮编辑的辛勤付出。对此，我们一并表示衷心的感谢和诚挚的敬意。希望本书的出版，能够成为新时代新征程企业班组长和企业管理者，学习新时代班组管理先进经验，掌握新时代班组管理先进方法，打造新时代班组管理先进品牌，提升新时代班组管理先进水平的参考书、指导书、案头书，并为全面提升新时代企业班组长综合素质和班组管理水平，最终助力我国世界一流企业和班组建设，提供有力帮助和支持。

作　者

2025 年 4 月 1 日